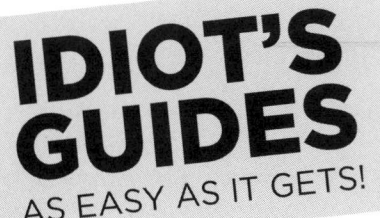

G. Michael Campbell
G・マイケル・キャンベル[著]
中嶋秀隆[訳]

Project Management

世界一わかりやすい
プロジェクト
マネジメント 第4版

SOGO HOREI Publishing Co., Ltd

読者の皆様へ

あなたがプロジェクトマネジメントというエキサイティングな分野の知識と理解を深めようと決心されたことに、まずお祝いを申し上げます。変化の激しい昨今は、プロジェクトが変化を主導することが多いからです。これは、新商品開発にも、IT新技術の導入にもあてはまります。

この本は、大規模プロジェクトに初めて立ち向かう新任のプロジェクト・マネジャーで、プロジェクトの計画・実行の成功要因を学びたいという読者を対象にしています。さらに、ベテランのプロジェクト・マネジャーにも広く役立つ手法やアイデアを満載しています。

この本では、プロジェクトマネジメントについて、組織構造、焦点の絞り方、弾力的対応、コミュニケーション、コントロールなど、プロジェクト・チームを指揮して期限通り予算内でプロジェクトを完了させるための方法を広く紹介しています。この本の事例に沿って学習すれば、プロジェクトマネジメントで物事をより早く、より低コストで、よりうまく進め、すべての関係者を幸福にする一連の流れがわかります。

多くの企業が、ビジネスのパフォーマンスを向上させるために、プロジェクトを活用しています。その結果、プロジェクトとビジネスの両面で、プロジェクト・マネジャーの実行責任と説明責任は、どんどん増えてきています。言い換えれば、企業経営者は重要プロジェクトでプロジェクト・マネジャーの自由度をこれまでより一段と増大させ、それに見合う大きな見返りを期待しているのです。

ですから、時間とエネルギーを割いて、プロジェクト成功の方法を身につけることがそれだけ大切になります。あなたの能力開発で最大の意義を持つことになるかもしれません。この本が、あなたのお役に立つことを願ってやみません。

G・マイケル・キャンベル, PMP

【目次】

読者の皆様へ……2

はじめに……21
この本の使い方……21
コラムについて……22
謝辞……24
商標について……24

パート1　プロジェクトマネジメントの威力

第1章　プロジェクトを戦略と成果に結びつける……27
- プロジェクトでビジネス・ニーズを満たす……28
- プロジェクトの4つのフェーズ……30
- 変革マネジメントと統合変更管理……31
- プロジェクトの成功：スケジュール、予算、スコープのバランス……33
- プロジェクトの成功を定義する……35
- 理解度チェック……39
- ◆これだけは憶えておこう◆……40

第2章　プロジェクト・マネジャーの役割……41
- ビジネスにおけるプロジェクト……41
- プロジェクト・マネジャーの責任とは？……42
- 何をする必要があるか？……43
    - 計画し実行する、ということを学ぶ……43
    - プロジェクトの終着点に焦点を絞る……44
    - マネジャーとリーダー：2つの役を演じる……44

- ●プロジェクト・マネジャーのリーダーとしての役割……45
    - 対人関係の役割……46
    - 情報提供の役割……46
    - 意思決定の役割……46
    - 他のビジネス・マネジメントの役割……47
- ●有能なプロジェクト・マネジャー：7つの資質……47
    - 資質1：プロジェクトへの情熱……47
    - 資質2：変更管理の能力……47
    - 資質3：曖昧さへの耐性……48
    - 資質4：チーム育成と交渉のスキル……49
    - 資質5：顧客第一の志向……50
    - 資質6：ビジネスの優先課題の堅持……50
    - 資質7：業界と技術の知識……50
- ●理解度チェック……51
- ◆これだけは憶えておこう◆……52

第3章　ゲームのルール……53

- ●プロジェクトの成功基準……53
- ●プロジェクトの失敗──原因は単純……54
- ●プロジェクト成功の12の黄金律……56
    - 黄金律1：成果物について合意を得る……56
    - 黄金律2：最良のチームを育てる……57
    - 黄金律3：プロジェクト計画書を作り、更新を怠らない……58
    - 黄金律4：本当に必要な資源を判断する……58
    - 黄金律5：現実的なスケジュールを作る……59
    - 黄金律6：できる以上のことはやらない……60
    - 黄金律7：常に人を大切にする……60
    - 黄金律8：経営陣やステークホルダーの支援を取り付ける……61
    - 黄金律9：変更を躊躇しない……62
    - 黄金律10：現状を周知させる……62

黄金律11：新たなことに挑戦する……63
　　　黄金律12：リーダーとなる……63
●理解度チェック……64
◆これだけは憶えておこう◆……64

第4章　プロジェクトマネジメントの10の知識エリア……66

● 1. プロジェクト統合マネジメント……67
　　計画時の統合マネジメント……68
　　実行時の統合マネジメント……68
　　統合変更管理……69
● 2. プロジェクト・スコープ・マネジメント……69
● 3. プロジェクト・タイム・マネジメント……70
　　時間とスケジュール……71
　　実行時のスケジュール・コントロール……71
● 4. プロジェクト・コスト・マネジメント……71
　　資金の問題にはコントロールできないものもある……72
　　他のプロジェクトとの予算の取り合い……72
● 5. プロジェクト品質マネジメント……72
● 6. プロジェクト人的資源マネジメント……73
　　組織計画……74
　　人員の調達……74
　　チームの育成……74
● 7. プロジェクト・コミュニケーション・マネジメント……75
● 8. プロジェクト・リスク・マネジメント……75
● 9. プロジェクト調達マネジメント……76
●10. プロジェクト・ステークホルダー・マネジメント……77
●理解度チェック……78
◆これだけは憶えておこう◆……78

第5章　はじめが肝心……79

- ◉プロジェクト・ライフサイクル……79
- ◉プロジェクト・フェーズとプロジェクト・ライフサイクル……80
- ◉プロジェクト・ライフサイクルとプロダクト・ライフサイクル……81
　　　フィージビリティ・スタディ……83
- ◉プロジェクト定義フェーズ……83
　　　経営陣を巻き込む……83
　　　経営陣をどこまで巻き込むか……84
　　　プロジェクト・チームに焦点を絞る……86
- ◉理解度チェック……86
- ◆これだけは憶えておこう◆……87

パート2　プロジェクト定義フェーズ

第6章　ステークホルダーを特定し、分析する……91

- ◉ステークホルダーを特定する……92
- ◉ステークホルダーを分類する……94
　　　顧客……94
　　　プロジェクト・スポンサー……95
　　　運営委員会……98
　　　機能部門マネジャー……98
　　　作業委員会……99
- ◉ステークホルダーを結集する：成功の方程式……101
- ◉ステークホルダー分析（質問票）……101
- ◉理解度チェック……103
- ◆これだけは憶えておこう◆……103

第7章　プロジェクト目標を設定する……104

- ◉ビジネス・ケースから始める……105
- ◉要求事項を理解する……106
  - なぜ要求事項が大切か？……106
  - 受け入れ基準……107
  - フィージビリティ・スタディをする……108
  - 明確な目標は誰もが納得できる……110
- ◉プロジェクトの主要な目標……111
- ◉プロジェクト目標の6つの基準……112
  - 基準1：具体的である……112
  - 基準2：現実的である……113
  - 基準3：期限が区切られている……113
  - 基準4：測定できる……113
  - 基準5：合意が取れている……114
  - 基準6：責任の所在が明確である……115
- ◉目標設定のステップ……116
- ◉プロジェクト憲章を作る……117
- ◉変革趣意書を作る……118
  - プロジェクト憲章を文書化する……119
  - プロジェクト憲章の構成……120
- ◉常に合意を確認する……122
- ◉スコープ記述書……123
- ◉理解度チェック……124
- ◆これだけは憶えておこう◆……125

第8章　リスクと制約条件を把握する……126

- ◉リスクの3種類……127
  - リスクの領域……128
  - ビジネス・リスクも忘れずに……128

究極のリスク：不可抗力……129
◉RBSを作る……129
　　　リスク許容度……131
◉リスク・マネジメントの基礎……131
◉リスク登録簿でリスクを追跡する……135
◉制約条件とリスク……136
◉制約条件を考慮する……136
　　　予算……137
　　　スケジュール……138
　　　要員……138
　　　現実……139
　　　施設や装置……139
◉リスクの高い役割……139
◉理解度チェック……140
◆これだけは憶えておこう◆……140

パート3　プロジェクト計画フェーズ

第9章　作業の分解……143

◉プロジェクトを一口大に分解する……143
　　　WBSの意味……144
　　　WBSの切り口……147
　　　WBSを作る5つのステップ……148
◉依存関係を見極める……149
◉作業の洗い出しは確実にやろう……151
　　　成果物を定義する……151
　　　WBSを洗練する……153
◉理解度チェック……154
◆これだけは憶えておこう◆……154

第10章　スケジュールを作る……156

- ◉スケジュールが先か、予算が先か？……156
- ◉スケジュールでプロジェクト全体の同期をとる……157
- ◉時間を見積もる：工数と所要期間を予測する……160
- ◉他の情報源……161
  - プロジェクト・チームの主要メンバー……161
  - サプライヤーやサービス会社……162
  - 経験者や専門家……162
  - 経営陣や他のステークホルダー……162
- ◉リスクを測る……163
  - 最善と最悪のケース──両者の間で妥協点を見つける……163
  - 見積りの信頼度……164
- ◉詳細に、詳細に……165
  - 資源投入の可否をカレンダーに書き込む……166
  - スケジュール原案を作る……167
  - スケジュール表示法の特色……167
- ◉ガント・チャートの特長……169
- ◉スケジュールの留意点……171
  - スケジュールの修正……171
  - 学習には時間がかかる……171
  - プレッシャーに抗して……172
  - チーム・メンバーの見積りミス……172
  - ジャスト・イン・タイムで資源をスケジュールする……173
  - スケジュール短縮を依頼されたら？……174
- ◉理解度チェック……174
- ◆これだけは憶えておこう◆……174

第11章　クリティカル・パスとスケジュール……176

- ◉クリティカル・パスの見つけ方……177

- ●フロートとは……178
    - もう1つの「クリティカル」……179
    - クリティカル・パスを見つける……180
    - クリティカル・パス：神話か現実か？……181
- ●ネットワーク図とは何か？……181
- ●スケジュールを調整する……183
- ●負荷を把握し、平準化する……185
- ●負荷平準化の前に確認すること……186
- ●負荷を視覚化する……187
- ●負荷調整の方法……188
- ●最終スケジュールを配布する……190
- ●理解度チェック……190
- ◆これだけは憶えておこう◆……190

第12章　予算を作る……192

- ●古典的誤りを回避する……193
- ●見積り精度の3種類……194
- ●予算作成の情報源……195
- ●直接費と間接費……196
- ●予算を作る……198
- ●専門家の意見を聞く……199
- ●予算を洗練する……202
- ●予備資金を準備する……203
- ●予算消化のコントロール……204
- ●貨幣の時間的価値……204
    - キャッシュフロー分析……205
    - 回収期間法……205
    - 正味現在価値(NPV)法……206
    - 内部収益率(IRR)法……207
    - 資本コストを使って意思決定する……208

- ◉理解度チェック……209
- ◆これだけは憶えておこう◆……209

第13章　強力なチームを作る……210

- ◉最初のステップ……211
- ◉中核チーム……211
- ◉プロジェクト・チーム：作業をするメンバー……214
- ◉メンバーのスキルとWBSの作業を合わせる……215
- ◉どこから人材を調達するか？……217
  - 部下や部門内の人材を活用する……218
  - 他部門の人材を活用する……219
  - コンサルタントや派遣会社を活用する……221
  - 新人を採用し研修する……222
- ◉人員の評価と任命……224
  - プロジェクト・チームのスキルと知識……224
  - メンバーを人選する……225
  - 時には妥協も必要……226
- ◉メンバーを押しつけられたら……226
- ◉理解度チェック……227
- ◆これだけは憶えておこう◆……227

第14章　資源を確保する……229

- ◉さらに必要な資源……229
- ◉外部のサプライヤーやコントラクターを活用する……230
  - 契約形態を決める……232
  - 見積りをとる……233
- ◉購買部門との付き合い方……237
- ◉調達の最終ステップ……239
- ◉理解度チェック……239
- ◆これだけは憶えておこう◆……239

第15章　計画の承認……241

- 最初に計画を策定する理由……242
- 承認前の確認……243
    - 問題が見つかったら……244
    - 他の要因も計画の足を引っ張る……245
- ひとつにまとめる……246
    - ピア・レビューをする……247
    - 主要ステークホルダーにレビューしてもらう……249
- プロジェクト計画書をプレゼンテーションする……251
- 計画の承認を取り付ける……252
- いよいよ計画を実行に移す……253
- 理解度チェック……254
- ◆これだけは憶えておこう◆……255

パート4　プロジェクト実行フェーズ

第16章　正しい軌道を動き出す……259

- 常に、まず方針を確認する！……260
- きっちり開始する……261
    - 公式なキックオフ……261
    - 「はじめ」の合図……262
    - キックオフからプロジェクト会議までの時間をうまく使う……263
- 第1回プロジェクト会議……264
    - 1対1の面談:各メンバーとの開始イベント……266
    - 正しい期待を設定する……268
- 開始に必要な情報……268
- グローバル・プロジェクトをマネジメントする……270
    - スケジュール……271

予算……271
　　　技術……271
　　　品質……272
　　　人的資源……272
　　　調達……273
　◉理解度チェック……273
　◆これだけは憶えておこう◆……273

第17章　リーダーシップを発揮する……275

　◉リーダーの立場を確立することの大切さ……275
　　　大きく考える……277
　　　適切なリーダーシップのスタイル……278
　◉プロジェクト・マネジャーの影響力――4つの源(みなもと)……279
　◉変革を指揮する……280
　◉他のプロジェクトとの競合……282
　　　他のプロジェクト・マネジャーとのコミュニケーション……283
　　　各プロジェクトの位置づけ……283
　　　クリティカル・パスの対立……284
　　　スポンサーとのコミュニケーション……285
　◉専門知識のない技術プロジェクトをマネジメントする……285
　◉メンバーのためにできることはすべてやる……286
　◉理解度チェック……287
　◆これだけは憶えておこう◆……288

第18章　実行指針……289

　◉各フェーズ内のプロセス群……289
　◉プロジェクト・プロセス群と実行手順……291
　◉プロジェクト・プロセス群とPDCAサイクル……292
　◉忘れてならない作業……292
　◉ビジネス・プロセスの変革……294

プロジェクト・チームと共に始める……294
　　　作業委員会の出番……295
　　　意思決定する……296
◉RASICチャートを活用する……297
　　　決定を上申する……298
◉作業認可システムを確立する……299
◉役に立つ管理手順……300
　　　必要な報告書……300
　　　報告書の書式……301
　　　報告書には目的がある……302
　　　2つの確認点……303
◉なぜプロジェクト日誌をつけるのか……303
◉リーダーシップが決め手……304
◉理解度チェック……305
◆これだけは憶えておこう◆……305

第19章　コミュニケーションをとる……306

◉コミュニケーションの基礎：ものの見方がすべて……307
◉コミュニケーション計画の概要……307
　　　ステークホルダー分析……309
　　　感度分析……310
　　　情報ニーズ……311
　　　情報媒体……311
　　　メッセージの送信者と権限……313
　　　タイミング……314
　　　共通の定義……314
　　　フィードバック・ループ……315
　　　コミュニケーションに対する大小の障壁……316
　　　専門用語と略語……316
◉プロジェクトチームのことを忘れない……317

- ◉コミュニケーション計画を実行する……318
- ◉コミュニケーションとリーダーシップ……318
- ◉コミュニケーションの目的……319
- ◉メッセージを効果的に組み立てる……320
- ◉聞くことは重要なコミュニケーション……320
  - リスク・マネジメントのためのコミュニケーション……321
  - スコープ変更のコミュニケーション……322
- ◉コミュニケーション計画を結合する……323
- ◉理解度チェック……323
- ◆これだけは憶えておこう◆……324

パート5　監視・コントロール・フェーズ

第20章　プロジェクト計画を監視・コントロールする……327

- ◉責任を持ってコントロールする……328
  - プロジェクト・コントロールの成功基準……329
  - 何を監視するか……330
  - 監視の目的……331
- ◉アーンド・バリュー分析でプロジェクトの現状を把握する……333
- ◉ガント・チャートを使ってプロジェクトをコントロールする……335
- ◉「90％完了」症候群……336
- ◉進捗会議を通じてプロジェクトをコントロールする……337
- ◉プロジェクト監査……338
- ◉予算を監視・コントロールする……338
- ◉ひとつにまとめる……340
- ◉理解度チェック……341
- ◆これだけは憶えておこう◆……342

第21章　プロジェクト成果物を定常業務に移管する……343

- 定常業務に移管する5つの要件……344
  - ビジョンを示す……345
  - プロジェクト成果物を活用するスキルを確保する……345
  - インセンティブを与える……346
  - ユーザーの移行を手助けする……347
  - 移管スケジュールをステークホルダーに知らせる……347
- ユーザー教育を計画する……348
- 定常業務部門の受け入れ態勢の注意信号……350
- 変化への抵抗を克服する……350
  - 恐怖……351
  - 無力感……352
  - 単に気にいらない……353
  - 無関心……353
- 経営陣を活用する……354
- 理解度チェック……355
- ◆これだけは憶えておこう◆……355

第22章　変更を取り込む……357

- 統合変更管理のプロセスを確立する……358
  - 変更プロセスとはどんなものか？……358
  - 変更管理のルール……360
- 変更の影響を理解し予測する……362
- バランスのとり方……363
- トレードオフ分析で変更案を比較する……366
- 変更が承認されたら、プロジェクト憲章を修正する……367
- スコープ変更を伝える……367
- 対立が生まれる時……368
- 問題をスポンサーに知らせる……370

- ●課題管理表に記録する……371
- ●理解度チェック……372
- ◆これだけは憶えておこう◆……373

第23章　品質をマネジメントする……374

- ●プロジェクトの品質とは？……374
- ●品質計画が出発点……375
- ●ピア・レビューをする……377
- ●技術レビューをする……378
- ●品質計画のツールと技法……378
    - 費用対効果分析……378
    - ベンチマーキング……378
    - 特性要因図……379
    - フロー・チャート……380
- ●品質管理：対象は成果物……381
- ●寓話：最後の手段……383
- ●理解度チェック……385
- ◆これだけは憶えておこう◆……385

パート6　プロジェクト終結フェーズ

第24章　プロジェクトを終わらせる……389

- ●プロジェクト終了後はどうなるのか？……390
- ●終結フェーズはなぜ必要か？……390
- ●最後にやるべきこと……391
    - 大小のプロジェクトを終結させる……392
- ●教訓を書き出す……394
- ●終結フェーズの留意点……395
- ●時間を置いた振り返り……399

- ◉チームの行く末……399
- ◉手放す！……400
- ◉理解度チェック……401
- ◆これだけは憶えておこう◆……402

第25章　事後の振り返り……403

- ◉プロジェクトを振り返る……403
  - 中核メンバーや作業委員会と会議を開く……404
  - 目標の達成度を評価する……405
- ◉最終報告書を書く……406
  - 最終報告書の構成……408
  - 最終報告書の社内政治への影響……409
- ◉チーム・メンバーの人事考課……409
- ◉プロジェクト・マネジャーの自己分析……411
- ◉理解度チェック……411
- ◆これだけは憶えておこう◆……412

付録A　効果を上げる組織……413

- ◉組織づくり：困難だが、誰かがやらなければならない……413
- ◉人間ドラマ——性格、社内政治、企業文化……414
  - まずシナリオを渡す……414
  - 役割分担の破綻を防止する……414
  - 少数精鋭のチーム……415
- ◉プロジェクト組織のいろいろ……416
  - 機能型組織……416
  - プロジェクト型組織……419
  - マトリックス型組織……421
  - 混合型組織……426
- ◉どの組織構造を採用するか？……426

RACIチャートを活用する……427
　　　プロジェクトに見合う組織構造を選ぶ……428
◉作業委員会をマネジメントする……428

付録B　プロジェクトマネジメント・オフィス（PMO）……430

◉PMOの目的……430
◉プログラムマネジメントの特質とプロジェクト……431
　　　プログラム内の共同計画……431
　　　課題の解決……432
　　　グローバル・プログラム……432
◉プロジェクト、プログラム、ポートフォリオ……433
◉プログラム・マネジャーの役割……434
◉プログラム・マネジャーの要件……434
　　　リーダーシップ……434
　　　人間関係のスキル……434
◉プロジェクトの外的要因……436
　　　社内外の政治状況……436
　　　組織変更……436
　　　状況の変化……437
　　　会社の変化……437

巻末資料①プロジェクトマネジメント関連用語集……438
巻末資料②プロジェクトマネジメント関連団体……448

訳者あとがき……450

ブックデザイン：和全（Studio Wazen）
本文DTP・図表作成：横内俊彦
カバー写真：Dusit/shutterstock

はじめに

　プロジェクトをマネジメントするには、天才の頭脳も MBA（経営学修士）もいりません。しかし、プロジェクトを期限通りに予算内で完成させるには、特別のスキルがいります。計画や図表の作成もある程度は必要です。この本ではそういうポイントを簡潔に説明し、プロジェクトマネジメント成功のロードマップ（道筋）を示します。

　この本では、プロジェクトマネジメントの実証済みの手法がどのようにプロジェクトの成功をもたらすかを、わかりやすく説明します。プロジェクト・チームが、社内政治や個性の対立を引き受けて同じ方向にベクトルを合わせる方法や、頻繁な変更を管理し、プロジェクトを軌道に沿って進ませる方法も解説します。この本に目を通すことで、プロジェクトマネジメントを成功させるのは運ではなく、知識とスキルであると納得してもらえるはずです。

この本の使い方

　この本は6つのパートから成っており、順を追って読むことをお勧めします。各パートごとに、成功のためのステップやツールを紹介し、実践的アドバイスをしています。

　パート1「プロジェクトマネジメントの威力」では、プロジェクトをビジネス・ニーズに結びつける方法を解説します。プロジェクト・マネジャーに求められる役割と、プロジェクトを期限通り予算内で終結まで導く方法も紹介します。

　パート2「プロジェクト定義フェーズ」では、スコープ（プロジェクトの規模）を明確にし、ステークホルダーを識別して、リスクをコントロールしつつ、ステークホルダーをマネジメントする方法を学びます。

　パート3「プロジェクト計画フェーズ」では、プロジェクトの成功に不可欠な計画策定の基本を説明します。作業の洗い出し方、スケジュールや

予算の作り方、図表や分析ツールについて学習します。技術的なポイントが詰まっているところですから、繰り返して読むのもよいでしょう。ここをしっかりマスターすることが重要です。どんなプロジェクトでも、パフォーマンスが計画を上回ることはありえないのです。

パート4「**プロジェクト実行フェーズ**」では、プロジェクト目標の達成に焦点を絞りながら、計画を実行に移す技法を説明します。ここがプロジェクトマネジメント成功のカギです。プロジェクトの成果は、計画の実行にかかっているのです。

パート5「**プロジェクト監視・コントロール・フェーズ**」では、プロジェクトを期限通り予算内で、しかも正しい品質で進めるための、監視や調整の方法を説明します。よくある問題に対処し、変更の影響を抑えるための指針も示します。

パート6「**プロジェクト終結フェーズ**」では、プロジェクトを終わらせ、成功の果実を収穫する方法を学びます。とかく無視されがちなフェーズですが、ここを読めばなぜ重要なのかがわかるでしょう。

各章の末尾には「理解度チェック」の質問を設けました。答えがわからなければ、該当箇所を再読し、自信もって解答できるようにしてください。

付録はプロジェクトマネジメントの関連知識を深めてもらうためのものです。付録Aでは組織作りについて、付録Bではプロジェクトマネジメント・オフィス（PMO）の立ち上げについて触れています。巻末資料では、プロジェクトマネジメントの関連用語の解説のほか、プロジェクトマネジメント関連の主な団体とホームページを紹介しています。

コラムについて

この本では、随所にコラムを載せています。本文の内容を補足し、実践しやすくするためのものです。

はじめに

賢者の言葉
ここの引用やアドバイスは、プロジェクトの専門家や私たち自身の言葉で読者のやる気を高め、ベストを尽くしてもらうためのもの。

ご用心！
しっかりとした計画を策定していても、うまくいかないこともある。ここでは、問題が深刻化する前に危険信号を読み取る方法を示す。

プロジェクト用語
プロジェクトマネジメントで特に重要な用語を解説。ここに紹介する用語を会議で使って、上司や同僚に「できるな！」と思わせるのもよい。

時は金なり
ここのアドバイスに従って、スケジュールを変更し、予算をコントロールしよう。

現場の声
ここには大勢のプロジェクト・マネジャーや私自身の実体験にもとづくヒントを紹介している。

23

謝辞

　この本は妻モーリーの忍耐強い支援のおかげで、書き上げることができました。彼女の支援と子供たちへの愛情がすべてを支えてくれました。感謝しています。

商標について

　この本で紹介する用語の商標やサービス・マークは、適宜、表示しましたが、アルファ・ブックスが、その内容や正確さを保証するものではありません。また、この本で使用することが商標やサービス・マークの効力に影響するものでもありません。

パート1
プロジェクトマネジメントの威力

　毎年、各社は重要プロジェクトを数多く立ち上げ、莫大な人員と資金を投入しています。そういうプロジェクトを期限通りに予算内で完成させ、莫大な投資の見返りを得る方法は、プロジェクトマネジメントを学習すればわかります。さらに、プロジェクトに合った組織を作り、優先課題に集中し、変化にも柔軟に対応できるようになります。

　パート1では、会社がパフォーマンス向上のために新戦略を立てる方法と、新戦略にプロジェクトがどのように結びつくかを学びます。さらに、プロジェクトマネジメント・プロセスとライフサイクル、経験豊富なプロジェクト・マネジャーの成功の技法、プロジェクトマネジメントの10の知識エリアについて学習します。そこはプロジェクトが戦略的ビジネス・ニーズを満たすための第一歩です。これができれば必ず組織のスターになれます。それこそがプロジェクトマネジメントの威力なのです。

第1章

プロジェクトを戦略と成果に結びつける

この章の内容
■プロジェクトがビジネス・ニーズを満たす方法
■プロジェクトの4つのフェーズ
■変革マネジメントの2本立ての見方
■スケジュール、予算、スコープのバランスをとるということ
■プロジェクト成功の定義
■プロジェクトのいろいろ

　21世紀に入りビジネスの重要課題は、より早く、より安く、より少ない資源で事を成し遂げることです。瞬間移動や光速飛行はまだ『アバター』の世界だけの話ですが、技術の急拡大やグローバル市場はすでに現実のものとなっています。

　新時代に競争に勝ち残るには、より少ない資源でより多くの成果を上げなければなりません。一般に、プロジェクト実施の理由は、プロジェクトにより、組織のパフォーマンスを新たなレベルに押し上げることです。将来に向けてビジネスの主人公であり続けるには、より早く、より安く、より良く物事を成し遂げなければなりません。それには、「正しいことを、最

初から正しく」行う必要があるのです。

　プロジェクトはビジネスの本流になってきています。コンピュータの普及と自動化の進展により、多くの繰り返し作業が消滅し、そのぶん私たちは新製品や新サービスの創出、組織改善に集中できるようになりました。そして、この章でも説明するように、何かを創出する必要があるところには、新たなアイデアが集まり、プロジェクトが生まれるのです。

●プロジェクトでビジネス・ニーズを満たす

　プロジェクトは通常、社内外のニーズに対処するためにスタートします。その原動力には、次のようなものがあります。

　　†増産を求める市場の需要
　　†従業員に新たなスキルを習得させたいという組織のニーズ
　　†主要顧客からの具体的な依頼
　　†行政当局からの法的要求

　プロジェクトの形態はさまざまです。例えば、次のようなものです。

　　†新技術の導入（例：自動機械）
　　†情報技術（IT）（例：コンピュータの変更）
　　†成長に向けた新規ビジネスの開拓
　　†人的資源のパフォーマンス（例：研修）
　　†戦略的重点目標（例：新商品の市場投入）
　　†2社の合併にともなう経営の統合

　プロジェクトマネジメントと組織戦略の関係については、『プロジェクトマネジメント知識体系ガイド』（以下、『PMBOK® ガイド』）の1.5.2.3を、事業価値については同書1.6をそれぞれ参照してください。

プロジェクトは、企業が将来、顧客から何を求められるかの判断に始まり、顧客の要求やニーズを満たし、上回ることを目指します。次に、その要求を戦略計画に盛り込んで、一定の期間（例えば、数カ月から5年ほど）、それに取り組むことになります。さらに、その要求を実現するために、種々のプロジェクトが立ち上がります。相互に関係する複数のプロジェクトをひとまとめにして「プログラム」と呼びます。

プロジェクトマネジメントでは、複数のプロジェクトの間の依存関係をマネジメントすることに焦点を当て、次のことをします。

† 対立や制約を解決する。
† 戦略目標と整合させる。
† 共有資源を活用する。

プロジェクトとプログラムマネジメントについては、『PMBOK® ガイド』1.2 と 1.3 を参照してください。

プロジェクト用語

米国の PMI ではプロジェクトを「独自のプロダクト、サービス、所産を創造するために実施する有期性のある業務」と定義している。すなわち、プロジェクトはこれまでに存在しなかったものを生み出す活動であり、具体的な成果物、期限、予算がある。そして予算によってプロジェクトに投入するヒト・モノ・カネの量が決まる。
さらに PMI では、プログラムを次のように定義している。「相互に関連する複数プロジェクトの集合である。調和をとりつつ実施することにより、個別に実施するのでは得られない効果が得られる」

プロジェクトやプログラムでは予測の段階でさまざまな目標を掲げるかもしれませんが、1つだけ変わらない目標があります。それは、将来のパフォーマンスを向上させることです。

パート1　プロジェクトマネジメントの威力

　プロジェクト・マネジャーは、プロジェクトを規模にかかわらず、調整し、期限通り予算内で所期の成果を達成する責任者であり、プロジェクトとビジネス・ニーズの結びつきを理解しなければなりません。さらにそれを、プロジェクト・チームの主要メンバーにしっかり理解させなければなりません。これは「言うは易く、行うは難し」です。というのは、プロジェクトの進行に従って、プロジェクト・マネジャーもプロジェクト・チームも、開始時には予測しなかった技術上・ビジネス上のさまざまな問題に遭遇し、それを克服するために多数の意思決定をします。もし、こういう人たちが戦略や所期の目標を達成するというプロジェクトやプログラムの役割をまったく理解していないとしたら、プロジェクト成果物が当初に設定したビジネス価値の最大化に寄与しないような、的外れの意思決定を行うこともあるからです。

●プロジェクトの4つのフェーズ

　プロジェクトは4つのフェーズから成ります。定義、計画、実行、終結です。プロジェクトが期待の成果を生み出すためには、各フェーズにそれぞれ、図のような成果物があります。この本を読み進めるうちに、各フェーズや成果物の理解が深まるでしょう。

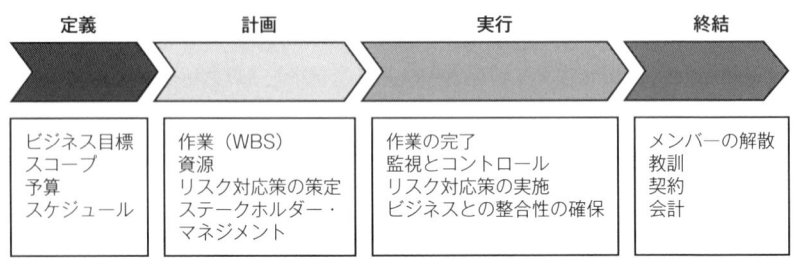

プロジェクトには4つのフェーズがあり、それぞれのフェーズに成果物がある。

第 1 章 ▶ プロジェクトを戦略と成果に結びつける

●変革マネジメントと統合変更管理

　プロジェクト・マネジャーは「変革マネジメント」を生と死のプロセスになぞらえて考えることがあります。組織が「生き物」であり、独自の命を持つという考えに符合するものです。プロジェクト・マネジャーとしての問題は、「それがプロジェクトとどんな関係があるか？」です。ここで別の見方を紹介したいと思います。

プロジェクト用語

プロジェクトが組織に変化を引き起こす時、プロジェクト・マネジャーはその変化を組織の具体的な変革を求めるエンジニアリングの課題として捉えるべきである。「変革マネジメント」とは、組織が変革に効果的・効率的に対処するように準備することである。

　今日の動きが速い世の中では、プロジェクト・マネジャーは変化を上手に処理しなければなりません。変化をコントロールする最善の方法は、規律ある、構造化されたアプローチです。つまり、しっかりした計画と、それに基づく実行です。この点については、第 17 章で詳述します。

　統合変更管理については、『PMBOK® ガイド』4.5 を参照してください。

　大半の企業のプロジェクトの根本問題は、ビジネスの変革のために実施するプロジェクトの成功率が 40％に満たないということです。40％未満！これは到底受け入れられない数字です。そこには、例えば、企業合併や買収、技術革新、リエンジニアリングなどが含まれます。ある調査によると、IT（情報技術）プロジェクトの 30％以上が中断の憂き目にあい、50％以上が予算をオーバーしているとのことです。期限通り予算内で目標を達成したプロジェクトは 16％ほどにすぎません。

　良いニュースは、この本の技法をマスターすれば、会社のスターになれる

ということです。なにしろ、多くのプロジェクトが失敗している中で、プロジェクトを成功させて際立った実績を上げられるからです。

というわけで、大勢の人がプロジェクト・マネジャーになることにメリットを見出しています。米国に本拠を置くプロジェクトマネジメント協会（PMI：Project Management Institute）は国際的な職能団体ですが、45万人を超える会員を擁し（2015年1月現在）、各種の標準を確立し、実務家の認定も行っています。

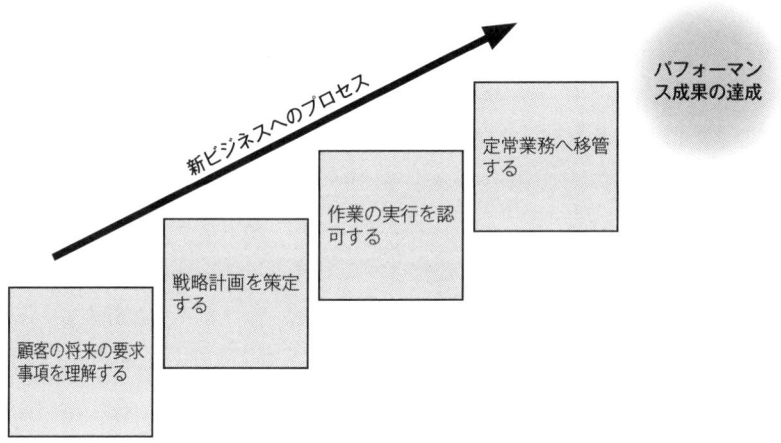

プロジェクトはビジネスのパフォーマンス向上のために実施され、おおむね上のようなプロセスをたどる。

時は金なり

PMIではプロジェクトと定常業務を区別している。両者には類似点も多い。だが、定常業務は継続的であり、繰り返して成果物を生む。一方、プロジェクトは一回限りであり、明確な期限が定められる。

●プロジェクトの成功:スケジュール、予算、スコープのバランス

　プロジェクト・マネジャーが直面する最大の難問は、スケジュール、予算、スコープのバランスをとることです。この3つの要素は三角形に当てはめればわかりやすいでしょう。もしスケジュールが遅れれば(期限に遅れる可能性が出てきた)、他の2つの要素へも影響します。遅れを取り戻すには投入人員を増やす(そして予算も増やす)か、スコープを削減するという手があります。あるいは、終了期日を延長してもらわなければなりません。

　有能なプロジェクト・マネジャーは、3つの要素の優先順位をしっかり頭に入れています。つまり、スケジュール、予算、スコープのうち、どれが最重要かです。3つの要素のどれもが最重要だとする間違いを犯してはなりません。そうならないためにも、正しい問いを立てて、本当に重要な要素を1つに絞るとしたらどれか、交渉可能な要素はどれかを見極める必要があります。この点をはっきりさせておけば、プロジェクトの進展に合わせて、3つの要素のバランスをどうとればよいかがわかります。

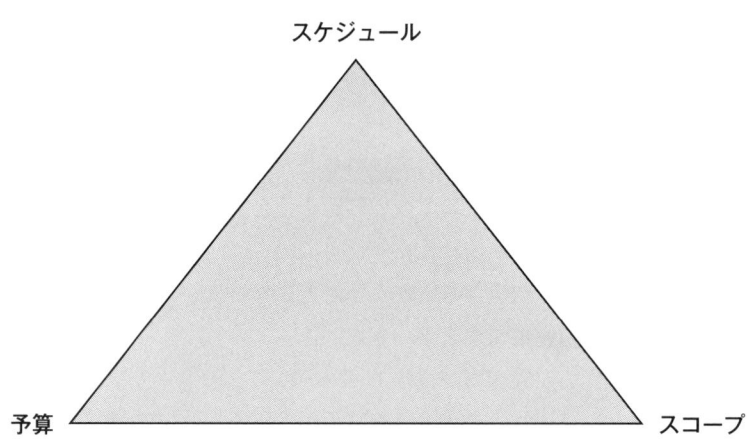

　このように考えてくると、プロジェクトの成功には次の3つの不可欠な条件があることがわかります。

† **プロジェクト・チームとステークホルダー（社内外の顧客と経営陣を含む）との間で、プロジェクト目標に合意すること**

　関係者全員の間で同じ成果物を期待するという合意がなければ、プロジェクトの成功は望むべくもない。プロジェクト目標の設定については、第7章で詳述する。

† **資源の提供と組織の障害の除去につき、経営陣の支援があること**

　経営陣の支援がなければ、プロジェクト・マネジャー単独では、必要な決定や方針を実行する権限を持ちにくい。その意味で、プロジェクト・マネジャーは、チームをマネジメントするとともに、経営陣の支援を得るために、「上を」マネジメントする必要がある。このやり方については、第5章で詳述する。

† **有効な情報を適切な形で継続的に提供すること**

　プロジェクトマネジメントではコミュニケーションが大切である。簡潔明瞭なコミュニケーションがなければ、チーム・メンバーは目標につき合意も達成もできない。こうしたコミュニケーションをとる上でプロジェクト計画書が重要であることは間違いないが、必要な要素は他にもある。この本では、プロジェクトの計画策定の方法を説明するとともに、継続してコミュニケーションをとり、プロジェクトを成功に導くやり方も説明する（第19章を参照）。

　上記の条件を現実の問題に当てはめるとどうなるでしょう。一例として、自動車の部品メーカーが次の2つの問題を抱えているとしましょう。

1．大口の顧客には値引きしてもよいことになっているが、営業部門では顧客の購買履歴情報を入手できない。
2．生産管理部門が顧客の購買パターンの情報を検索できない。その結果、顧客からの受注時に、まさに製造中のものもあれば、長い間、倉庫の棚でホコリをかぶっているものもある。

　こういう問題にも対処すべく、経営陣が顧客管理ソフトの導入プロジェ

クトを立ち上げました。プロジェクト目標は次の通りです。

- 営業部門と経営陣が顧客データをリアルタイムで入手できるようにして、売上増をめざす。
- 顧客ごとの購買パターンの情報を検索できるようにし、生産スケジュールの質の向上と、在庫の削減、ジャスト・イン・タイムをめざす。

こういう経緯をたどれば、プロジェクト立ち上げのきっかけとなった問題について、一応はわかります。が、プロジェクトを定義するためには、まだまだやるべきことがあります。例えば、正確な情報が入手できないのは、情報が正しく入力されていないからかもしれません。だとしたら、真の原因はシステムではないことになります。あるいは生産計画がしっかり立てられていないために、製造部門に問題が起きているのかもしれません。だとしたら、やはり、新システムの導入は問題解決につながらないでしょう。

要するに、プロジェクト・マネジャーの仕事は問題を解決してパフォーマンスを向上させることであり、新ソフトを導入すればよいということにはならないのです。

賢者の言葉

「プロジェクトマネジメントの手法は、今日の環境や技術を反映してこそ有効なものとなる。30年も前の旧態依然としたやり方では、たとえ成功したとしてもたかが知れている」──B.P. リーンツ＆K.P. リア、*Project Management for the 21st Century*

●プロジェクトの成功を定義する

偉大なプロジェクト・マネジャーの資質は、生まれながらのものではありません。学習して身につけるものです。他のプロジェクト・マネジャー

が有効に活用している手法を学び取り、それを実際に使うことが大切です。偉大なプロジェクト・マネジャーの仕事の進め方を生（なま）で観察するとか、直接指導してもらうという幸運に恵まれる人もいます。しかし、そううまくはいかないのが普通です。すると、試行錯誤を繰り返しながら何とか切り抜けるか、実証済みの技法を学習して使うかのどちらかでしょう。

　この本には数百人のプロジェクト・マネジャーの成功技法の粋（すい）を集めました。また、どのプロジェクトにも業界を問わず、スケジュール、コスト、スコープのバランスが求められることから、プロジェクトの成功にはプロジェクトマネジメントの技法——偉大なプロジェクト・マネジャーの科学の力——が必要なのです。そういう技法のすべてをこの本で学びます。

時は金なり

人類史で初代の偉大なプロジェクト・マネジャーは5000年前にエジプトでピラミッドの建設に携わった人たちだ。ローマ人も2000年前に帝国の域内に道路網を張り巡らせた。そして最近、偉大なプロジェクト・マネジャーがロケットを建設し、宇宙飛行士を月や宇宙に運んでいる。プロジェクトマネジメントのツールと技法はかれらすべてに使われている。そして、それは習得ができるものだ。

　プロジェクトマネジメントは、もともとは建設プロジェクトのために開発されたものです。しかし、同じ手法が、新入社員の研修、広告キャンペーンの作成、ソフトウェアの新商品開発、会社の組織変更などにも広く適用できます。さらに、プロジェクトマネジメントを活用すれば、見逃したら成功を脅かすような問題点を解決することもできるのです。

　プロジェクトには類似点があるとはいえ、1つひとつに独自性があります。目標、参加メンバーとそれぞれの持ち味、実施時期、成果物のどれをとっても違います。目標が同一の2つのプロジェクトを実施したとしても、計画や実行が同じということはありません。小規模プロジェクトでも、ひっきりなしにサプライズ（不意討ち）があるので、プロジェクトマネジメ

ントを成功させるには、予期せぬ事態やリスクに対処する方法をすばやく身につけなければなりません。ありがたいことに、プロジェクトマネジメントには実証済みの定型的な技法があるのです。そして、プロジェクトマネジメントの道具箱にはプロジェクトの類似点とともに相違点やリスクに対処する技術が入っています。この本でしっかり学習してください。

> **賢者の言葉**
>
> プロジェクトマネジメントのスキルは、業界の境界を超えるものだ。意欲ある人には、異業種について学習し、広い範囲で活躍するチャンスをもたらす。

　プロジェクト・マネジャーがそもそものビジネス・ニーズを理解していれば、プロジェクトは成功するでしょうが、理解していなければ、成功はしません。プロジェクト成否の判断は、長期的には、プロジェクトそのものの目標の達成度合いだけでなく、ビジネス全体の目標達成や、プロジェクトが目指すビジネス価値の実現の可否によって成されるのです。
　プロジェクト・マネジャーは顧客に定期的なフィードバックを求め、プロジェクトが依然として——現行の定義に基づく——ビジネス目標に合致することを確認しなければなりません。次のようなことが変わるかもしれないからです。

　　†ビジネス状況
　　†会社の目標
　　†経営陣
　　†優先順位
　　†リスクが現実となり、対策を講じなければならない

　プロジェクトマネジメントをマスターすると、気づくことがあります。営業の全国大会開催プロジェクトと高速道路の拡張プロジェクトでは、規模

はかけ離れていますが、多数の同じツールを使うということです。

受け入れ基準の定義については、『PMBOK® ガイド』5.3.3.1 を参照してください。

複雑を極めるプロジェクトは、意識しなくとも、プロジェクトだと認識できます。例えば、新車の開発、ERP（業務用統合パッケージ）のような経理報告用の新型プログラムの導入、海外工場の建設などです。しかし、ありふれた小規模のビジネス活動で、プロジェクトと呼ばれないものの中にも、プロジェクトがあります。

会社に新人を採用する活動をプロジェクトと考える人は多くないかもしれません。熟練の採用責任者もプロジェクトと考えないでしょう。どんなステップで計画しスケジュールを組むか、しっかり頭に入っているからです。新聞に広告を出し、何人かの候補者と面接し、適任者を選考する…などです。しかし、採用した社員を戦力とするのには守るべき期限があり、人員と資金、時間を使います。候補者の面接にチームを動員するからです。おそらく、次のようなことをするでしょう。

・スケジュールを作る。
・面接を実施する。
・信用調査をする。
・評価プロセスに従う。
・採用条件を文書で提示する。

そして、プロジェクト終了後には、以前にはなかった状況が出現します。新入の着任です。
さらに、新入の受け入れには、次のステップが必要です。

・入社オリエンテーションをする。
・社員証とセキュリティ・カードを渡す。

第 1 章　▶　プロジェクトを戦略と成果に結びつける

・オフィス・スペースを準備し、コンピュータなどの備品を整える。

　こう考えると、新人の採用は立派なプロジェクトであり、プロジェクトとして扱う価値があるのです。プロジェクトマネジメントを効果的に行えば、最短の期間で適任者を採用でき、会社に大きなプラスとなります。

　もちろん、新人の採用計画の策定には、川に新しい橋をかけるプロジェクトの計画策定ほどの時間はかからないでしょう。スケジュール作成や予算管理にコンピュータを使うまでもないかもしれません。しかし、会社のニーズを"ピッタリ"満たす新人の採用が重要であるなら、しっかりしたプロジェクトマネジメント技法を使うことが大切です。

　社員を採用するような小規模プロジェクトだからといって、定常業務と同じように扱うことはできません。ここで、あなたが抱えるプロジェクトを2つ書き出してみてください。この本を読み進めながら、これから学ぶ技法をその2つのプロジェクトに適用してみたらよいでしょう。

現場の声

経験豊富なプロジェクト・マネジャーの話を聞くと、かれらがプロジェクトに関わるタイミングが遅すぎることが多いことに気づく。すでにプロジェクトとしてやるべきか否かの検討が終わり、承認されたあと、というタイミングだ。これでは、プロジェクト・マネジャーはビジネス問題に深入りせざるを得ない。そうしなければ、プロジェクトを実施しても問題の解決につながらないからだ。ここから学べるのは、問題を確実に理解する必要があるということと、プロジェクトを引き受ける際は、くれぐれも慎重を期すべきだということである。問題の根本原因を解決するためには、やり方を変えなければならないこともある。

●理解度チェック

☐自分の担当プロジェクトのビジネス上のニーズを理解しているか？

パート1　プロジェクトマネジメントの威力

☐プロジェクトの各フェーズを自社でどう定義しているかを理解しているか？
☐自分の担当プロジェクトの完了によりビジネスの進め方がどう変わるのかを理解しているか？
☐自分の担当プロジェクトが提供するビジネス価値を説明できるか？

◆これだけは憶えておこう◆

†プロジェクトはビジネス・ニーズを満たすためのものである。
†プロジェクトには、定義、計画、実行、終結の4つのフェーズがある。
†プロジェクトがもたらす変革をマネジメントするには、構造化された定型的なやり方をする。
†プロジェクトマネジメント成功のカギは、スケジュール、予算、スコープのバランスをとることである。
†偉大なプロジェクト・マネジャーは実証済みの定型的な技法を活用する。

第2章 プロジェクト・マネジャーの役割

この章の内容
■プロジェクト・マネジャーとビジネス戦略の結びつきを理解する
■プロジェクト・マネジャーの役割
■有能なプロジェクト・マネジャーが身につけている知識エリア
■プロジェクト・マネジャーとして成功するためのスキル
■有能なプロジェクト・マネジャー：7つの資質

あなたの名刺の肩書きがどうであれ、プロジェクトの責任を引き受けたなら、成功を期待されます。この章では有能なプロジェクト・マネジャーに何が必要かを学びます。

●ビジネスにおけるプロジェクト

大半の会社がプロジェクトを手掛ける理由は、1つに集約されます。利益を上げることです。ですから、第1章で触れたように、およそプロジェクトの名に値するものは何らかの形でビジネスに結びついています。プロジェクト発足のきっかけは、通常、顧客の将来のビジネス・ニーズを満た

すことです。そして、最終成果としてビジネスのパフォーマンス向上をめざすのです。これは、プロジェクト・マネジャーであるあなたには何を意味するのでしょう。まず、経営陣があなたにプロジェクトを任せようと判断した状況や戦略を理解しなければならないということです。ここを理解していなければ、ビルの設計技師が入居者のビジネスに無知の状態でビルを設計するのと同じことになってしまいます。

プロジェクトの事業価値については、『PMBOK® ガイド』1.6 を参照してください。

●プロジェクト・マネジャーの責任とは？

プロジェクト・マネジャーは、プロジェクトを指揮するために1人だけ任命され、プロジェクトの成否に最終責任を負います（プロジェクト・スポンサーは資金の提供者で、プロジェクトの成功を望む立場ですが、詳細は第6章で触れます）。プロジェクトを引き受ける以上は、たとえ他にやるべき仕事があるとしても、また、プロジェクト・チームの一員として参加するとしても、必ず成功させなければなりません。

プロジェクト・マネジャーの役割については、『PMBOK® ガイド』1.7.1 を参照してください。

では、何をどうすればよいのでしょう。まず最初に、顧客と共に「要求事項」を明確にする必要があります。この本でいう「顧客」は、社外にいて製品・サービスを買ってくれる人だけではありません。倉庫を変更して製品の梱包・出荷を早めるプロジェクトのプロジェクト・マネジャーにとっての「顧客」は社内の製造本部長です。そして、プロジェクトの顧客（またはステークホルダー）となる可能性のあるすべての人に運営委員会に入ってもらい、プロジェクト計画には全員の承認を取り付ける必要があるのです（運営委員会やステークホルダーについては第6章で詳述）。

> **プロジェクト用語**
>
> 米国のプロジェクトマネジメント協会（PMI）によると、「要求事項」とはプロジェクトが具備すべき条件や能力であり、契約や標準、その他の公式な仕様を満たすためのもの。

●何をする必要があるか？

　プロジェクト・マネジャーとして成功するには、大きく異なる2種類のスキルを身につけなければなりません。まず、問題解決のスキルです。プロジェクトとは独自性のあるものだからです。次に、自己規律です。自分の仕事の進め方をしっかり持ち、プロジェクトの進捗の監視には各種の技術や図示の技法、予算ツールを駆使する必要があります。要するに、プロジェクト・マネジャーとして成功するには、まず有能なマネジャーとして自己を確立しなければならないのです。

◎計画し実行する、ということを学ぶ

　プロジェクトマネジメントが独立した分野として発展した背景には、予測可能な結果を得るために資源と技術を調整する必要があることが挙げられます。プロジェクトマネジメントに共通する作業には、目標の設定、作業の分解、作業順序の図示、スケジュールの作成、予算の作成、チーム内の調整、報告、コミュニケーションなどがあります。こうした作業には2種類の活動が含まれます。目標設定・計画策定の活動と、実行・コントロールの活動です。

　この本では順を追って、1つひとつ詳しく取り上げます。プロジェクトでの計画と実行について、各ステージで何をどうすべきかがよくわかるはずです。

> **賢者の言葉**
>
> 「世界は情熱とやる気のあるリーダーのものだ。かれらは活力にあふれているだけでなく、自分に従う人にも活力を与える。」——ジャック・ウェルチ（ゼネラル・エレクトリック）

◎プロジェクトの終着点に焦点を絞る

1990年代に、スティーブン・コヴィーの『7つの習慣』という本がベストセラーになりました。その中でコヴィーは、何をするか、どうやってするかを決めるにあたり、終着点を念頭に置くことが成功のカギだと説いています。プロジェクト・マネジャーとして成功するには、この習慣が必要不可欠です。プロジェクトを同じ重みの250の作業の集合として捉えるのではなく、常に最終成果を念頭に置くのです。そうすれば、プロジェクトが途中で立ち往生するケースは減少し、プロジェクト・マネジャーとしてもより強力になります。プロジェクト・マネジャーが、プロジェクト完了時の成果物について明確なビジョンを持っていれば、困難な時期にもプロジェクトを指揮し、やがて成功に導くことができるのです。

◎マネジャーとリーダー：2つの役を演じる

有能なプロジェクト・マネジャーは、プロジェクトを指揮するにあたり、権限と責任の両方を駆使します（リーダーシップについては、第17章で詳述）。プロジェクトのマネジメントとリーダーシップは車の両輪です。チーム・メンバーはリーダーとしてのあなたに、正直で、能力があり、やる気を鼓舞してくれることを期待すると同時に、プロジェクトマネジメント技法をうまく活用することを期待します。個人レベルでも、いろいろな時期を通じて、動機づけし、権限を委譲し、相談に乗り、コーチ役を演じなければなりません。そこで、こうしたスキルを身につけることと、チーム・メンバーの問題解決を手助けすることが、あなた（とプロジェクト）の成

功に不可欠なのです。

リーダーシップ・スキルについては、『PMBOK® ガイド』1.7.2 を参照してください。

各作業を期限通りに予算内で完了させるために、管理手順を構築しなければなりません（第18章で詳述）が、より重要なのは、プロジェクト・チームから信頼と尊敬を得て、気持ちよく指示に従ってもらうことです。

しかし、プロジェクト・マネジャーに何よりも必要なのは、活力にあふれる前向きな姿勢でプロジェクトを指揮することです。その姿勢がプロジェクトを前進させる触媒となるのです。プロジェクトマネジメント技法の方があなたの姿勢より重要だなどと考えてはいけません。あなたの姿勢があなたに力をくれるのです。

では、プロジェクト・マネジャーのリーダーとしての側面について見てみましょう。

時は金なり

プロジェクト・マネジャーは、指導、促進、交渉、調整によって大きな成果を上げる。指示、強制によってではない。

●プロジェクト・マネジャーのリーダーとしての役割

プロジェクト・マネジャーは、プロジェクトの異なるフェーズを指揮する責任の一環として、他のメンバーとの間で多様な役割を演じる必要があります。熟練したリーダーはこうした役割を苦もなく演じることができるのです。

◎対人関係の役割

リーダーとして認められるには、正直で、有能で、信頼が置け、とっつきやすい人と思ってもらわなければなりません。対人関係では、次のようなことをする必要があります。

　　†様々なビジネス経験・知識を持つ人々と効果的に接する。
　　†チーム内のもめごとを解決し、チームに一体感を作り出す。
　　†プロジェクトの目標達成に向け、各マイルストーンを達成するよう、
　　　チームの作業の焦点を絞り、動機づける。
　　†ステークホルダーと良い関係を構築する。
　　†意思決定に際しては、他人の意見を注意して聴く。

◎情報提供の役割

プロジェクト・マネジャーは、関係者に最新情報を提供する必要があります。そのために、次のことをします。

　　†チーム会議を招集し、議事を進行させる。
　　†他の人たちの作業スケジュールを作成・更新する。
　　†プロジェクト・ビジョンを経営陣に伝える。
　　†成果や品質、成果物についてフィードバックを与える。

◎意思決定の役割

プロジェクトを前進させるため、プロジェクトの各プロセスで、大小様々の意思決定をします。意思決定には次の専門能力が必要で、しかも決定によって影響を受ける人を疎外しないという配慮が必要です。

　　†成果物の仕様と利益を区別する。
　　†スケジュールが遅れたら、資源を適切に配分する。
　　†スケジュール、予算、スコープのバランスをとる。

† 「スコープ・クリープ」や予算オーバーを防ぐ。

> **プロジェクト用語**
>
> 「スコープ・クリープ」とは、プロジェクトに作業を少しずつ追加することにより、スケジュールやコストなどの当初の見積りがまったく無意味となってしまうこと。

◎他のビジネス・マネジメントの役割

プロジェクト・マネジャーには、上に述べた以外にも、有能なビジネス・マネジャーに求められる一般スキルのすべてが必要です。なかでも人的資源マネジメントは最重要なものの1つです。

●有能なプロジェクト・マネジャー:7つの資質

プロジェクトマネジメントの知識を習得し、プロジェクト・マネジャーおよびリーダーの多様な役割を理解した上でも、プロジェクト・マネジャーとして成功するにはさらに7つの資質が必要であることがわかっています。それは次ページの図の通りですが、1つずつ解説しましょう。

◎資質1:プロジェクトへの情熱

有能なプロジェクト・マネジャーは高い成果を目指します。その情熱がチーム・メンバーに浸透し、参画意識を高めます。

◎資質2:変更管理の能力

プロジェクトには変更がつきものです。顧客が最終成果物についての考えを変える、マネジャーがスコープの変更を決める、チーム・メンバーがスケジュールを変更する必要がある…という具合です。プロジェクト・マネジャーは例外を管理する手法を身につけなければなりません。小規模プ

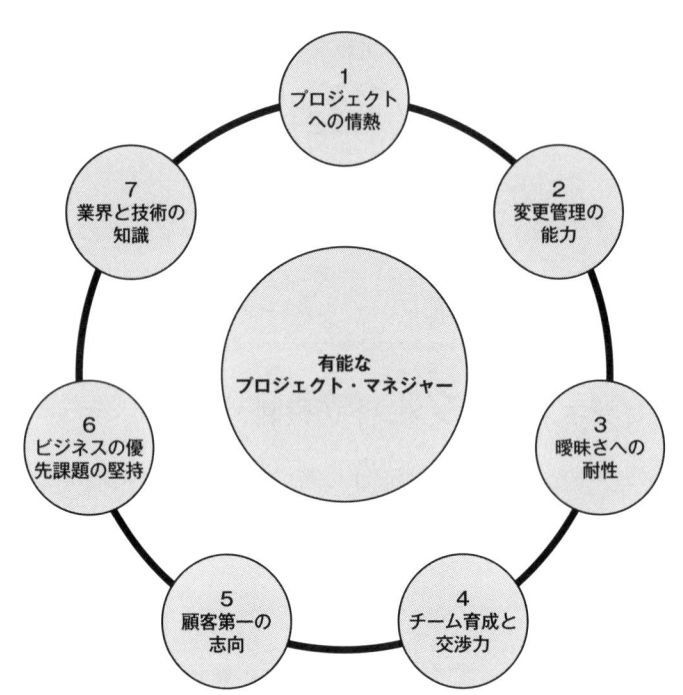

パート1 ▶ プロジェクトマネジメントの威力

```
         1
    プロジェクト
    への情熱

7                    2
業界と技術の          変更管理の
  知識                 能力

      有能な
  プロジェクト・マネジャー

6                    3
ビジネスの優          曖昧さへの
先課題の堅持             耐性

      5         4
   顧客第一の    チーム育成と
     志向       交渉力
```

プロジェクト・マネジャーは、経験を積むにつれて、ここに挙げる資質を身につける。それにともない、仕事はやりやすくなり、満足度も増す。

ロジェクトでもサプライズ（不意討ち）は起きるからです。

◎資質3：曖昧さへの耐性

　プロジェクト・マネジャーの権限は、とかく曖昧です。プロジェクト進行中、チーム・メンバーには指揮命令を受ける上司が別にいて、プロジェクト・マネジャーに従ってくれない（リーダーとして尊敬を勝ち得ていれば別ですが）場合もあります。大規模プロジェクトでも役割分担が明確であるケースは、現実には少ないのです。

　メンバーの中に、プロジェクト・マネジャーより高い職位の人がいたり、顧客がチーム・メンバーとしてしゃしゃり出たり、他部門がプロジェクトに特別の利害を持ったりすることがあります。有能なプロジェクト・マネジャーはこうした曖昧な役割や期待を適切に処理しなければなりません。も

48

し、権限が明確で、計画が固定不変でなければやれないというのでは、プロジェクト・マネジャーとしては長続きしません。

　経験豊富なプロジェクト・マネジャーに話を聞いてみましょう。おそらく（正直な人なら）初期に手掛けたプロジェクトの中には惨たんたる失敗に終わったというものが少なくとも1つはある、と教えてくれるでしょう。ですから、もし担当するプロジェクトが失敗したとしても、自分を責めないでください。その事実を受け止め、失敗から学び、前に進みましょう。

> ### 現場の声
>
> 私が実地に仕事ぶりを目の当たりにした最高のプロジェクト・マネジャーは、プロジェクト・マネジャーに求められる資質のすべてを身につけていた。彼はまず自分の担当プロジェクトとビジネスが目指すものとの結びつきを理解していた。さらに、正しいスキルと経験を備えた、偉大なチームを育成していた。そして、ステークホルダーとチーム・メンバーのどちらとも効果的にコミュニケーションをとり、全員をしっかり巻き込んでいた。最後に、主要ステークホルダーと効果的に交渉して、変更を管理していた。そんな奴はスーパーマンだ、と思うかもしれないが、そうではない。彼はこの本が説くステップに従っていたのだ。そして、いまは世界的企業のトップの要職にある。プロジェクトの豊富な知識と経験が彼を経営トップに押し上げたのである。

◎資質4：チーム育成と交渉のスキル

　プロジェクト・マネジャーは、経営陣、顧客、チーム・メンバー、サプライヤーなどの多様なステークホルダーを連携させる必要があります。そんな関係をうまく構築することで、プロジェクト・マネジャーに力が与えられるのです。プロジェクト・マネジャーは交渉を通じて権限を勝ち取らなければなりません。ですから、どんなプロジェクトの成功もロジェクト・マネジャーが社内外の関係者を巻き込んで強力なチームを作れるかどうかにかかっているのです。

◎資質５：顧客第一の志向

　顧客が存在するプロジェクト（ほとんどがそうですね）では、有能なプロジェクト・マネジャーは顧客を第一に据え、顧客の見方を理解します。プロジェクト成功の最終判断は、つまるところ、成果に対する顧客の満足にほかならないのです。有能なプロジェクト・マネジャーは、顧客と連携し、プロジェクトのビジョンを打ち立て、それをプロジェクト・チームに伝えます。しっかりした連携とチーム育成、顧客との強い共感があれば、プロジェクト・マネジャーは変化する期待をうまくさばいて、プロジェクト完成とともに顧客満足を得ることができるのです。

◎資質６：ビジネスの優先課題の堅持

　プロジェクトと全般的なビジネス戦略との関係については、すでに触れました。これを「ボトムライン（最終利益）」志向という言葉で耳にすることがあるかもしれませんが、予算やコストは、ビジネス全体のほんの一部なのです。それ以外のビジネスの優先課題としては、競争優位性の確保、プロジェクトの組織文化への統合、ステークホルダーの課題解決、プロジェクトの進展に沿った生産性と卓越性の確保、などがあります。プロジェクトとビジネスの関係がどうであれ、プロジェクト期間中はそれを見失ってはいけません。正しい方向に進んでいることを示す羅針盤としましょう。

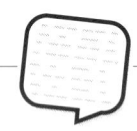

賢者の言葉

「成功へのエレベーターは故障している。階段を一歩一歩登らなければならない」──ジョー・ジラード（ギネス登録の世界最高のセールスマン）

◎資質７：業界と技術の知識

　プロジェクトマネジメント技法の大半はどの業界にも共通のものですが、

プロジェクト・マネジャーは業界特有の知識・経験を身につけている必要があります。例えば、ソフトウェア・プロジェクトを指揮するなら、プログラム作成の経験が必要です。新型ショッピング・モールの開発を指揮するなら、建築関係の知識・経験が必要です。とはいえ、プロジェクト・マネジャーはその分野の専門家である必要はありません。作業をマネジメントするのであって、作業をするわけではないからです。以前、私が一緒に仕事をしたプロジェクト・マネジャーで、自分がその分野の専門家であるという理由で、プロジェクト・チームの一挙手一投足を監督しようとした人がいました。だが実際には、彼はプロジェクトの足を引っ張ることになってしまいました。すべての作業を自分で抱えることになったからです。

プロジェクト・マネジャーに必要なのはプロジェクトマネジメントの経験であって、業界特有の技術や経験ではない、ということもあります。例えば、エネルギー輸送の会社が、新型の自動制御システムの導入を決めた時のことです。パイプラインを最適化し、事故や油漏れのリスクの削減をめざすものでした。同社はプロジェクトマネジメントが弱いとの認識から、プロジェクトマネジメントの経験が豊富な人をプロジェクト・マネジャーとして採用しました。その人に自動制御システムの経験はありませんでしたが、プロジェクトマネジメントに熟達している人でした。

この人選を不思議に思う向きもあるかもしれませんが、自動制御システムの技術的知識はすでに社内にありました。そこで必要なのは、プロジェクトマネジメントの知識とスキルであったので、それを身につけた人を採用したのです。プロジェクトは見事、成功しました。

●理解度チェック

☐ プロジェクトの意思決定における、自分の役割を理解しているか？
☐ このプロジェクトに対して熱意があるか？
☐ チーム育成と交渉の経験があるか？　ないとしたら、訓練を受けるべきか？　あるいは経験者に、チームに入ってもらうことができるか？
☐ チーム内で顧客第一の姿勢を示しているか？

◆これだけは憶えておこう◆

† プロジェクトを指揮しマネジメントするのは、プロジェクト・マネジャーの責任である。
† プロジェクト・マネジャーがプロジェクトを開始する前に知っておくべき、重要な知識エリアがある。
† プロジェクト・マネジャーには、人間関係スキル、コミュニケーション・スキル、ビジネス・スキル、技術スキルが必要である。
† プロジェクト・マネジャーとして成功するための、7つの資質がある。
† 有能なプロジェクト・マネジャーになるには、熱意と努力を継続して注ぐ必要がある。

第3章

ゲームのルール

この章の内容
■プロジェクトの成功基準を再考する
■プロジェクト失敗の7つの原因——いかに回避するか
■プロジェクト成功の12の黄金律
■黄金律を活用するヒント

　プロジェクトマネジメントを始める前に、頭に入れておきたいことがあります。それは、プロジェクトマネジメントの本質が12の黄金律に集約されるということです。
　12の黄金律は大勢のプロジェクト・マネジャーの多種多様なプロジェクトの経験から浮き彫りとなったものです。宇宙船建造のプロジェクトも、ビンの中に船の模型を作るプロジェクトも、12の黄金律に従えばうまく進められるのです。

●プロジェクトの成功基準

　プロジェクトの成功とは、次の3つの基準を満たすことです。

1．期限内に完成する。
2．予算内で完成する。
3．ステークホルダーとチームが合意した品質目標を満足させる。

　品質目標を規定するのが難しいプロジェクトもありますが、プロジェクトマネジメントでは「品質とは顧客の要求を満たすこと」と定義します。1平方インチ当たり500ポンドの内部気圧に耐える容器をデザインするプロジェクトでは、高品質とはこの値を満たすビンのことです。400ポンドしか耐えられなければ品質基準を満たさないのです。

> **賢者の言葉**
>
> 「大半の人が成功と失敗は正反対のものと考えているが、その実、どちらも同じプロセスの産物である」——ロジャー・フォン・イーク『頭脳を鍛える練習帳』

●プロジェクトの失敗——原因は単純

　米国のプロジェクトマネジメント協会（PMI）の調査によれば、プロジェクトの失敗の主原因は7つに絞られますし、それぞれを回避する基本戦略もわかっています。ここに列挙します。

† プロジェクトマネジメントやプログラムマネジメントのやり方がまずい
　　この問題を回避するには、実証済みの手法をもとに定型化されたプロジェクト計画を策定し、プロジェクトマネジメントのツールを駆使して監視・コントロールを行うのがよい。

† 経営陣からの支援が不足している

プロジェクトの失敗原因としてしょっちゅう挙げられる。回避するには、経営陣を味方につけなければならない（第5章で詳述）。経営陣と定期的にコミュニケーションをとり、常に参加してもらう。

† ビジネス戦略に結びつかない

プロジェクトから影響を受けるすべての人に、ビジネスの方向性を明確に示そう。「なぜ」このプロジェクトが重要で、その完成が「なに」をもたらし、成果物が「どう」使われるかを全員に周知させる必要がある。

† メンバーのスキルが不足している

メンバーの人選で、「時間が空いている」人をあてるのはまずい。プロジェクトには最良のメンバーを人選し、日常業務は「時間が空いている」人にやってもらおう。スキルを持つ人材が社内にいないなら、知識・経験のある外部コンサルタントを活用する。

† プロジェクト成功の判断基準がない

これもよくあることだが、プロジェクトの成否を判断する基準を決めていないというケースである。成功の判断基準はビジネス・ケースに明記しなければならない（第7章で詳述）。判断基準が示されていないのなら、計画策定に入る前に、自分で判断基準を決め、プロジェクト・スポンサーや運営委員会の同意を取り付ける。

† リスク戦略がない

うまくいくプロジェクトはしっかりしたリスク対策を計画の中に織り込んでいる。リスク事象を洗い出し、リスクを緩和する計画を策定しよう。

† 変革をマネジメントできない

これもよくあることだが、プロジェクトがもたらす変化に対して、

組織の側に受け入れ準備ができていないというケースである。例えば、受注・出荷業務用の新ソフトウェアの導入プロジェクトでは、変化に対し大きな抵抗に遭うのはまず間違いない。しっかりしたコミュニケーション計画と変革マネジメント計画を作り、組織が新システムに対応できるようにする必要がある。

　プロジェクトを失敗させようと思って始める人はいないでしょう。しかし、プロジェクトの失敗は後を絶たないのが現実です。その理由は、プロジェクト・マネジャーが失敗の7つの原因のどれかにはまってしまうからです。そして、それは次に述べるプロジェクト成功の12の黄金律に従えば、避けられるものなのです。

●プロジェクト成功の12の黄金律

　では、プロジェクト成功の12の黄金律を紹介します。この本を読み進めば、プロジェクトマネジメント技法とは12の黄金律の集大成であることがわかります。

　12の黄金律を1つひとつ解説しながら、具体的アドバイスをしている章も紹介します。該当する章では、チャート図や計画書、報告書などについても説明しています。でも、そういう技法を駆使しても、黄金律に違反したり無視したりすれば、プロジェクトの成功はおぼつかないのです。

◎黄金律1：成果物について合意を得る

　そもそも何をしたいかがわかっていなければ、価値あることは成し遂げられません。プロジェクトへの期待が明確でなければ、プロジェクトは目的のない作業の寄せ集めにすぎないのです。プロジェクトが成功とみなされるには、目標を明確に定義し、終了時にどんな状態になっているべきかを特定しなければなりません。

　プロジェクトで何がしたいのかは、プロジェクト・マネジャーだけがわかっていても、不十分です。ステークホルダーとチーム・メンバーからも

I	II
1. 成果物について合意を得る	7. 常に人を大切にする
2. 最良のチームを育てる	8. 経営陣やステークホルダーの支援を取り付ける
3. プロジェクト計画書を作り、更新を怠らない	9. 変更を躊躇しない
4. 本当に必要な資源を判断する	10. 現状を周知させる
5. 現実的なスケジュールを作る	11. 新たなことに挑戦する
6. できる以上のことはやらない	12. リーダーとなる

プロジェクト成功の12の黄金律
プロジェクトの期間中、この表を目の前に貼っておこう。

合意を取り付けなければなりません。第7章で、プロジェクトの目標や期待を設定する方法と合意を得る秘訣を学びます。

◎黄金律2：最良のチームを育てる

　やる気と能力を備え、適切に組織されたチームがプロジェクト成功のカギです。最初から完璧なチームなどないのですから、良いチームは育てなければなりません。チーム作りはメンバーの人選から始まります。しかし、現実には、選んだメンバーが役に立たないとか、非協力的で対応に手を焼くということもあるでしょう。チームの育成については第13章で、組織の動かし方については第18章で学びます。

　プロジェクト・マネジャーの挑戦は、プロジェクト・チームを素早く立ち上げることと、経験や訓練の不足、家庭の問題、優先順位の対立などにも折り合いをつけて、チームのやる気を高く保つことです。訓練を必要とするメンバーに、その手当てをするのもプロジェクト・マネジャーの責任

です。つまり、マネジメント・スキルと動機づけのスキルを駆使して、メンバーを正しい方向へと指導するのです。

> **時は金なり**
>
> プロジェクトの期間中、毎週1回は12の黄金律に目を通そう。プロジェクトの成功はそれだけ確実なものとなるはずだ。時間の進展とともにスケジュールや予算には変更も出てくるが、関係者が変更点を合意している限り、プロジェクトはうまく進む。黄金律に目を通せば、このことを思い起こせる。

◎黄金律3：プロジェクト計画書を作り、更新を怠らない

　プロジェクトには、適度に詳細で、内容がしっかりしたプロジェクト計画書が不可欠です。計画書はプロジェクトを指揮する基礎となる書類であり、プロジェクトの全体的な目標や個々の作業、資源の要件、スケジュールなどを伝えるものです。計画書なしに集団を指揮して共通の目標を達成しようとするのはできない相談です。プロジェクト計画書の中味の作成についてはパート3で学習します。

　しかし、計画書を作るだけで十分ではありません。プロジェクトには変更がつきものであり、一度作って承認を得た計画書も、作業を開始したら、何度も変更を繰り返すことになるでしょう。現実の情報を入手したり、ステークホルダーの心境が変化したりしたら、そのたびに、計画書を見直します。変更があることを予測しておきましょう。プロジェクト計画書の更新や変更についてステークホルダーとの交渉を怠ると、プロジェクト・マネジャーは変更を盛り込む前の、当初の予算やスケジュールに責任を負う羽目になるのですから（第22章を参照）。

◎黄金律4：本当に必要な資源を判断する

　ボスが何と言おうとも、野菜を搾って血を出すことはできません。適切

第 3 章　ゲームのルール

クリティカル・パスに沿って

ボストン（米マサチューセッツ州）のビッグ・ディッグ（Big Dig）の愛称で呼ばれるプロジェクトを思い起こそう。ボストン市内を走る中央動脈高速道路を、6 車線から 10 車線に拡大し、地下化しようというプロジェクトで、1991 年に工事を着工した。立ち上げ時の予算は 110 億ドルで 90 年代末には完成の予定だった。その後、予算は 220 億ドルにまで膨らみ、2007 年になるまで完成しなかった。規模はパナマ運河や英国海峡トンネルに匹敵する巨大プロジェクトである。しかし、ボストン近郊の気の毒な住民は、金食い虫の迷惑千万なプロジェクトで、工事は未来永劫続くかとさえ思われた。

なヒト、モノ、カネなしには、プロジェクトはできないのです。プロジェクトには十分な資源を配分しなければなりません。それがかなわないなら、削減した資源で何ができるかを再交渉しなければなりません（黄金律 1）。十分な資源の確保は頭の痛い問題であり、プロジェクト・マネジャーの最重要の責任です。第 14 章で必要な資源をどう判断するかについて学びます。第 22 章では必要資源が得られなかったときの交渉の技法について取り上げます。

◎黄金律 5：現実的なスケジュールを作る

スケジュールが現実的でなければ、プロジェクトは成功せず、期限もオーバーしてしまいます。ヒトやモノは追加で投入できるとしても、時間を増やすことはできません。正当な理由なしにスケジュールを変更したりすると、プロジェクト・マネジャーの信用は瞬く間に失墜してしまいます。ここでも、黄金律 1 と黄金律 8 に従って、新しいスケジュールに承認を取り付け、必要な時間の延長をします。第 10 章と第 11 章で、実行可能なスケジュールを作る方法と変更を取り込む方法について学びます。

> **賢者の言葉**
>
> 「歳月人を待たずという言葉は、プロジェクトマネジメントでは特によくあてはまる」
> ——J. マクリンタイア（プロジェクト・マネジメント・コンサルタント）

◎黄金律6：できる以上のことはやらない

スコープの設定は適切に行わなければなりません。プロジェクトの目標やスコープは関係者に周知させ、プロジェクト終了時に成功と判断してもらえるようにします。いわゆる「金メッキ」を施すことでボーナスの査定が有利になることもあるかもしれませんが、これを主要な目標としてはいけません。

> **プロジェクト用語**
>
> 「金メッキ」とは、プロジェクトの要求事項を超えることまでやってしまうこと。

◎黄金律7：常に人を大切にする

他人とうまく仕事をするやり方は一生をかけて学ぶことですが、それでもわからないかもしれません。この本は有効なアドバイスを満載していますが、それでもなお、他人には驚かされるものです。それだけ、プロジェクトマネジメントの面白さは尽きることがないのです。

プロジェクトマネジメントに集中していると、人の重要性を忘れることがあるかもしれません。しかし、プロジェクトの成功は報告書やチャート、コンピュータなどではなく、人にかかっているのです。プロジェクト・マネジャーとして成功するには、各人のニーズや優先課題に応えなければな

りません。プロジェクトをマネジメントをするのも、作業を実行するのも、最終成果物に喜んでくれるのも（文句を言うのも）、結局は、人です。プロジェクトは、新しい組織や期限、追加の仕事などの形で、人にストレスをもたらします。そして、プロジェクトの最終成果物が人の役に立たなければ、プロジェクトは失敗なのです。

　黄金律7を言い換えると、プロジェクトに関係する人に害を及ぼしてはならないということです。メンバーに過重労働を強いたり、無理な要求をしたり、嘘をついたりしてはいけません。たとえ、どんな苦境にあったとしても。

　プロジェクトと定常業務の間には、優先順位の対立が頻発します。プロジェクトを成功させるには、人のニーズを満足させながら優先順位の対立に折り合いをつけなければなりません。その方法は第21章で学びます。

◎黄金律8：経営陣やステークホルダーの支援を取り付ける

　プロジェクトを立ち上げるには、経営陣や主要ステークホルダーから承認を得なければなりません。それにはコミュニケーション・スキルと、交渉スキルが必要です。黄金律1で合意を得ることの意味を説明しましたが、黄金律8のポイントは、合意を得るために公式な承認プロセスを踏むということです。プロジェクトに資源（ヒト、モノ、カネ、時間）を提供してくれる人やプロジェクトから何らかの影響（仕事や生活が変わるなど）を受ける人の全員から公式に承認・合意をもらう必要があります。さらに権限に関する問題や、スコープの変更、コミュニケーションの基本ルールについても、ステークホルダーから正式な承認をもらわなければなりません。

　ステークホルダーからは署名による承認をもらう必要がありますが、それで終わりではありません。ステークホルダーがプロジェクトに関心を持ち続けてくれていることを確認します。上司の依頼で開始したにもかかわらず当の上司が無関心というのでは、成功させても何の評価も受けられません。プロジェクトへの支援が弱まったと感じたら、第6章と第19章、第22章に目を通してください。

◎黄金律9：変更を躊躇しない

　黄金律3に符合するものです。プロジェクトでは、計画や実施方法を状況に適合させなければなりません。建設プロジェクトの暴風雨による工事中断など、やむを得ない理由で状況が変わることもあります。新たな情報が入り変更が必要になることもあります。はたまた、誰かの思いつきがきっかけということもあります。例えば、新商品カタログの印刷にかかる間際に、広告代理店の顧客が印刷ではなくビデオにしてほしいと言ってくるなどです。

　プロジェクト・コントロールに変更管理が重要であることは、第22章で学びます。肝に銘じてください。変更について、プロジェクト・マネジャーの仕事は「ノー」と言うことではないのです。そうではなく、変更によって、スケジュール・予算・スコープにどんな影響があるかを分析し、ステークホルダーに伝え、変更の可否を決定してもらうことなのです。

> **賢者の言葉**
>
> グラハムの法則「あなたが何をしているか知らない人は、何もしていないと思うものだ」
> ──R.J.グラハム、*Understanding Project Management*

◎黄金律10：現状を周知させる

　プロジェクト・マネジャーは、プロジェクトの進捗や問題点、変更点をステークホルダー全員に周知させなければなりません。それには、コミュニケーションあるのみです。状況が変わるたびにステークホルダーにコミュニケーションをとり、変更を加える意思があるかどうかを確認します。コミュニケーションについては、第19章で具体的な技法を紹介します。黄金律10を守りつつ、黄金律9も実行することになります。

◎黄金律11：新たなことに挑戦する

　プロジェクトでは人や目標、挑戦課題などがそのつど異なるところから、手法やソフトウェア、チャート、グラフ、その他のツールなど、毎回まったく同じものを使うのには無理があります。標準的なものは適用できるとしても、すべてのプロジェクトに共通のリスクや複雑さがあるわけではありません。ですから、この本に紹介するすべての技法をどのプロジェクトにも一様に使わなければならないというわけではないのです。

　複雑な大規模プロジェクトで使う手法やツールの数は、小規模プロジェクトより多くなるのが普通です。手法やツールは多すぎても少なすぎてもいけません。プロジェクトのニーズに合わせ、取捨選択します。例えば、自社ビルをゼロから建設するプロジェクトのネットワーク図（第11章を参照）が、賃貸ビルに営業所を新設するプロジェクトより詳細になるのは当然です。

◎黄金律12：リーダーとなる

　リーダーシップの素養が生まれながら備わっている人もいないわけではありませんが、多くの場合、努力して身につけるものです。それも実務を通じてリーダーシップを発揮しなければなりません。経営書を読むだけで、プロジェクトを成功させることはできません。読んだことを行動に移さなければならないのです。プロジェクト・マネジャーはチームのメンバーであると同時にリーダーとならなければなりません。プロジェクトの計画を策定し、監視・コントロールするだけでなく、チーム・メンバーやステークホルダーに対しては、知恵とやる気の源泉とならなければなりません。

　たとえプロジェクトの調整をうまくやったとしても、リーダーシップ不在では、目標は達成できません。チーム・メンバーが必要な指揮や支援を受けていると感じられないからです。例えば、プロジェクト・チームが経営陣向けに新たな報告書を作成してほしいと依頼をされたことがありました。定常業務の意思決定と施設の運用の安全性の向上をめざすものです。経営陣の頭の中でもプロジェクト・チームの頭の中でも、スコープは明白で

したが、どちらも相手方が知らない前提条件を設けていたのです。それに輪をかけたのが、プロジェクト・チームのコミュニケーション不足でした。結局、できあがった報告書はニーズを満たさない代物(しろもの)で、プロジェクト・チームは数カ月をかけてやり直しをすることになったのです。この例でわかるように、プロジェクト・マネジャーは主要ステークホルダーと常にチェックし合い、それぞれの前提条件の整合性がとれていることを確認しなければなりません。

　有能なプロジェクト・マネジャーの資質は第2章で見ました。リーダーシップについては第17章で詳述します。

●理解度チェック

☐ プロジェクトに合意が得られていることを、何によって判断するか？
☐ プロジェクト・チームには、プロジェクトを成功させるのに必要なスキルが備わっているか？
☐ スケジュールは現実的か？ チームに過度な負荷をかけていないか？
☐ 経営陣がプロジェクトを支援していることを、何によって判断するか？
☐ 自分がやっていることを人々に知ってもらうための、しっかりした計画を立てているか？

◆これだけは憶えておこう◆

† プロジェクト失敗の原因は特定できるのが普通である。
† プロジェクトを成功させるには、規模や複雑さにかかわらず、成功の12の黄金律に従う必要がある。
† プロジェクト・マネジャーは自分の担当プロジェクトに第1の忠誠をつくすべきである。たとえ、変化に抵抗するプレッシャーをあらゆる方向から受けたとしても。

†プロジェクト成功の 12 の黄金律を目に見える場所に貼っておき、プロジェクトが難局を迎えたら、成功の要因に集中すること。
†プロジェクトの成功は、プロセスより人による方が大きい。しかし、プロセスや進め方は、人が軌道上を進むためにも重要である。

第4章

プロジェクトマネジメントの10の知識エリア

この章の内容
- 10の知識エリア
- タイム・マネジメントと制約三条件──スケジュール、予算、スコープ
- 知識エリアを統合することの大切さ

　米国のプロジェクトマネジメント協会（PMI）では、プロジェクトのベスト・プラクティスを世界中で調査し、それに基づいて『プロジェクトマネジメント知識体系ガイド』（『PMBOK® ガイド』）を打ち立てました。『PMBOK® ガイド』ではプロジェクト・マネジャーが注力すべき10の知識エリアを定義しています。この章でそれぞれの知識エリアを概観し、次の章から詳しく見ていきましょう。

　『PMBOK® ガイド』はいろいろな意味で大切です。第1に、『PMBOK® ガイド』の用語の定義は、プロジェクトマネジメントの世界で広く使われています。正しい用語の使用はその集団の一員となることにつながりますが、プロジェクトマネジメントでも例外ではありません。第2に、『PMBOK® ガイド』では理論的な内容が多いのですが（その点、この本は実用性を重視しています）、『PMBOK® ガイド』が述べる枠組みはきわめて有効なもの

です。プロジェクト目標の達成に向けて、プロジェクト・マネジャーがプロジェクト実施時にすべきことの全体像を示してくれます。

1. プロジェクト統合マネジメント

第1章で見たように、プロジェクトはビジネス・ニーズに向けて行うものです。ビジネス・ニーズに合わないものがプロジェクトとして承認されることはありません。プロジェクトが始まると、複数の人がさまざまな作業を進めます。それも、バラバラに同時並行ですることが大半であり、一緒にやるのはほんのわずかです。

プロジェクト統合マネジメントについては、『PMBOK® ガイド』第4章を参照してください。

プロジェクト用語

米国のPMIでは「プロジェクトマネジメント」を「プロジェクトの要求事項を満足させるために、知識、スキル、ツールと技法をプロジェクト活動へ適用すること」と定義している。

プロジェクトでは、誰かが作業のすべてを体系づけて1つにまとめる必要があり、それがプロジェクト・マネジャーです。プロジェクト・マネジャーはオーケストラの指揮者になぞらえることができます。オーケストラではさまざまな楽器が同時に音を奏でます。奏者全員が指揮者の合図に注目し、全員が1つになり、そこから美しい旋律を紡ぎ出します。ですから、プロジェクト・マネジャーは指揮者にほかならないのです。プロジェクトが約束した成果を生みだすように、すべての作業をうまくかみ合わせる必要があります。

プロジェクト完了（成功！）のあかつきには、プロジェクトが生み出した製品やサービスは、会社の定常業務に統合される必要があります。そこまでが、プロジェクト・マネジャーの仕事なのです（第21章で詳述）。

◎計画時の統合マネジメント

プロジェクトマネジメントを成功させるには、しっかりした計画が不可欠ですが、計画についてはパート2で詳しく取り上げます。計画ではチーム・メンバーが――特に、調整が必要となる局面で――どのように作業を進めるべきかを検討します。例えば、作業を完了するのにチーム内外の人からの情報が必要となることが少なくありません。この種の統合を計画することは重要です。計画策定によりできあがったプロジェクト計画書は「基準計画」（ベースライン）として活用します。基準計画はいわば第1次の実行案です。基準計画があれば、プロジェクトが進展とともにどのように変化したかを見ることができますし、終結時に教訓を収集する際にも貴重な情報源となります。

賢者の言葉

「幸運とは準備していたことが機会と出会うことである」――オプラ・ウィンフリー（番組司会者、博愛主義者）

◎実行時の統合マネジメント

ここで焦点が計画から実行のマネジメントに移ります。プロジェクト・マネジャーは、プロジェクト実行時に計画書を慎重にマネジメントし、所定の手順に従って、プロジェクト成果物を顧客に受け入れられるものとすることに注力します。

カギとなる手順の1つが、プロジェクト作業を公式に認可する「作業認可システム」です（第18章で詳述）。それにより、正しい作業が正しい時

期に正しい方法で行われることを確認します。もう1つのカギは、報告システムを通じてプロジェクトの進捗を知らしめることです。

◎統合変更管理

プロジェクトの期間中、状況は常に変化しますが、プロジェクト・マネジャーの仕事は変化を阻止することではなく、変化を効果的に管理することです。第22章で、変更管理計画に基づく変更管理の方法を紹介します。

どんな変更要求が出されるかをある程度予想できることもないわけではありません。その際、変更管理システムを確立しておくことが、命とメンツを守ることにつながります。変更管理にはいくつかのステップがありますが、その1つがプロジェクトへの影響を分析することです。

変更管理の最終ステップはプロジェクト計画書の更新です。スケジュールや予算への変更や修正を反映したものが新たな計画となります。実施済みの変更は記録し、プロジェクト終結時に文書化します。

> **賢者の言葉**
>
> 「最も大きな変化とは、ささやかな変化がおびただしい数、積み重なった結果である」——トム・ピーターズ（著述家、経営コンサルタント）

● 2. プロジェクト・スコープ・マネジメント

プロジェクト期間中、スコープをマネジメントすることはきわめて重要です。プロジェクト失敗の最大の原因の1つが「スコープ・クリープ」です。すなわち、プロジェクトがコントロールを失い、当初の規模より拡大したり、複雑化したりすることです。

プロジェクト・スコープ・マネジメントについては、『PMBOK® ガイド』

第5章を参照してください。

　どのプロジェクトでも、計画策定で最初にやることの1つがスコープの定義です。プロジェクトが何を含み、何を含まないかを明確にする必要があります。プロジェクト・マネジャーがスコープの除外項目を自分で考えているだけで、確認を怠ると、困ったことになりかねません。

　明確なスコープ記述書を作成し、スポンサーや主要顧客にレビューしてもらうとよいでしょう。修正が必要なら、早いにこしたことはないのです。

　計画フェーズではスコープを詳細に定義することから始めますが、プロジェクトの成功に必要なすべての作業を計画します。

　プロジェクトの終結時には、スコープが確かに完了したことを検証し、スポンサーや主要顧客にその状態で受け入れてもらうことになります（スポンサーの役割については第6章を参照）。

◉3. プロジェクト・タイム・マネジメント

　プロジェクトマネジメントは時間を細かくマネジメントすることだと考えている人が少なくないのですが、時間はプロジェクト期間中にコントロールする1つにすぎません。タイム・マネジメントは「制約三条件」の1つです（他の2つである「コスト」と「スコープ」についても後述します）。

プロジェクト・タイム・マネジメントについては、『PMBOK® ガイド』第6章を参照してください。

　スケジュールに基づいて時間を厳守することが、最重要ということもあります。例えば、新商品開発では市場参入で競合他社に先を越される恐れがあるので、時間がきわめて重要です。一方、時間は大切だが最重要ではないということもあります。例えば、私の経験でも、ソフトウェア導入プロジェクトで、導入完了後にソフトウェアがスムーズに稼動するなら時間

は犠牲にしてもよい、というケースがありました。つまり、品質の方が重要なので、スケジュールについては多少の譲歩をしてもよいということでした。

とはいえ、時間が最重要ではない場合でも、時間延長はコスト増加につながるということを頭に入れておきましょう。

◎時間とスケジュール

端的に言うと、タイム・マネジメントとは正確なスケジュールを作成し、それに基づいてプロジェクトをマネジメントすることです。プロジェクトがスケジュール通りに進んでいるかを見るには、「マイルストーン（里程標）」を設定するとよいでしょう。

プロジェクト用語

「マイルストーン」（里程標）とは、プロジェクトにおいて重要な期日のこと。関係作業や重要作業の完了を示す。プロジェクトの重要な期日を要約して示すことにより、主要顧客がすべての詳細を知る必要がない時でも、プロジェクトの進捗がわかるようにする。

◎実行時のスケジュール・コントロール

スケジュール作成に貴重な時間を割いたとしても、実行時に時間をマネジメントしなければ、ムダになってしまいます。大半のプロジェクト・マネジャーがタイム・マネジメントにベースライン・スケジュール（基準スケジュール）を使います。ベースライン・スケジュールと実際の進捗を比較すれば、趨勢を把握してタイムリーに軌道を修正できます。

●4. プロジェクト・コスト・マネジメント

プロジェクト・マネジャーは「予算をどう消化しているか？」をいつも

気にかけています。プロジェクトにいくらかかっているかは、常に報告を求められることです。

プロジェクト・コスト・マネジメントについては、『PMBOK® ガイド』第7章を参照してください。

◎資金の問題にはコントロールできないものもある

プロジェクト・マネジャーがすべての要素はコントロールできないということもあります。例えば、ヒューストン（米テキサス州）で、プロジェクト・マネジャーがプロジェクト計画に発電機のレンタル費用として一定額の予算を計上していました。そこに大型ハリケーン（カトリーナとリタ）が上陸し、発電機レンタルのコストが高騰したのです。こんなことに備えて、予算の中に予備費を組み込んでおかなければなりません。ですが、予備費の取り崩しは、慎重にやらなければなりません。マネジャーなら誰もが知っているように、もっと資金を出してほしいと経営陣に依頼するのは、楽しいことではないのです。

◎他のプロジェクトとの予算の取り合い

大半の会社では、限られた予算をプロジェクトや他のいろいろな案件（例えば、最新の機器）に投資します。プロジェクトがこういう他の案件と競合していることを肝に銘じておきましょう。プロジェクトに追加資金が必要なら、他のプロジェクトや案件から資金を回してもらう前に、その根拠を証明する必要があります。あなたのプロジェクトがうまくいっていないと見えていれば、突然予算が削減されても、驚くにはあたらないのです。

●5.プロジェクト品質マネジメント

品質はどのプロジェクトでもカギとなる要素です。プロジェクトは完了したが、製品やサービスの品質が劣悪だったために惨憺たる結果になった――こういうプロジェクトは誰もが目にしています。

プロジェクト品質マネジメントについては『PMBOK® ガイド』第 8 章を参照してください。

プロジェクトの品質プロセスには次のものがあります。

† 品質目標を決定し、どのようにして達成するかを計画する。
† 品質保証を行い、プロジェクトが要求事項を満たすことを測定する。
† 品質管理体制をチェックし、品質基準に合致すること、差異の特定と是正がなされていることを確認する。

第 23 章で見るように、プロジェクト・スコープを正しく定義することは、品質計画策定のカギとなる要素です。品質マネジメントについては、そちらで詳述します。

> **時は金なり**
>
> PMI には PMP（Project Management Professional）という認定制度がある。プロジェクトマネジメントの知識と経験を備え、『PMBOK® ガイド』に沿った試験に合格した人に与えられる資格である。

● 6. プロジェクト人的資源マネジメント

人的資源のマネジメントは、プロジェクト規模の大小を問わず、成功のための最重要の要素の 1 つです。これは考えてみれば当然のことです。プロジェクト作業を行うのは、人だからです。あなたの直属の部下（プロジェクト・チームの一員）であるか、ない（納入業者がサービスを提供する）かを問いません。プロジェクトのステークホルダーについてと、人がプロジェクトに及ぼす広範な影響については、第 6 章で取り上げます。

プロジェクト人材資源マネジメントについては、『PMBOK® ガイド』第9章を参照してください。

◎組織計画

プロジェクトの規模に応じて組織図を作るとよいでしょう。組織図があればチーム・メンバーの構成や指揮命令系統が明らかになりますし、チーム内のリーダーたちの権限もわかります。

プロジェクト・チームの一部を埋めるために定常業務から人を「借りる」こともあるので、チームの各人の役割を明確にしておく必要があります。そういうメンバーは、定常業務の所属部署での役割はしっかり理解しているが、プロジェクトではそうではないということもあります。また、チーム・メンバーの人事考課のやり方もひと工夫する必要があります。では、次に人員の調達について見てみましょう。

◎人員の調達

プロジェクトに必要な人員の調達は簡単なことではありません。長期にわたるプロジェクトではなおさらです。プロジェクトに必要な人員（スキル、知識、経験）については第13章で取り上げますが、外部のコンサルタントやコントラクターを活用する場合には、確保するやり方も理解する必要があります。そのためには、社内の調達方針や手順に精通する必要があります。例えば、コンサルタントを活用するのなら、タイムリーにする方法を知っておく必要があります（この章の「プロジェクト調達マネジメント」を参照）。

◎チームの育成

こうして集めた人たちでプロジェクト・チームを作ります。それには、大きなポイント（例えば、チーム内の作業手順。第18章で詳述）と、小さなポイント（例えば、チームワークを高めるためにオフィスの配置を工夫する）の両方を考える必要があります。

● 7. プロジェクト・コミュニケーション・マネジメント

コミュニケーションはどのプロジェクトでも成功のカギです。チーム・メンバー間のコミュニケーション、およびプロジェクト・マネジャーと主要ステークホルダーとのコミュニケーションがどれだけうまくいっているかを見れば、プロジェクトの成功の度合いを予測できます。コミュニケーションがしっかりとられているなら、プロジェクトの成功確率は高まるでしょうが、コミュニケーションがまずければ、プロジェクトは、十中八九、失敗します。PMIは、プロジェクト・マネジャーの時間の89％は、会議やEメール、進捗報告など種々のコミュニケーションに割かれるとしています。コミュニケーション計画の策定については、第19章で取り上げます。

プロジェクト・コミュニケーション・マネジメントについては『PMBOK® ガイド』第10章を参照してください。

● 8. プロジェクト・リスク・マネジメント

プロジェクトマネジメントとはリスクをマネジメントすることにほかならない、と多くの人が考えています。リスク・マネジメントはプロジェクト・マネジャーが集中する分野の1つです。プロジェクトにかかわるすべてのことをコントロールすることはできませんが、プロジェクトマネジメントの強力な方法論（『PMBOK® ガイド』や『PRINCE2』、『P2M』など）を活用することで、リスクを効果的にマネジメントできます。

プロジェクト・リスク・マネジメントについては、『PMBOK® ガイド』第11章を参照してください。

リスク・マネジメントとは、プロジェクトにうまくいかないことがあるとすれば何なのかを想定し、予防する対策と、発生した場合の対策をあらかじめ準備しておくことです。リスクの特定と対処策については、第8章

で論じます。

> **プロジェクト用語**
>
> 『PRINCE2』はもともと英国商務省が大規模な情報技術プロジェクトのために開発した体系（www.prince2.org）。『P2P』は日本プロジェクトマネジメント協会が開発した体系（www.pmaj.or.jp）。

●9.プロジェクト調達マネジメント

大半のプロジェクトでは、商品・サービスを社外から調達する必要があります。それには契約や支払スケジュールの交渉を含みますし、世界各地のサプライヤーを巻き込むこともあります。

プロジェクト調達マネジメントについては、『PMBOK® ガイド』第12章を参照してください。

そこで、必要な物品を購入する際に他の人から助力を得る方法を知らなければなりません。社内に調達部門があるなら、できるだけ早くそこと話を始めましょう。イザという時に手助けをしてもらえるよう、良い関係を築いておくことが望ましいのです。

プロジェクトに必要な物品について、内製と外部調達ではどちらがコストが安いか、またサービスについて、社内の資源を活用するのと社外から調達するのでどちらが安いかは、常に議論があるところです。プロジェクトの計画策定には、それぞれの方策について費用対効果分析を行い、予算とスケジュールに照らして、判断する必要があります。

第4章 ≫ プロジェクトマネジメントの10の知識エリア

● 10. プロジェクト・ステークホルダー・マネジメント

　ステークホルダーは極めて重要です。そこでPMIでは『PMBOK® ガイド』の最近の改訂（第5版）で「ステークホルダー」を1つの知識エリアとして独立させました。ちなみに、ステークホルダーはそれまでコミュニケーションの知識エリアに含まれていたのです。しかし、ステークホルダーをうまく巻き込むことはプロジェクトの成功に欠かせません。プロジェクト成果物に主要ステークホルダーが満足してこそ、プロジェクトは成功したことになります。そして、ステークホルダーのマネジメントはコミュニケーションにとどまりません。ステークホルダーを巻き込むには、会議や効果的な問題解決、リーダーシップスキルなどが必要なのです。

　プロジェクト・ステークホルダー・マネジメントについては、『PMBOK® ガイド』第13章を参照してください。

現場の声

『PMBOK® ガイド』の10の知識エリアは、世界中のプロジェクト・マネジャーのベスト・プラクティスの集大成である。新人プロジェクト・マネジャーの中には、10の知識エリアをはしょって近道をしようとする人もいるが、ちょっと待ってほしい。プロジェクトの規模やリスクの大小に応じてベスト・プラクティスの活用の採否を判断するのはよい。しかし、それには、1) 各知識エリアを熟知していること、2) 採否を判断できるだけの経験があること、が条件となる。つまり、近道は不可能ではないが、はしょろうとする知識エリアに精通し、はしょっても大丈夫という確信がなければならない。

●理解度チェック

☐各知識エリアを実際に活用する方法を理解しているか？
☐各知識エリアの詳細を学ぶために『PMBOK® ガイド』を読む必要があるか？
☐各知識エリアをもっとよく知るためにはこの本のどの章が役立つかがわかっているか？

◆これだけは憶えておこう◆

† 『PMBOK® ガイド』には 10 の知識エリアがある。
†プロジェクト・マネジャーはスケジュール、予算、スコープ、成果物の品質をマネジメントすることを期待されている。
†プロジェクトを効果的にマネジメントするには、リスク、人員、コミュニケーション、調達をマネジメントする必要がある。
†プロジェクト・マネジャーとして成功するには、すべての知識エリアを統合することを期待されている。

第5章

はじめが肝心

この章の内容
- プロジェクトのライフサイクル
- プロジェクト・ライフサイクルとプロダクト・ライフサイクルの違い
- プロジェクト・ライフサイクル、第1フェーズ:プロジェクトを定義する

　一般に、プロジェクト・マネジャーはプロジェクトそのものよりも広い状況の中で活動しています。ここでいう状況とは、組織をとり巻く環境や企業文化のことです。このことの重要性に気づいていないとしたら、突然思い知ることになるかもしれません。この章では、プロジェクトをどのように組み立て、環境要因を取り込むかを学びます。

◉プロジェクト・ライフサイクル

　すべてのプロジェクトは明確なフェーズに分けられます。フェーズがまとまると、プロジェクト・ライフサイクルになります。
　各プロジェクトに独自性があるので、どのプロジェクトにも相応の不確実性がともないます。なにしろ、初物(はつもの)を手掛けるのですから。そこでプロ

ジェクト計画の策定を効果的に行う一助となるのが、プロジェクト・ライフサイクルを案内役とすることです。

◉プロジェクト・フェーズとプロジェクト・ライフサイクル

プロジェクトのライフサイクルは図のように、4つのフェーズから成ります。この本では、4つのフェーズを次のように呼びます。

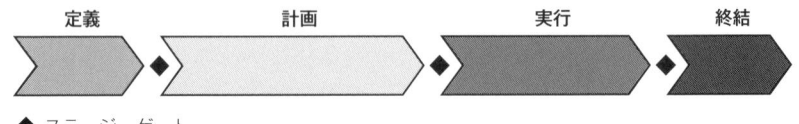

定義	計画	実行	終結
ビジネス目標 スコープ 予算 スケジュール	作業（WBS） 資源 リスク削減 ステークホルダーの巻き込み	作業の完了 監視と追跡 リスク・マネジメント ビジネスとの整合性	要員の解放 教訓 契約の終了 決算

◆ ステージ・ゲート

プロジェクトの4つのフェーズ。各フェーズ終了後にステージ・ゲートを設ける。

プロジェクト・ライフ・サイクルについては、『PMBOK® ガイド』の 2.4 と 2.4.2 を参照してください。

† フェーズ1　プロジェクト定義フェーズ
　　プロジェクト終了時に何の達成をめざすかを定義する。
† フェーズ2　プロジェクト計画フェーズ
　　プロジェクト・マネジャーとプロジェクト・チームの主要メンバーが、プロジェクト成功に必要なすべての作業を計画する。
† フェーズ3　プロジェクト実行フェーズ
　　計画フェーズで洗い出したすべての作業を完了するために、ヒト・モノ・カネ・時間を投入する。
† フェーズ4　プロジェクト終結フェーズ
　　プロジェクト終了後に、プロジェクト・マネジャーと主要チーム・

現場の声

フェーズの数や名称は会社によってまちまちである。例えば、建設会社では、設計、建設、引渡し、稼動、としているところもある。また、IT（情報技術）会社では、要件定義、基本設計、詳細設計、開発、単体テスト、統合テスト、システム・テスト、研修、移行としているところもある。PMI も大半の実務家もプロジェクト・フェーズの名称の統一にはこだわらない。大切なのは、各フェーズを明確に定義し、作業と成果物をはっきりさせることだ。

　メンバーが教訓を収集し、すべての管理作業を完了させ、プロジェクトを公式に終わらせる。

　各フェーズの終了時に「ステージ・ゲート」を設け、その通過をもって、次のフェーズに移行する判断をする。

プロジェクト用語

プロジェクト・フェーズの 1 つが終了したら、そこまでの成果物とパフォーマンスを検討し、プロジェクトを先に進めるかどうかを判断する。フェーズ終了時の検討のことを「ステージ・ゲート」（ステージの関門）と呼ぶ。

●プロジェクト・ライフサイクルとプロダクト・ライフサイクル

　次ページの 2 つの図からわかるように、プロジェクト・ライフサイクルとプロダクト・ライフサイクルには、明らかな違いがあります。プロダクト・ライフサイクルは、新商品の導入に始まり、成長、成熟、下降という

線を描きます。プロジェクト・ライフサイクルでは、資金と時間の大部分はプロジェクト実行フェーズで割かれます。なぜそうなるかは、これからの章で見ていきましょう。

プロダクト・ライフサイクル

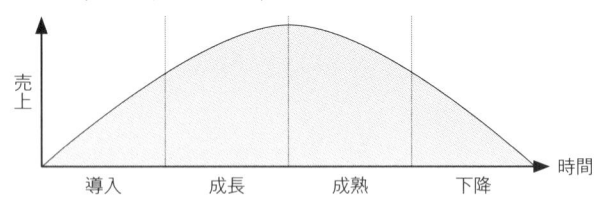

(グラフ：縦軸 売上、横軸 時間／導入・成長・成熟・下降)

プロジェクト・ライフサイクル

(グラフ：縦軸 コスト、横軸 時間／定義・計画・実行とコントロール・終結)

プロジェクトの4つのフェーズ
・定義
・計画
・実行とコントロール
・終結

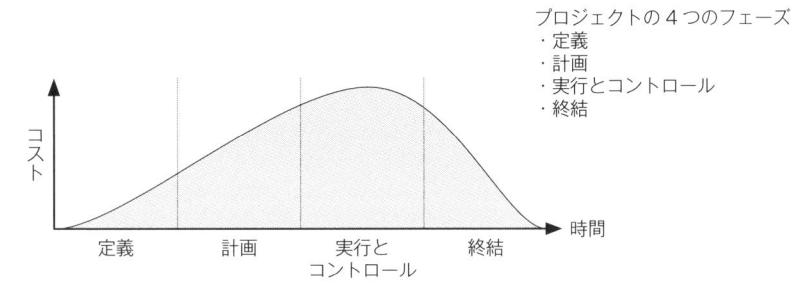

現場の声

失敗の危機に瀕しているプロジェクトのコンサルティングを頼まれることがある。プロジェクトを成功の軌道に引き戻してほしいというものだ。こういう状況でありがちな問題は、そもそもプロジェクトの定義がまずかったということだ。プロジェクト・マネジャーとチーム・メンバーは一生懸命働いている。しかし、定義フェーズで明確な方向性が示されず、その時点で、プロジェクトの失敗がいわば約束されていたのである。こういう状況でコンサルタントは、作業をストップし、プロジェクトの定義をやり直す。結局、それが成功への道である。

◎フィージビリティ・スタディ

　プロジェクトが提案されたら、プロジェクト・マネジャーは経営陣からフィージビリティ・スタディ（企業化調査、実行可能性調査）をやってほしいと頼まれることがあります。プロジェクトにどれだけのコストがかかるのか、そして技術的に可能なのかを見たいというわけです。前提条件を確認し、必要な時間と資金もはっきりさせておきたいのです。

●プロジェクト定義フェーズ

　プロジェクト定義フェーズでは、プロジェクト・マネジャーは情報を収集します。ここにプロジェクト定義の概要を紹介しますが、あとの章で詳しく見ていきます。

> † プロジェクトのステークホルダーを特定する。
> † プロジェクトが解決を目指す問題を分析する。
> † ビジネス・ケースを再検討し、プロジェクトに期待される効果を理解する。
> † プロジェクト・スコープを明確に定義する。プロジェクト憲章を発行し、プロジェクトを要約する（プロジェクト・マネジャーとプロジェクト・スポンサーが共同で行うことを推奨する。第7章を参照）。
> † プロジェクトの初期段階で明らかになっているすべてのリスクと制約条件を特定する。
> † プロジェクトを定義する際、すべての前提条件を列挙し、検証する。

◎経営陣を巻き込む

　プロジェクト・マネジャーは、プロジェクトの成功のために関係組織の経営陣を巻き込む必要があります。PMIが実施するプロジェクト成功要因の調査の大半で、経営陣のリーダーシップと支援がプロジェクトに不可欠の成功要因だという結論に至っています。その理由は、誰もが「上司」が重

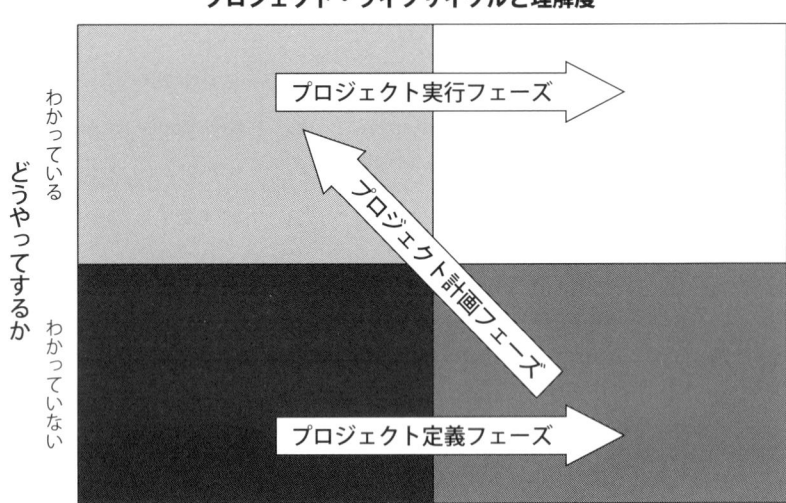

プロジェクト・ライフサイクルと理解度

（縦軸：どうやってするか　わかっている／わかっていない）
（横軸：何をめざすか　わかっていない／わかっている）

プロジェクト実行フェーズ
プロジェクト計画フェーズ
プロジェクト定義フェーズ

プロジェクト定義フェーズは「何をめざすか」も「どうやってするか」も「わかっていない」。プロジェクトを定義することで「何をめざすか」は「わかっている」領域に移行する。さらに計画フェーズで「どうやってするか」がわかる。実行フェーズでは「何をめざすか」も「どうやってするか」もわかる。

要と考えることに反応するからです。上司が重要と考えることをどのように判断するかといえば、毎日、上司の言うことに耳を傾け、注意することを通してです。あなた自身もおそらくこれをやっています。プロジェクトに経営陣の支援を受けるには、かれらを巻き込み、支援してもらう努力を続けなければなりません。長期に及ぶプロジェクトではなおさらです。ステークホルダーについては、第6章で詳述します。

◎経営陣をどこまで巻き込むか

経営陣がプロジェクトの詳細に入り込む時間はほとんどないのが普通ですが、プロジェクト・マネジャーは、経営陣に一定の役割と責任を引き受けてもらう必要があります。プロジェクトがある時期に差し掛かったら、経営陣にやってもらいたいことがあるとはっきり伝えておかなければなりま

せん。われわれの経験でも、経営陣は本人がプロジェクトにどんな貢献ができるのか、それはなぜなのかを理解すれば、喜んで引き受けてくれるものです。例えば、経営陣から組織に重要なメッセージを伝えてもらいたいのなら、喜んでそれをしてくれるはずです。しかし、この場合、経営陣に伝えてもらうメッセージは、プロジェクト・マネジャーかチーム・メンバーが作成するのが普通です。

> **ご用心**
>
> 経営陣にメッセージの送信を依頼すると、本人が見直して好きな形に編集したいと考えるのが普通だ。基本的なメッセージが変わらない限り、支障はないだろう。しかし、重要なポイントが捻じ曲げられるようなら、こちらの真意を説明し、メッセージが誤った形で伝わった場合のリスクと結末について、経営陣にわかってもらう必要がある。

プロジェクト・チーム内のコミュニケーションの専門家がメッセージを作成する場合は、その専門家に経営陣との打ち合わせに入ってもらうとよいでしょう。メッセージの真意をあなたよりうまく説明してもらえるかもしれないからです。

また、プロジェクトの計画や実行フェーズで、プロジェクト・マネジャーは複数の階層の経営陣と相談をする場合があります。中間管理職はとかく変化に抵抗するので、特に扱いにくい層です。こうした政治的な状況をさばくには、上層部の支援を仰ぎ、諸問題に手助けをしてもらう必要も出てくるかもしれません。

例えば、私が手掛けた製造業のプロジェクトで、顧客からの特別注文（特注）をどう扱うかの問題が持ち上がったことがあります。営業部門では、所定の煩雑な手続きをはしょって、すぐに対応して顧客ニーズを満たし、好印象を持ってもらいたいと考えました。しかし、出荷部門は所定の手続きが済むまで出荷を承認できないと言います。対立の解消には、経営陣の手助けが必要でした。プロジェクト・チームは技術的には両案に対応

できましたが、どちらにするかを経営陣に判断してもらう必要があったのです。ここでは複数部門がからんでおり、営業部門の意思を通すとしたら方針を変更しなければなりません。プロジェクト・マネジャーがこの種の意思決定――方針変更――を経営陣の指示なしにするのはまずいからです。状況を打開するには経営陣の助力が必要でした。経営陣は状況を把握すると妥協案を示して、営業部門の早期の顧客対応と出荷部門の事務手続きを両立させる方策を打ち出してくれました。

◎プロジェクト・チームに焦点を絞る

プロジェクトで「何を」するかがある程度わかったところで、それを「どうやって」「だれ」とするかを考える必要があります。言い換えれば、プロジェクトを実現するのにどんなヒトが要るのかを考える必要があります。各人の技術的スキル、業界での経験や社歴などを考えた上で、社内で調達できない資源はコンサルタントやコントラクターを活用するかについても検討します。プロジェクトに参加する人については、第13章と第14章で詳しく見ることにします。

●理解度チェック

☐プロジェクト・フェーズは定義されていることが大切であり、名称にはこだわらなくてもよいと理解しているか？
☐プロジェクト・ライフサイクルとプロダクト・ライフサイクルの違いを理解しているか？
☐プロジェクト成功には定義フェーズがどれだけ重要かわかっているか？
☐自分の担当プロジェクトに、経営陣からどう支援してもらうかを考えたか？

◆これだけは憶えておこう◆

†プロジェクトは、独自性のある初物(はつもの)を手掛けるので、進め方はプロジェクト・ライフサイクルに沿って考えるのがよい。

†プロジェクトを適切に定義するには、プロジェクト・ライフサイクルとプロダクト・ライフサイクルの違いを認識する必要がある。

†プロジェクトの各フェーズにステージ・ゲートを設け、次のフェーズに移るかどうかを判断する。

†プロジェクトについて十分に理解し、明確に定義することは、成功に不可欠である。

†経営チームを早めに巻き込み、必要な時に動いてもらう準備をしておこう。

パート2
プロジェクト定義フェーズ

　プロジェクトを立ち上げるのは簡単だと思うかもしれませんが、うまく立ち上げるには、よく考え、しっかり計画し、時には難しい意思決定をしなければなりません。
　まず、ステークホルダーを特定する必要があります。ステークホルダーはプロジェクトの目標設定を支援し、プロジェクトの成否を判断してくれる人です。次に、プロジェクトに何を含み何を含まないかの定義を始めます。そして、プロジェクトの具体的な要求事項を決め、プロジェクトのリスクと制約条件を洗い出します。さらにプロジェクト憲章を文書化し、承認をもらいます。そこでは、プロジェクトのルールを定義します。パート2ではこのフェーズを順に見ていきます。

第6章

ステークホルダーを特定し、分析する

この章の内容
- ■プロジェクトの主要ステークホルダーを特定する
- ■ステークホルダーの役割を理解する
- ■ステークホルダーと良い関係を保つ
- ■主要ステークホルダーの期待を周知させ、マネジメントする
- ■ステークホルダー分析ツールを活用する

　ステークホルダーが満足すれば、プロジェクトは成功です。このことは肝に銘じておきましょう。ステークホルダーをしっかり把握することは、プロジェクト立ち上げでやることですが、さらにプロジェクトの全期間、継続して行う必要があるのです。プロジェクトに関する重要な意思決定は主要ステークホルダーが行います。この章では、主要ステークホルダーを特定する方法を学びます。かれらがプロジェクトの目標設定や計画策定に大きな影響力と権限を行使することになるのです。

●ステークホルダーを特定する

まず最初に、ステークホルダーの中でもプロジェクトに対し特に有意な貢献をしてくれる人たちを特定します。主要ステークホルダーとは次のような人たちです。

- † プロジェクト・スポンサー
- † 承認する立場の社内のマネジャー
- † 顧客（社内・社外）
- † プロジェクト・チーム

> **プロジェクト用語**
>
> 「ステークホルダー」とは、プロジェクトの成功に対し既得権益を持つ人たちのこと。PMIによれば、ステークホルダーとは「プロジェクトの意思決定、アクティビティ、成果に影響したり、影響されたり、自ら影響されると感じたりする個人やグループ、組織」である。

ステークホルダーについては、『PMBOK® ガイド』第13章を参照してください。

これ以外にも、ステークホルダーがいることもあります。例えば、化学プラント建設プロジェクトでは、国や地方自治体の担当官がステークホルダーとなります。さらに、環境活動家グループや地域住民のグループ、労働組合その他各種のグループが考えられます。

異なるステークホルダーの役割が重なり合うこともあります。例えば、エンジニアリング会社が、自社のデザインするプラントに資金を提供するなどです。

重要な意思決定をする際には、ステークホルダーに知らしめなければな

主要ステークホルダーとそれぞれの貢献

スポンサー（顧客の代表者、機能部門のマネジャーなど）	プロジェクトが先に進む認可を与え、プロジェクトに資金を提供する。プロジェクトへの人の巻き込みや選考プロセスを指導・監視し、当初のスコープ作成やプロジェクト憲章の作成に重要な役割を果たす。プロジェクト憲章を承認するのは、通常、スポンサーの役割。
中核チーム	プロジェクト作業の実行のために、スキル、専門能力、労力を提供する。
プログラム・マネジャー	複数の関連するプロジェクトの成功に責任を負う。
顧客（社内・社外）	プロジェクトの成果物を使う人・組織。プロジェクトの要求事項を決め、資金を提供し、マイルストーンと成果物の達成状況をチェックする。成果物を最終的に受け入れる。
機能部門マネジャー	会社の方針を決め、当該分野専門家（SME）としての要員を提供する。プロジェクトの検討に参加し承認を与えることもある。
定常部門マネジャー	会社の中核ビジネスを管理する。例えば、会社が市場で売る製品のデザイン、製造、テストなど。
サプライヤー、売り手	外部の会社で、プロジェクトの成功に必要な装置やサービスを供給する。

ステークホルダーの組織

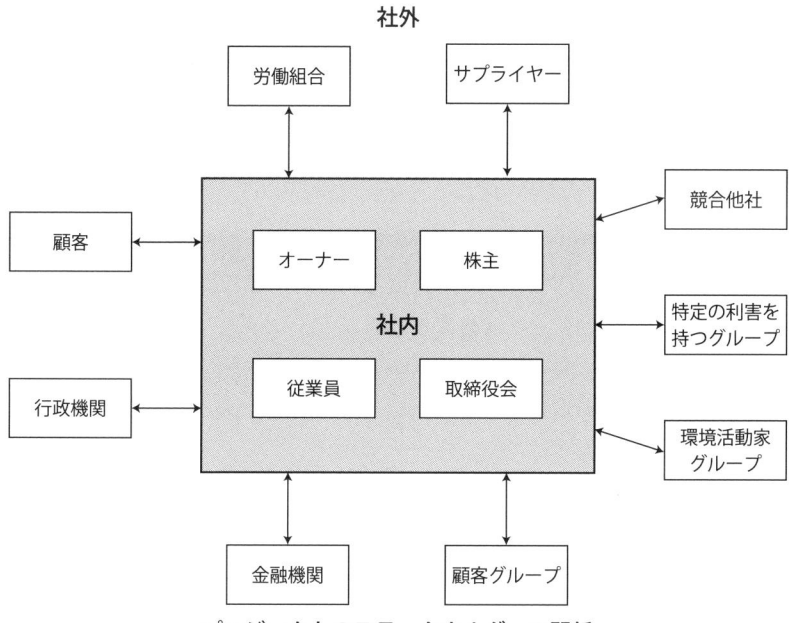

プロジェクトのステークホルダーの関係

りませんし、現状を定期的に報告しなければなりません。要するに、重要な意思決定や現状についてステークホルダーにサプライズ（不意討ち）があってはならないのです。しかし、顧客の代表や社内のマネジャーの全員をステークホルダーに含めるべきではない、ということにも注意しましょう。

賢者の言葉

「彼は成功の黄金律を守らず、失敗の方程式にはまってしまった。すべての人を喜ばせようとしたのだ」──E.J. カーン2世

●ステークホルダーを分類する

ステークホルダーについては、プロジェクトや意思決定にかれらが及ぼす影響力を分析することが重要です。それは次の4つに大別されます。

- †**権限**：組織内で保持し、プロジェクトに行使する。
- †**影響力**（とりわけ、技術的な専門性）：プロジェクトの計画・実行で発揮したり、ある種の意思決定を拒否したりする。
- †**参加**：プロジェクト作業を実行したり、運営委員会に出席したりする。
- †**関心度**：プロジェクトの成果に関して。

ステークホルダーを特定し、分類したら、それをコミュニケーション計画に盛り込みます。

◎顧客

顧客とは、プロジェクトが生み出す製品・サービスを活用する個人・組織のことです。社内の一部門ということもあれば、社外にいるということ

第6章　ステークホルダーを特定し、分析する

ステークホルダー	役割	権限
プロジェクト・マネジャー： ジョエル・ベーカー	プロジェクトを定義、計画、コントロール、監視、指揮する。	承認用の推奨案を策定・提出する決裁権 1,500ドル未満の決裁権。
スポンサー： ジョー・マクドナルド（技術部長）	プロジェクトの実行面での権限をもつ。プロジェクトの指揮を支援する。プロジェクト・マネジャーが他のステークホルダーからの承認を得る際、それを支援する。	人員の異動・採用の承認。SOWとプロジェクト計画書を、顧客に提出する前に承認する。決裁権15,000ドル未満。
顧客： サラ・グッドウィン（副社長）、フレッド・キャットウォーク（経理部長）	プロジェクトの目標設定を支援する。プロジェクト計画書とその変更を承認する。	SOWとプロジェクト計画書の最終承認。5,000ドル以上の計画外の出費を決裁。
顧客の専門家： アレン・ストレンジ、ジェル・エルスホェア	専門家として、プロジェクトの目標設定や成果物の仕様設定を支援する。	プロジェクト・マネジャーやプロジェクト・チームとともに活動する。推奨案を提出する。正式な決裁権はない。

プロジェクトの主要ステークホルダーの役割と権限を表で整理した例

もあります。いずれの場合も、顧客は資金を提供し要求事項を定義するという形でプロジェクトに貢献します。顧客については、プロジェクトの承認や変更の最終権限を持つステークホルダーと、状況報告にとどめるべきステークホルダーとを峻別しなければなりません。

◎プロジェクト・スポンサー

　プロジェクト・スポンサーはプロジェクト・マネジャーの最大の「後ろ盾」です。プロジェクト成功の責任を共同で負い、チーム全員の成功を支援してくれます。社内のプロジェクトでは、上位マネジャーがスポンサーになるのが普通です。外部顧客向けのプロジェクトでは、通常、顧客組織の中で意思決定と資金提供の権限を持つ人です。

　スポンサーの権限・貢献は絶大です。具体的には、プロジェクト憲章の発行、プロジェクト・マネジャーへのアドバイス、SOW（第7章を参照）を作る際の支援、必要な要員の確保への支援、他のプロジェクト関連文書

の作成の相談などがあります。

　有能なスポンサーは、組織的・政治的障害についても、プロジェクト・マネジャーを支援してくれます。組織内の政治的問題に対処するには、スポンサーからの手助けが必要となることも少なくありません。プロジェクトで起こるいろいろな政治的問題には、上層部の支援が必要となります。

現場の声

プロジェクト・マネジャーはとかく自分がつらい立場にいると考えがちである。だが、スポンサーにかかるプレッシャーを過小評価してはならない。会社のトップの面々には常に政治がついて回る。そして、経営者としての強み・弱みの認識が大きく物を言う。スポンサーが状況を把握していないと思われたり、プロジェクトについてマイナスの認識があれば、そのグループは政治的な代償を支払うことになる。スポンサーがプロジェクト・マネジャーを手助けしてくれるとはいっても、プロジェクトの進行中に不意打ち（サプライズ）を喰らったり、プロジェクトが失敗という評価が出たりすると、スポンサーがプロジェクト・マネジャーとの間に距離を置こうとすることもある。

　社外のプロジェクトでは、企業文化の面でもスポンサーの助力がもらえるかもしれません。企業文化を理解することは、意思決定や仕事上の約束事を理解するために必要です。スポンサーはあなたの直属の上司のこともありますが、他部門の人とか、重大な利害がある顧客の代表者で一定の権限を持つ人ということもあります。スポンサーと良い関係を確立・維持することは、プロジェクト成功のカギです。パートナーシップの関係と言ってもよいでしょう。プロジェクト・マネジャーが困った時や支援を必要とする時にまっ先に相談する相手は、スポンサーなのです。

　プロジェクト・スポンサーの代表的な役割は次のようなものです。

　　† プロジェクトの成功について、最終的な権限、実行責任、説明責任を負う。
　　† 組織横断の課題を解決する。

†プロジェクト目標の達成に向け、革新的な取り組みを支援する。
†プロジェクトについて指示・支援し、方向を示す。
†プロジェクト憲章を承認する。
†プロジェクト計画書と作業記述書を承認する。
†プロジェクト実施の品質について責任を負う。
†責任分担表の作成に加わり、承認する。
†プロジェクトの方針と手続きの作成を支援する。
†プロジェクトの成果物を承認する。
†プロジェクト・スコープの変更を承認し、必要な追加資金を提供する。
†プロジェクトのスコープ、スケジュール、予算を監視する。
†運営委員会と協力（次項を参照）。
†プロジェクトについてビジネス上の意思決定をする。
†ユーザー側の資源を、必要に応じ、プロジェクトに提供する。
†プロジェクトを社内政治の影響から守る。
†対立を解消する。

　プロジェクト・マネジャーの権限を超え、自分ではさばき切れない課題については、スポンサーに上申するプロセスを常に確保しておきましょう。その際は、必ず、自分が考える解決策と、スケジュールやコスト、品質への影響を示します。

ご用心

自分の権限や能力を超える課題については、プロジェクト・スポンサーに上申するプロセスを確立しておこう。スポンサーにサプライズ（不意討ち）を与えてはいけない。自分がどんな打ち手を考えているかを説明して、心の準備をしてもらおう。それぞれの打ち手がスケジュールやコスト、品質にどう影響するかも説明しよう。

◎運営委員会

運営委員会(「承認チーム」「プロジェクト統治委員会」ともいう)は何人かのステークホルダーで構成し、プロジェクトのスコープやスケジュール、予算、計画書、変更などについて承認・同意をします。

顧客の代表者が入るのは当然ですが、それ以外に、プロジェクトを承認する立場にある機能部門のマネジャーや経営陣に入ってもらいます。ここでカギとなるのは、人数や規模を絞り、プロジェクト関連文書を承認する立場の人だけにすることです。大規模プロジェクトでは承認マトリックスを作り、誰がどの文書や変更について発言し、検討し、承認する権限を持つかを明確にします。

運営委員会に期待されるのは、おもに次の役割です。

- † ビジネス面でのアドバイスをする。
- † プロジェクトを監視し、プロジェクト間の優先順位を確認する。
- † 関連プロジェクトや競合プロジェクトの間で優先順位を決める。
- † 組織として支援する。
- † タイムリーに意思決定をする。
- † 企業としてリスクの高い課題を解決する。
- † ビジネス以外の面で組織に影響をもたらす課題や変更依頼を処理する。
- † 公式レビューや経営陣レビューを行う。
- † スコープや予算、スケジュールの変更を承認する。
- † プロジェクト・スポンサーとプロジェクト・マネジャーにフィードバックを提供する。
- † プロジェクトのコントロール外の環境要因を処理する。

◎機能部門マネジャー

機能部門マネジャーは、ライン・マネジャーとも言い、プロジェクトに利害関係があります。各部門の監督者やマネジャー、経営陣が含まれること

もあります。プロジェクト型組織を採用している場合を除き、機能部門マネジャーは、技術、マーケティング、経理といった部門の責任者です。プロジェクトにメンバーを送ってくれる立場ですから、よく連携し、最善のメンバーを送ってもらいましょう。さらに、プロジェクトにメンバーを送り続けてくれるコミットメント（確約）を取り付ける必要もあります。自部門のメンバーがプロジェクトに割く時間を、機能部門マネジャーが勝手に削減してしまう例が多いからです。

　プロジェクト・マネジャーはプロジェクトの進捗状況やメンバーのパフォーマンスについて機能部門マネジャーに報告しなければなりません。問題点があれば、解決を支援してもらうこともできますが、反対に、報告を怠るとプロジェクトを脱線させられることにもなります。

> **時は金なり**
>
> 大規模プロジェクトのステークホルダーは、別の分類もできる。例えば、「チャンピオン」はプロジェクトへの影響力も関心度も高く、積極的に支持してくれる人。「味方」は影響力は限られるが、関心度が高く、前向きに見てくれる人。「眠れる巨人」は影響力は高いが、関心度は低く、どちらかといえば斜に構えている。この人たちの関心度を上げることが課題。「外野」は影響力も関心度も低い人。要所要所での情報提供を心がける。「時限爆弾」は影響力が高いが、プロジェクトについて良く思っていない人。うまく巻き込むことで、プロジェクトを脱線させられるのを予防したい。

◎作業委員会

　ここで厄介なことを取り上げましょう。すでに見たように、プロジェクトの成功にはビジネス部門の積極的な関与が欠かせません。プロジェクトのビジネス・ケースの作成には、ビジネス部門を巻き込んで作業委員会を発足させる必要があります。かれらには、プロジェクト終了後にビジネス上の効果に結びつける責任があるからです。そのためにはビジネス関係の全

部門から参加してもらわなければなりません。営業、マーケティング、情報技術（IT）、経理などの部門です。ステークホルダー分析に基づき、主要ステークホルダーに作業委員会のメンバーを推薦してもらうのもよいでしょう。前述の分類で「権限」と「影響力」に当てはまる人に、プロジェクトへの関心度を高めてもらうことをめざします。

機能部門マネジャーで公式な権限を持つ人を特定したら、今度は、非公式な拒否権を持つ人も特定する必要があります。そういう人が、（例えば、承認を与えるなどの）公式な立場ではないにしろ、承認プロセスにしゃしゃり出てくることがあります。例えば、契約担当部門はプロジェクトに直接かかわらないとしても、調達プロセスはそこがコントロールします。そういう人たちを見極め、プロジェクトの要所要所で巻き込むのもプロジェクト・マネジャーの仕事です。

一例として、ある作業委員会を取り上げましょう。ガス会社が製品の受注から配送までの業務を行う新ソフトウエア導入プロジェクトを立ち上げることを決めました。作業委員会には次の知見も持つ人たちが必要とのことです。

† ガスの配送
† リスク・マネジメント
† コントロール
† 情報技術（IT）
† 経理
† スケジュールと配送の手配
† 与信管理
† マーケティング

この作業部会がプロジェクト・チームとともに、技術上の選択肢や成果物のビジネスへの影響を評価します。このプロセスの利点の1つは、他のメンバーの仕事をお互いが知り合えることです。大企業の社員は縦割り組織の中で仕事をしており、他の部門の仕事は表面的にしか知りません。し

かし、プロジェクトの詳細な分析や意思決定を共同して行うことで、会社がどのように利益を上げ、各部門がどのように貢献しているのかを理解できるのです。

●ステークホルダーを結集する：成功の方程式

　ステークホルダーを結集し、プロジェクトの重要ポイントについて合意を形成するのは、プロジェクト・マネジャーの責任です。プロジェクトの開始時だけではなく全期間を通じ、主要ステークホルダーが誰であり、役割は何なのかを明確にしておかなければなりません。

　社内のスポンサーや機能部門マネジャー、顧客などのステークホルダーには、プロジェクト・マネジャーより上位の人がいることも少なくありません。それでも、プロジェクト・マネジャーはその人たちを指揮する必要があります。プロジェクト・マネジャーのリーダーシップは、本人が発する厳しい質問や提供する事実、刺激的なアイデア、プロジェクトに対する情熱などの形で現れます（第17章で詳述）。プロジェクト・マネジャーは、プロジェクトの各フェーズで、ステークホルダーを調整・指揮する必要があります。これを「上をマネジメントする」と表現する専門家もいます。プロジェクト・マネジャーがこれをうまくさばくことが、プロジェクト成功の核心なのです。

●ステークホルダー分析（質問票）

　主要ステークホルダー分析には、次ページの質問票の回答欄に記入してみるとよいでしょう。

パート2　プロジェクト定義フェーズ

質問	回答
プログラムにより影響を受ける人・部門は？ 　　営業 　　カスタマー・サービス 　　製造 　　販売・契約管理 　　マーケティング 　　経営陣	
プロジェクトについて、その人の責任は？	
プロジェクトについて、その人が知っていることは？	
プロジェクトについて、その人の権限は？	
プロジェクトに影響を及ぼす人は？その人はどうやって影響を及ぼすのか？	
その人にどうやって関わってほしいか？	
その人はプロジェクトが自部門に及ぼす影響に、どんな懸念を持つか？	
その人にはどんな情報を伝え、どんな技術を使うのが効果的か？	
その人の期待をマネジメントする最善の方法は？	
主要ステークホルダーからのフィードバックはどうやって受け取るか？	

●理解度チェック

☐ステークホルダーを特定し、一覧表にまとめたか？
☐ステークホルダーを分類したか？
☐ステークホルダーがプロジェクトに関心を持つ理由がわかっているか？
☐ステークホルダー分析の「質問票」は作業委員会のメンバー選出に役立つか？

◆これだけは憶えておこう◆

†ステークホルダーの特定は継続して行うプロセスであり、計画策定と実行のカギとなる。
†ステークホルダーに必ず含まれるのは、プロジェクト・マネジャー、顧客、スポンサー、機能部門マネジャー、チーム・メンバーである。
†ステークホルダーと調整しコミュニケーションをとることは、プロジェクト・マネジャーの重要な役割である。
†プロジェクト・マネジャーは主要ステークホルダーを指揮するために、プロジェクトの各フェーズを通じ「上をマネジメントする」必要がある。
†主要ステークホルダーに対応する準備には、ステークホルダー分析を活用すればよい。

パート2　プロジェクト定義フェーズ

第7章

プロジェクト目標を設定する

この章の内容
■なぜ、具体的な目標が重要か
■プロジェクト目標の6つの基準
■プロジェクト目標を設定するステップ
■プロジェクト目標に合致するスコープを選ぶ
■プロジェクト憲章を作る

　目標とスコープが明確でなければ、せっかくの名案も台無しになります。目標はSMART（スマート）に設定します。つまり、S（Specific）＝具体的に、M（Measurable）＝測定可能に、A（Agreed-upon）＝合意されている、R（Realistic）＝現実的に、T（Time-limited）＝期限が明確、という基準を満たすものでなければなりません。曖昧な目標はどうにでも解釈できるので、プロジェクトの完了や成否の見解が一致しないことにもなります。「ソフトウェア製品の新バージョンを構築する」というだけでは目標としては不十分です。新バージョンとは何ができるのか、コストはいくらかかるか、デザイン期間はどれだけか…などのポイントを明確にしなければなりません。
　この章では、なぜプロジェクト目標を具体的に決める必要があるかを学

びます。プロジェクト目標を、議論の余地を残さない形で、設定する方法についても学びます。

●ビジネス・ケースから始める

　第1章で、企業がプロジェクトを実施する理由は、ビジネス・ニーズや要求事項を満たすためであり、プロジェクトをそれに合致させる必要があると述べました。そこで、まずビジネス・ケースから始めなければなりません。特に重要なのは、そこにプロジェクト完了後に期待されるコスト削減や売上増加を盛り込むことです。

　ビジネス・ケースの書式は企業によってさまざまですが、次のポイントを含むのが普通です。

† プロジェクトを実施する理由——典型的には、対処すべきニーズや達成すべきパフォーマンスの向上
† ニーズやパフォーマンス要求事項に対処する複数の方策（方策が1つだけということはめったにない）
† プロジェクトの成果に会社が期待するメリット。後述するが、メリットは測定可能であり、実現可能である必要がある。
† リスクの概要（第8章で詳述）
† コストとスケジュールの概要（コスト見積りとスケジュールについては後の章で詳述するが、ここでは基本的な目標を定める）
† ビジネス・ケースやプロジェクト目標の作成のもととなる前提条件
† 大半のプロジェクトのビジネス・ケースで、費用対効果分析を行う。経験から言えば、プロジェクトがもたらす効果が1つだけなら、そのプロジェクトのリスクは極めて高い。というのは、大半のプロジェクトに複数の効果が見込まれ、仮に1つを達成できなくとも、他の効果を実現することでプロジェクトの価値が保たれるからだ。一般に、費用対効果分析では、まず現状維持を前提に置き、いくつかの代替案を出して比較する。

●要求事項を理解する

しっかりしたビジネス・ケースや契約書があることが、プロジェクトの要求事項を理解する出発点ですが、プロジェクトのスコープを作るにはさらに確認しなければならないことがあります。

> **プロジェクト用語**
> 「要求事項」とは、契約や顧客の期待を満たすために、プロジェクト終了時に備えるべき状況のこと。

まず最初に、ステークホルダーに面談し、要求事項を理解します。例えば、次の方法があります。

- † 会議
- † 1対1での面談
- † ワークショップ

詳細情報の収集には、他にもいろいろなやり方があります。

◎なぜ要求事項が大切か？

現代の企業では、株式を公開している、していないにかかわらず、経営陣に次のことが求められます。

- † 利益の増大
- † 人員の削減
- † 効率化
- † 効果性の向上

同時に、顧客は次のことを求めます。

†コストの削減
†商品・サービスの向上

こういう環境では、経営陣は次の2つのことを同時にしなければなりません。

1. 日々のビジネスの経営をしっかり行い、現行の商品・サービスを顧客に届け、収益を確保する。
2. 将来の顧客要求を満たすべく準備する。ここがプロジェクトの発端となる。

　経営陣はプロジェクトを立ち上げる前に、じっくり考えます。将来の顧客要求を満たすために、会社が投資すべき資本（カネ）を準備し、すべての打ち手を検討した上で、プロジェクトに賭ける、というわけです。経営陣はそれぞれ担当部門を代表しており、プロジェクトの重要性をわかっています。かれらは概念的に考え、総論としては賛成します。しかし、部下のマネジャーたちと話をすると、まったく異なる見解に気づきます。その人たちが会社の屋台骨を支えているからです。ここで、プロジェクトの成果物や受け入れ基準に不協和音が生まれます。

　大半の経営陣は、この段階でプロジェクトのことを考えるのを止めてしまうでしょう。が、1人だけは違います。プロジェクト・スポンサーです。その人こそ、経営陣の1人としてプロジェクトの推進を任された人です。

◎受け入れ基準

　プロジェクト・マネジャーが要求事項を理解する際にやっているのは、ステークホルダーの受け入れ基準をさぐることです。ステークホルダーの懸念事項はビジネス・ケースに要約されていますが、ここではさらに詳細に踏み込みます。プロジェクトが確実にビジネス・ニーズを満たし、顧客の

期待をマネジメントするためです。

　ここでめざすのは、プロジェクトの終了時にチームが納入する成果物が、当初の約束通りのものだと顧客が納得する基準を確立することです。もし、ステークホルダー間で受け入れ基準に見解の不一致があるのなら、早く気づくにこしたことはありません。そうすれば、作業を開始する前に、スポンサーの意向を整理することができます。見解の不一致は、放っておけばなくなることはないですし、むしろ傷口が広がる一方です。

> **時は金なり**
>
> 主要ステークホルダーとの会議では、必ずメモをとり、トピックや合意事項、決定事項、今後のステップについて文書化しよう。そして、すぐにEメールで関係者――個人・部門――に配信する。記録を配信することの重要性は、いずれ明らかになる。健忘症にかかり、合意事項や決定事項をきれいさっぱり忘れてしまう人が必ずいるからだ。「言った」「言わない」「そんなこと話した憶えがない」といったやり取りはどこでも起こる。だから、Eメールなどの文書で「証拠」を残しておこう。重要な文書には、相手に署名をしてもらうのもよい。

　要求事項収集については、『PMBOK® ガイド』5.2を参照してください。

◎フィージビリティ・スタディをする

　プロジェクトが経済的に、またビジネスの観点から意味があるか否かを判断する「フィージビリティ・スタディ」（企業化調査、実現可能性調査）を会社から依頼されるかもしれません。フィージビリティ・スタディの目的は、プロジェクトの成功を妨げる課題を特定すること、言い換えれば、ビジネスとして成り立つかどうかを判断することです。フィージビリティ・スタディで得た情報は、ビジネス・ケース構築のインプットとして役に立ちます。

　通常は、上に挙げた情報を盛り込んでビジネス・ケースを作ります。意

思決定者がプロジェクトを実施することに意味があるかどうかを判断するためです。これが特に役に立つのは、あなたがプロジェクトの実施を決定する立場になく、運営委員会や統治委員会に決定を委ねる場合です。

> **プロジェクト用語**
>
> 「フィージビリティ・スタディ」とは、プロジェクトを実施するか否かを判断するために行う検討のこと。日本語では、「企業化調査」とか「実現可能性調査」という。

　せっかく重要プロジェクトを立ち上げたにもかかわらず、計画のまずさから、結局は数百万ドルの資金をドブに捨ててしまったという例は枚挙にいとまがありません。デンバー市（米国コロラド州）が新空港の最新型荷物移動システムの導入に数百万ドルを投入しました。ところが設置後にテストしてみると、荷物の搬送先に間違いがあっただけではなく、搬送中の荷物をずたずたに寸断してしまったのです。プロジェクト終了にはさらに1年の期間を要し、数百万ドルの予算オーバーとなりました。同市の納税者にはお気の毒な話です。

　デル・コンピュータでは、マネジャーがビジネス判断に必要な情報に瞬時にアクセスできるというソフトウェア・プログラムに5,000万ドル以上を投入しました。自社の要求に合うようにカスタマイズを繰り返したあげく、結局はあきらめて5,000万ドル超の投資をしたプロジェクトを取りやめにしたのです。

　こういう間違いを回避するためには、プロジェクトについて「やります。任せてください」とコミットメント（確約）する前に、次の点を明確に定義しておかなければなりません。

　　†プロジェクト目標。プロジェクトのニーズ、ステークホルダーや顧客にとって測定できる利点
　　†プロジェクト・スコープ

†プロジェクトに必要な時間
†資源とコストの概算見積り

　最初の段階でこういう点を明確にしておけば、プロジェクトはより確かでやりやすいものになります。

賢者の言葉

「ビジネス・ケースの有効性が消滅したら、理由が何であれ、プロジェクトは中止すべし」
——英国商務省、*Managing Successful Projects with PRINCE2*

◎明確な目標は誰もが納得できる

　デル・コンピュータの例から、プロジェクトの目標設定について心しておくべきポイントが明らかです。もちろん、要求事項の意義が不適切でも、プロジェクトマネジメント技法を活用してそれなりの成果を上げられるかもしれません。しかし、本当に意味のある成果は上げられないでしょう。例えば、IT（情報技術）プロジェクトの最大の問題の1つに、プロジェクトそのものがエンド・ユーザーからは時間のムダとみなされるということがあります。こういう不満でIT部門が頭をかかえるのは珍しくないことです。ソフトウェア・アプリケーションのプロジェクトで（典型的な例ですが）、IT部門ではソフトウェアが仕様通りに動くと主張し、それはその通りです。問題は、ユーザーがソフトウェアの使い方がわからず、仕事が進まないということです。その結果、ほどなくソフトウェアは「使えない」という烙印を押されてしまうのです。プロジェクトは成功でしょうか？　技術的には成功かもしれません。しかし、実用面では失敗です。提供した成果物が主要ステークホルダーには気に入らないのですから、ソフトウェアが動く動かないにかかわらず、プロジェクトは失敗なのです。

●プロジェクトの主要な目標

どのプロジェクトにも3つの主要な目標があります。

1．何らかの成果を出す（製品、手続き、組織、建物、その他の成果物）。
2．所定の予算内で完了する。
3．合意した期限内で終了する。

これ以外にも、プロジェクトに個別に設定する目標があります。例えば、「中価格帯のスポーツカーを作る」という目標だけでは不十分です。より適切な目標とは、中価格帯のオープン型スポーツカーで、

† ガソリンと電気のハイブリッドで動く。
† ボルボC70と同等の性能である。
† 対抗車種より10%以上低価格である。
† 競合上の必要性能を備えている。例、アンチロック・ブレーキ、カーナビ、車内でのインターネット接続、電動開閉式のルーフ。
† 2016年に発売する。
† 設計は米国、生産は日本で行う。

というものです。

賢者の言葉

「自分の人生に何を求めるか、本人がしっかりわかっていることが大切だ。射手は矢を放つ際、明確な的に狙いを定めて矢を放つ。私たちも自分の人生に何を求めるかを明らかにすれば、それを射る可能性が高まる」——アリストテレス

●プロジェクト目標の6つの基準

プロジェクト目標の設定には、6つの基準があることを頭に入れておきましょう。

◎基準1:具体的である

プロジェクト目標は具体的に設定します。目標設定に参加しなかった人がプロジェクトを引き受けても、それを指揮して完了させられるのが目安です。プロジェクト目標がこの基準を満たしていれば、正しい方向に進んでいると言えます。プロジェクト目標を仲間に読んでもらい、何が書かれているか、プロジェクト終了後どんな姿になると読み取れるかを尋ねてみましょう。曖昧な答えやびっくりする答え、矛盾する答えが返ってきたら、目標をさらに洗練する必要があるということです。

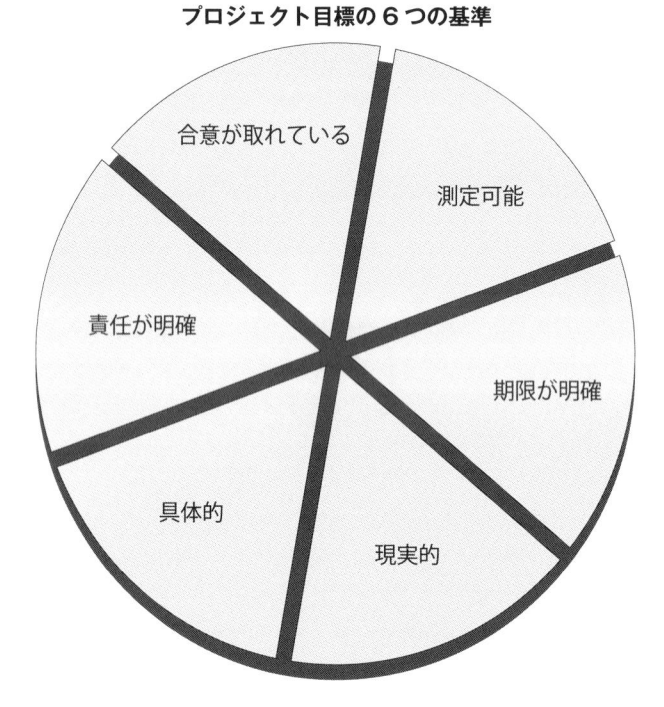

プロジェクト目標の6つの基準

- 合意が取れている
- 測定可能
- 責任が明確
- 期限が明確
- 具体的
- 現実的

◎基準２：現実的である

　プロジェクト目標は現実に達成可能、あるいは少なくとも、努力すれば手の届く範囲でなければなりません。570万ドルかかるアプリケーション・ソフトウェアを導入するプロジェクトを設定しても、資金が200万ドルしかなければ実施はまず無理でしょう。この場合、ソフトウェア導入プロジェクトの計画を策定することより、資金確保のための予備プロジェクトを考えるのが先決です。

◎基準３：期限が区切られている

　プロジェクトには明確な終了日を決めなければなりません。期限のないプロジェクトはいつまでも終了せず、ずるずる続く危険があります。反対に、無理な短納期を設定したプロジェクトは、負荷をかけすぎたブレーカー同様、吹き飛んでしまいます。あるエネルギー会社が、発電効率を上げるために業務用ソフトウェアの入れ替えを必要としていました。1月にプロジェクトを立ち上げ、完了期限は10月と設定しました。厳しいがやればできるという期限です。ところが2月になって、稼動開始期日が10月から4月へと急きょ繰り上げられました。その時点で、プロジェクトの失敗が運命づけられたのです。プロジェクト・マネジャーやチームが何をしたとしてもです。

◎基準４：測定できる

　プロジェクト目標は達成度合を測定できなければなりません。プロジェクトの途上や終了時に生まれる結果やサービスを「成果物」と言います。最終成果物に現れない中間成果物が存在することもあります。例えば、小型店専門のショッピング・モールの開設で、プロジェクトの初期に、モールの模型を作る必要があるとします。この場合、ショッピング・モールが最終成果物で、模型はデザイン・フェーズの成果物です。

　成果物は、プロジェクトと同様、何かができあがるという事実からだけではなく品質面からも評価されます。「品質」と「等級」を混同してはいけ

113

ません。品質とは成果物が顧客ニーズをどれだけ満たすかであり、等級とは成果物が備えている機能の数のことです（プロジェクトの品質については、第23章で詳述）。一例として、携帯電話を考えてみましょう。携帯電話のそもそもの目的は音声を送受信することです。この送受信をスムーズにできれば、高品質の携帯電話です。しかし、新型の携帯電話には、インターネットの機能を備えたものや、iPhoneのように音楽などの色々なアプリを処理できるものもあります。でも、そういう新型の携帯電話で音声の送受信をスムーズにできないのなら、等級は高いが品質は低いということになります。品質が低いことは常に問題です。顧客がどの等級を望むかと、いくらまでなら払おうと考えるかは、まったく別のことです。最終成果物の品質と等級の両者についてまずしっかり決め、その上で両者を盛り込んだ成果物を届けることは、プロジェクト・スコープの定義で特に重要です。

プロジェクト用語

米国のプロジェクトマネジメント協会（PMI）の定義では、「品質」とは「ある成果物の明示された、または暗黙のニーズを満たす能力に関する特性の全体」であり、「等級」とは「用途は同一だが特性は異なる成果物に対して与えられる区分・順位」である。

◎基準5：合意が取れている

　プロジェクトの最初の段階で、計画策定に取り掛かる前に、プロジェクト・マネジャーと他の関係者（例えば、上司、顧客、運営委員会）の間で目標について合意しなければなりません。合意が得られないなら、プロジェクトを開始するのはやめましょう。プロジェクトの成功を何で判断するかについてステークホルダーが合意できないとしたら、そのプロジェクトは最初から破綻の運命にあるからです。多くの部門や組織を横断する大規模プロジェクトでは、合意を取り付ける作業は時間がかかるだけで、感謝されないこともあります（この章の「常に合意を確認する」を参照）。

プロジェクトを効果的にマネジメントするには、プロジェクト・チームとステークホルダーの全員が、プロジェクト目標を支援することを、最終的に合意しなければなりません。目標についてコンセンサスのないプロジェクトはでこぼこ道を行くようなものです。コンセンサスとは全員が自分の望むものを得られるという意味ではありません。定義したプロジェクト目標を全員が支持するという意味です。目標がはっきりしていないまま開始したプロジェクトでは、チーム内で意図のすれ違いや作業の重複が起こりがちです。

ご用心

どのプロジェクトでも成功要因にあげられるのは、ステークホルダーが成果物に価値があると確信していることだ。しかし、価値の定義は機能部門ごとに異なることが多い。だからこそ、プロジェクト目標についてすべてのステークホルダーからコンセンサスを取りつけておくことが不可欠である。コンセンサスとは、かれらが（たとえ自分が望むものではないとしても）プロジェクト目標に同意するということだ。

◎基準6：責任の所在が明確である

プロジェクト成功の最終責任はプロジェクト・マネジャーにありますが、各部分の責任は他の人に分担してもらいます。プロジェクト目標に合意するのと同様、個々の目標にも、プロジェクトが先に進む前に、責任の所在を明確にし、各人に引き受けてもらわなければなりません。

プロジェクトに参加・貢献してくれる主要メンバーを決めたら、早い段階で文書化し署名してもらうとよいでしょう。CRM（顧客関係管理）の新ソフト導入プロジェクトで、顧客のサービス変更の要求に対し課金部門が対応できるようにするのなら、経理部門および新ソフト導入後にサポートを担当する情報技術（IT）部門から合意を取り付けておかなければなりません。

●目標設定のステップ

　プロジェクト目標の設定は簡単です。簡単すぎるために、ついつい多くの目標を設定してしまい、結局はさばき切れないこともあるほどです（個々の作業の目標設定は、もっとあとに、計画プロセスで行います）。

　プロジェクト目標を設定するステップは、以下の通りです。

1. プロジェクト目標をリストに書き出す。この時点では、出た項目はすべて書き出す。
2. リストを見直し、プロジェクトに直接関連しないものは取り除く。
3. プロジェクトの1つのステップであるが、最終目標ではないものは取り除く。ここで、プロジェクト目標の「純粋な」リストができ上がる。次はいよいよ、目標設定の最終ステップだ。
4. リストを再検討する。各目標が前述の「6つの基準」に合致することを確認する。次に、目標のすべてが1つのプロジェクトとして達成できるかどうかを判断する。切り離して別のプロジェクトとして扱う方がよい項目や、今回のプロジェクトに直接関連がない項目は外す。それを残したままにすると、チームは混乱し、プロジェクト資源を食いつぶすことになる。
5. リストから外した項目の中で重要なものは、経営陣に報告し、どう対処するか判断してもらう。この場合、外すものと残すものの判断の根拠を求められることもある。

時は金なり

目標設定では最終成果物に何を含むのかを考えるのが普通だ。しかし、除外項目をリストすることの意味は大きい。

プロジェクトを成功させるには、変更を最小限に抑えつつ、組織の本来の業務を阻害せずに、目標を達成しなければなりません。プロジェクトが何らかの理由で脱線すると、期限を守るために追加の資源を投入することにもなります。問題プロジェクトの対応で重要作業が脇に追いやられ、深刻な問題に発展することにもなります。プロジェクト・マネジャーはプロジェクトをできるだけスムーズに進め、追加の時間や要員、資金を要求して他のプロジェクトや日常業務の足を引っ張ることがないようにしなければなりません。

●プロジェクト憲章を作る

プロジェクト憲章は不可欠な書類です。プロジェクト憲章はプロジェクトの発足を宣言し、プロジェクトの計画策定に取り掛かる皮切りとなります。これは、一種のコミュニケーションの道具と考えたらよいでしょう。プロジェクト・マネジャーとスポンサーの意思を統一させ、他のステークホルダーとのコミュニケーションを円滑にしてくれるからです。

> **プロジェクト用語**
>
> 「プロジェクト憲章」とはプロジェクトの要約する文書であり、プロジェクトのビジネス上の位置づけや概要、要求事項の概要、スケジュールの要点や概算の予算、認可の手続きなどを記述する。プロジェクト・マネジャーはプロジェクト憲章により、必要なヒト・モノ・カネの活用の権限を付与される。

プロジェクト憲章を作るには、いろいろな情報源から事実やデータを集める必要があります。おもな情報源を図示します。

第1章で、プロジェクトとビジネスの結びつきを見ました。ここでは、プロジェクト・マネジャーは一歩踏み込んで、プロジェクトがビジネスの課題を解決するかについて明らかにします。CRM（顧客関係管理）の新ソフ

トの導入を例に、個々の要素について見てみましょう。

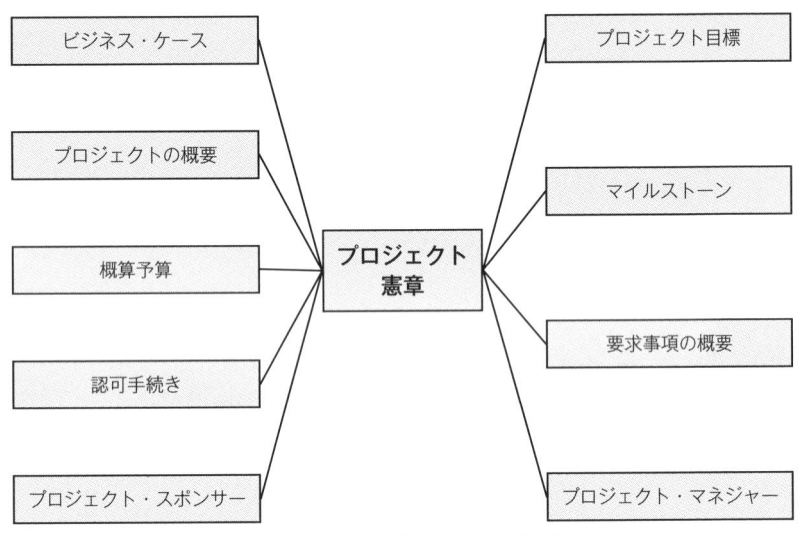

```
ビジネス・ケース ─┐
プロジェクトの概要 ─┤
概算予算 ─────┼── プロジェクト憲章 ──┬─ プロジェクト目標
認可手続き ───┤                      ├─ マイルストーン
プロジェクト・スポンサー ─┘         ├─ 要求事項の概要
                                      └─ プロジェクト・マネジャー
```

プロジェクト憲章へのインプット

●変革趣意書を作る

　プロジェクト憲章の作成には、まずプロジェクト・スポンサーと変革趣意書を作ることから始めるとよいでしょう。これができあがれば、プロジェクト憲章だけでなくコミュニケーション計画もできあがるはずです。
　変革趣意書は「なぜプロジェクトをやるのか？」という基本的な質問に答えるものです。
　経営陣がプロジェクトを立ち上げようと判断するプロセスに、プロジェクト・マネジャーが関わることはあまりないでしょうが、変革趣意書の質問への答えをスポンサーと吟味することは、プロジェクトの背景を確認することになります。そして、スポンサーの「頭の中に入り込み」、何が大切と考えているかの理解につながります。
　ここに変革趣意書を作る指針を挙げておきます。最初にスポンサーと一緒に次の質問に答えてみましょう。

第7章　プロジェクト目標を設定する

1. ビジネスの観点から、なぜこのプロジェクトをやるのか？
2. なぜ今、このプロジェクトをやるのか？　問題は以前からあったはずなのに、このプロジェクトを優先的に取り上げるきっかけは何か？
3. プロジェクトが成功しなかったなら、何が起こるか？
4. プロジェクトをやることによる、ビジネス上のメリットは何か？
5. やり方を変えるとしたら、どこか？

　ここに挙げた質問は、個々のプロジェクトや状況に応じ、変えても構いません。ただ、目的ははっきりさせておきましょう。そして、用語は関係者にしっくりするものを選びます。わかりにくい専門用語を振り回したりすれば、話を聞いてはもらえません。ここでは、スポンサーや作業委員会の助力を仰ぐとよいでしょう。

　変革趣意書の第1案は、ビジネス・ケースに基づいて、プロジェクト・チームが作り、ユーザーの手を加えてもらいます。変革趣意書に目を通す人は費用便益分析や投資収益率、資本の現在価値などの詳細には関心がないかもしれません。ですが、しっかりしたビジネス・ケースがあれば、上記の質問の多くについて答えがひらめくはずです。少なくとも、第1案としてユーザーに検討してもらうには十分なものになります。

◎プロジェクト憲章を文書化する

　プロジェクト憲章を作成する際は、スポンサーと共同で行うことを強く勧めます。プロジェクト憲章を活用するのは、ステークホルダー全員ですが、なかでもスポンサーは重要です。スポンサーは、プロジェクト・マネジャーと同様、プロジェクトの成否に責任を負う、ということを肝に銘じておきましょう。社内のプロジェクトで、スポンサーもチーム・メンバーも社員であるなら、合意文書としてプロジェクト憲章があれば十分でしょう。スポンサーが社外にいるなら、契約書とプロジェクト憲章の両方を整えるのがよいでしょう。プロジェクト憲章には契約書に入れない詳細を盛り込み、契約書にはプロジェクト憲章に入れない法的な合意を記載するからです。場合によっては、やるべき作業を定義する公式書類として、契約

書でプロジェクト憲章に言及することもあります。

> **ご用心**
>
> 「プロジェクト憲章」(Project Charter)と「SOW」(Statement of Work、作業範囲記述書)は同じ意味で使われることが多いが、両者の違いを知っておこう。「プロジェクト憲章」とは、プロジェクトの開始を宣言し、必要なヒト、モノ、カネの活用の権限をプロジェクト・マネジャーに付与する文書のことだ。それに対し、「SOW」とはプロジェクトを定義する公式な書類であり、プロジェクトが生み出す商品やサービスの詳細を記述したものである。2つの用語が自社や顧客の組織でどう使われているかをはっきりさせておこう。

◎プロジェクト憲章の構成

　プロジェクト憲章に記載するのは、プロジェクトの目標、制約条件、スコープ、コミュニケーションの指針、成功基準などです。まず最初にプロジェクト憲章の原案を作り、それに基づいてステークホルダーと交渉し、修正があれば検討します。プロジェクト憲章は承認された時点でプロジェクトの「公式ルール」となります。

　プロジェクト憲章の枚数は小規模プロジェクトでは1～2ページですが、大規模プロジェクトで技術的な内容にまで踏み込むと100ページほどになることもあります。

　プロジェクト憲章に必ず盛り込むポイントは、以下の通りです。

　†**プロジェクトの目的・正当性**
　　「そもそも、なぜプロジェクトを実施するのか？」という問いに明確に答えること。ビジネス・ケースの概要に触れるのもよいが、詳細には必ずしも言及しない。

第 7 章　▶　プロジェクト目標を設定する

†プロジェクト目標と成功基準

　プロジェクト目標と成功基準を明らかにする。期限通り予算内ということ以外にも、プロジェクト目標のすべてを盛り込むこと。

†認可の要件

　誰がプロジェクトの成否を判断し、誰が何に認可を与え、誰がどんな意思決定を行う裁量権を持つかを示す。責任分担表（RAM）——主要な役割と責任を示す表（第13章を参照）——も有効である。ここはプロジェクト憲章の中でも特に重要である。というのは、プロジェクトでは、縦割り組織内の指揮命令系統とは別に、組織を横断したプロジェクト独自の指揮命令系統を作ることも多いからだ。役割と報告関係を明確に決めておかなければ、意思決定の役割や権限でもめごとが生じ、プロジェクトが脱線することにもなりかねない。この点は、意思決定の権限が作業委員会に与えられている場合と、プロジェクト・スポンサーに承認を得なければならない場合を比べれば、明らかである。

†コミュニケーション計画

　ここには、基本となる報告書の発行や、計画フェーズでの会議について詳述する。報告書の頻度や配布先、計画フェーズの会議の頻度や参加者もここに記載する。大規模プロジェクトでは、計画サイクルのもっと後かプロジェクトの実行フェーズで、より詳細なコミュニケーション計画を作り、そこからの報告書の頻度や内容、発行者、配布先、会議の頻度や内容、参加者などを記述する。小規模プロジェクトでは、プロジェクト憲章に詳しい内容を記載しておけば、詳細なコミュニケーション計画は必要ない。コミュニケーション計画については、第19章で詳述する。

†メリットとリスクの初期評価

　ここでプロジェクトのメリットとリスクについて初期段階の特定

121

をする。この段階では、メリットもリスクも定量的というより定性的なもので、いずれはもっとはっきりさせなければならない。例えば、データ入力の新システムの導入により入力の二度手間をはぶけ、時間の節約になる。とはいえ、節約される時間がどれだけかを考えるのは、ここではやりすぎである。プロジェクトによっては、メリットとリスクは切っても切れない関係にある。例えば、新システムに移行するメリットは商品・サービスを提供して、会社の顧客ベースを拡充することである。しかし、明らかなリスクとしては、仮にシステムの導入に成功しなかったなら、保守が厄介で信頼性の低い代物(しろもの)を抱え込むということになる。

†概算のコストとスケジュール

プロジェクトのコストとスケジュールについて、概算ながら根拠ある見積りを示す（スケジュールとコストについては、第11章と第12章で詳しく取り上げる）。例えば、経営陣が、期限18カ月以内、予算150万ドルでプロジェクトを完了するようにプロジェクト・チームに要請したとしよう。こういう目標が現実的かどうかの判断には、より踏み込んだ計画が必要である。

●常に合意を確認する

コンセンサス形成は関係者から承認を取り付ける最重要のプロセスであり、プロジェクトのすべての点を理解し合意したことを示します。さらに、役割を分担されたメンバーがそれを引き受け、各目標はSMART（Specific=具体的、Measurable=測定可能、Agreed-upon=合意されている、Realistic=現実的、Time-limited=期限が明確）の要件を満たすことを示します。ここで先に進む前に、プロジェクト憲章にコンセンサスを取り付けます。プロジェクト・マネジャーとスポンサーがプロジェクト憲章の原案を作ったら、ステークホルダーに十分な時間をあげて、コメントを出してもらいましょう。しっかりしたプロジェクト憲章を作るには、幾度も

会議を重ね、やり取りを繰り返して、内容を練り直さなければならないこともあります。

　主要ステークホルダー全員からプロジェクト憲章に合意を取り付けたら、スポンサーと主要ステークホルダーからプロジェクト憲章に署名をもらいます。署名はプロジェクト憲章に定義したプロジェクトに全員が合意したことの証拠です。この時点で、プロジェクト憲章は詳細計画を策定するベースライン（基準）となり、それに基づいて詳細スケジュールや予算を作ります。

　時間の経過とともに、プロジェクト憲章の改訂や再度の合意が必要となることがあります。プロジェクト憲章を変更することは、プロジェクト・ライフサイクルを通じステークホルダーをマネジメントする重要な手段です。プロジェクト終結時のプロジェクト憲章が当初とは大幅に違ったものになることもあります。違っていること自体が重要なのではありません。重要なのは、主要ステークホルダー全員が変更点についてそのつど連絡を受け、すべての変更に合意している――それも、常に文書で――ということです。ですから、コンセンサス形成はプロジェクトの開始から終了まで継続する活動です。とりわけ、プロジェクトに変更が必要な場合には。

●スコープ記述書

　プロジェクト憲章がプロジェクトを行うビジネス上の理由を定義するのに対し、スコープ記述書はプロジェクトの成果物の詳細を定義します。スコープ記述書には通常、次のポイントを含みます。

　†プロジェクト・スコープ
　　　プロジェクトでやること、やらないことを明確に定義する。プロジェクトと他の優先課題や懸案事項との関係も盛り込む。これは、プロジェクトが大型プロジェクトのサブプロジェクトであるなら特に重要である。

†プロジェクト成果物

プロジェクトが何を生み出すかを明記し、チームが焦点を絞るのに役立てる。成果物は、最終成果物・中間成果物ともに明記する。例えば、「製油所の建設」を最終成果物とするなら「縮小模型」は中間成果物にあたる。プロジェクトマネジメントの成果物も、プロジェクトそのものの成果物とともにスコープ記述書に盛り込むこと。それにより、プロジェクト内の基本的なコミュニケーションを確保する。さらに、スコープの除外項目を詳細に記載することも大切である。

†前提条件と制約条件

プロジェクトの選択肢を限定する前提条件や、やり取りの基本となる合意事項を詳述する。これからのプロジェクトマネジメントを左右する事柄はもれなく盛り込むこと。プロジェクトを成功と見なしてもらうためには、「ウラ」「非公式」の合意事項もすべてをここに文書化する。

†ユーザーの受け入れ基準

ステークホルダーのリスト（第6章を参照）と前述の要求事項から、プロジェクト終了後に成果物がどのように受け入れられるかを明らかにする。

●理解度チェック

☐ プロジェクト成功のために要求事項がなぜ大切かがわかったか？
☐ プロジェクト憲章をプロジェクト・マネジャーと共同で作成する理由を理解したか？
☐ プロジェクト憲章とスコープ記述書の違いがわかったか？
☐ プロジェクト憲章とスコープ記述書に盛り込む情報がわかったか？

第7章　≫　プロジェクト目標を設定する

◆これだけは憶えておこう◆

† 顧客が望むものをはっきり理解するために、要求事項を収集する。

† プロジェクト・マネジャーは、プロジェクト・スポンサーと共同でプロジェクト憲章を作成する。その際、変革のためのビジネス・ケースの質問を活用する。

† プロジェクトを計画する際には、規模（スコープ）を具体的に決め、ステークホルダーから合意を取り付けなければならない。

† プロジェクト憲章とスコープ記述書に盛り込むのは、プロジェクトの目標、スコープ、成果物、コストおよびスケジュールの見積り、ステークホルダーの役割、指揮命令系統、前提条件、リスク、コミュニケーションの指針などである。

† プロジェクト憲章とスコープ記述書は、詳細なプロジェクト計画書を作成する基盤となる。

パート2 ▶ プロジェクト定義フェーズ

第8章

リスクと制約条件を把握する

この章の内容
■リスクには不確実性とロスが関係する
■各種のリスクに対処する
■リスク登録簿を活用する
■制約条件が選択肢を限定する

　有能なプロジェクト・マネジャーは初期段階からリスクを評価します。プロジェクト目標を明確に設定しても、成功を脅かす事象が起こり得ると考える必要があります。小規模プロジェクトではちょっと考えるだけで済むかもしれませんが、大規模プロジェクトではリスク評価は大仕事になることもあります。リスクと制約条件を分析する目的は、予算やスケジュール、政治、経済、法律、組織構造などプロジェクトを限定する諸要因があってもプロジェクトが実行可能であるという確証を得るためです。リスクと制約条件の分析と対策は、第7章で定義したプロジェクト憲章に組み込みます。主要なリスクと制約条件は、スポンサーとの検討を踏まえて、プロジェクト憲章の中に文書化するわけです。

　リスクと制約条件を考慮せずにプロジェクトを進めると、内外のいろい

ろな力にこづき回され、失敗の道をたどります。悪天候、サプライヤーの納期遅れや倒産、ストライキ、経営陣のたわごと…などのたびにプロジェクトは遅れ、揚げ句の果てには取りやめになることもあります。これでは、やってられませんね。この章では、いろいろなリスクや制約条件をどう評価し、対策を講じるかを見てみます。

●リスクの３種類

リスクはプロジェクトごとに異なります。チーム・メンバーが作業を完了できない、太陽の黒点が地磁気を変化させ重要データを送信中の人工衛星が軌道から外れる、本社の新社屋の鉄の支柱が竣工後１カ月でさび出す…などです。

プロジェクト用語

PMIの定義で「リスク」とは、将来において、発生が不確実な事象や状態のこと。発生した場合、プロジェクト目標──スコープ、スケジュール、コスト、品質──のうち、少なくとも１つ以上のものに影響を及ぼす。

プロジェクトのリスクはつきつめると、次の３つに大別されます。

- **†既知のリスク**：プロジェクト・スコープをビジネスや技術の観点から見直すことで想定できるリスク。自分の経験や主要ステークホルダーの経験を参考にして想定する。
- **†予測可能なリスク**：実際に起こり得るリスクで、類似プロジェクトからも予測できるもの。チーム・メンバーの入れ替えや景気の変動はプロジェクトに影響する。具体的証拠はなく、虫の知らせといったリスクもある。
- **†予測不可能なリスク**：夜中に何かに衝突するなど、「ともかく起き

てしまう」といったリスクで、プロジェクト・マネジャーやプロジェクト・チームがコントロールできないもの。そもそも、すべてのことを予測することはできない。

◎リスクの領域

プロジェクトのリスクは領域によっても分類できます。主なものを、挙げておきます。

- **† 予算**：必要資金の全額を確保できない。
- **† スケジュール**：当初の計画よりも長い時間がかかる。そのため、時間切れや納期遅れのリスクが発生する。
- **† 要員**：プロジェクト作業が始まったのに、必要な外部要員を確保できない。または、必要な経験・スキルを持つ人材が社内にいない。
- **† ステークホルダー**：ステークホルダーに時間がなく、プロジェクト・チームの問題解決を支援できないと、プロジェクトが進展しても顧客満足が確保できないというリスクがある。
- **† プロジェクトの規模・複雑さ**：プロジェクトの規模が大きすぎたり複雑すぎたりして、すべての要素をコントロールできない。とりわけ期限と予算の制約から。
- **† 政治**：政治的な理由から、競争関係にあるグループや組織が共同で作業の責任を負うことになり、必要な意思決定を下さない。
- **† 組織の抵抗**：プロジェクトのビジネス上の意味はわかるが、プロジェクトの成果物が求める変革に主要グループが抵抗する。
- **† 外的要因**：プロジェクト・チームがコントロールできない外的要因。行政当局による規制や技術変化など。

◎ビジネス・リスクも忘れずに

ビジネス・リスクが製品・サービスの受け入れに影響することもあります。製品・サービスのリスクの例を示します。

- †**市場の受容**：製品は良いが、買いたい顧客がいない。
- †**市場投入までの時間**：製品は申し分なく、顧客も必ず欲しがる。ただし、特定の時期に納品できればの話だ。
- †**コスト**：製品は申し分なく、顧客も必ず欲しがる。ただ、製造コストが高すぎて、提供する価格では顧客は手を出せない。
- †**保守ができない**：製品は素晴らしいが、保守する人がいない。製品を市場に投入しても、保守部門に保守できる人がいない。
- †**政治的支援を失う**：スポンサーが交代し、新任スポンサーはプロジェクトのことを知らない。そのため、プロジェクトに経営陣からの支援がなくなる。

◎究極のリスク：不可抗力

不可抗力（Act of God＝神の行為、force majeure）がプロジェクトに及ぼす影響に対して、人間にできることは限られています。そこで、ハリケーン、水害、地震その他の不可抗力には、保険をかけておきましょう（保険証券の付保の範囲を確認しましょう。通常の保険では不可抗力を除外していることも少なくありません）。保険のコストをプロジェクト予算に計上することも忘れないように。

● RBSを作る

リスク分析の方法の1つは、リスク・ブレークダウン・ストラクチャー（RBS：Risk Breakdown Structute）を作ることです。RBSではリスクをカテゴリーごとに階層化し、体系的に表します。そうすることで、リスクを領域と原因によって図示することができます。RBSの例を示します。RBSを使って、プロジェクト・チームや主要ステークホルダーと、どこにリスクがあるのかを検討し、リスク・マネジメント計画の策定に進めばよいでしょう。

リスク分析の各種のツールについては、『PMBOK® ガイド』11.4を参照

してください。

　リスクを特定するのは大切ですが、リスク・マネジメントで創造性を発揮したいのは、特定したリスクについて発生確率を下げ、影響度を抑える対策を講じることです。その要点は次の通りです。

- † 計画サイクルの早い時期に（先取り型アプローチ）、問題になりそうな事柄を想定し資源配置について経営陣に提言する。
- † プロジェクト・チームの全員で、リスクの特定と発生の予防に注力する。
- † リスクの原因を除去し、問題を回避する。例えば、プロジェクト中に主要メンバーが抜けるリスクが大きいなら、他の適任者に入れ替えておけば問題を回避できる。
- † リスク緩和策を講じ、リスク発生の可能性を低減し、影響を抑える。上の例では、知識・経験が同等の交替要員を加えておく。

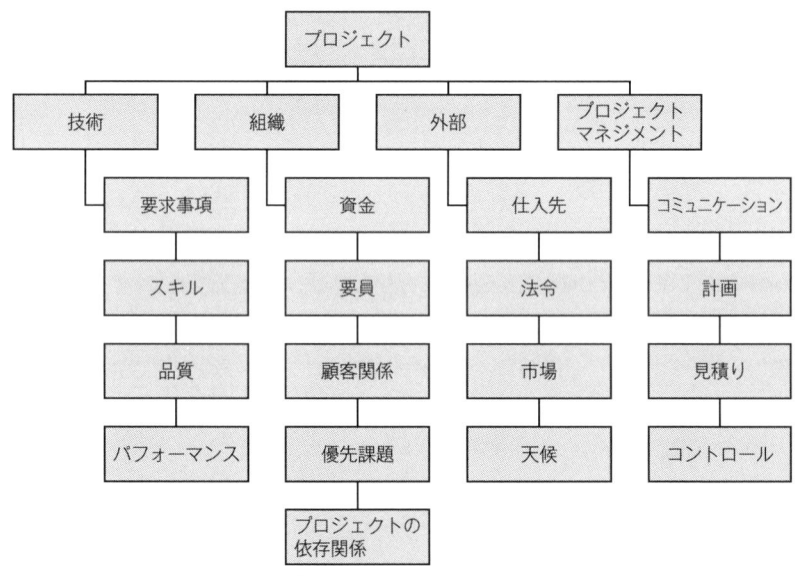

リスク・ブレークダウン・ストラクチャーの例

†リスクを受容する。リスクを起こり得るものとして引き受け、実際に発生した場合に対策を考えることにする。これは発生確率が比較的低いリスクに採用されることが多い。

◎リスク許容度

リスクについて計画する前に、あなたとプロジェクト・スポンサー（または運営委員会）がどこまでのリスクを許容するかを考える必要があります。ある領域のリスクは進んで許容するが、別の領域ではそうはいかないということもあります。例えば、競合他社を打ち負かすために、スケジュールがきわめて重要であるなら、スケジュールに影響するリスクには、誰もが強い関心を持ち、そのぶん、許容度が低くなるでしょう。しかし、予算のリスクには、許容度が高くなるかもしれません。

●リスク・マネジメントの基礎

プロジェクトのリスクはリスク・マネジメントを行うことで軽減できます。「プロジェクトマネジメントとはリスク・マネジメントにほかならない」と言い切る人がいるほどです。

> **プロジェクト用語**
>
> 「リスク・マネジメント」とは、将来起こりうる問題を洗い出し、発生確率を予測し、発生した場合の影響を評価した上で、あらかじめ解決策を準備することである。

リスク・マネジメントは次のステップで行います。

1. **プロジェクトの成功を脅かすリスク事象を想定し、どんどん洗い出し、表にまとめる**：うまくいかないことがあるとしたら何か、もめそうな所はどこかだ。過去のプロジェクトから学ぶのもよい。問題の想定に

は、クリティカルな作業の依存関係や資源に着目し、そこに変化が起きたらどうなるかも推測しよう。成果物を違う観点から見るために、要員、サブコントラクター、サプライヤー、サービス提供者、経営陣、顧客などに話を聞いてみよう。環境、労働慣行、原料や技術の入手などについても考えてみる。

2. **リスクの発生確率とその影響を分析する**：影響を考える時は、そのリスクがスケジュールや予算、品質に影響を与えるかどうかを検討する。次に、リスクが発生した場合の影響の大きさに1（小）、3（中）、5（大）などの数字を割り当て、定量化する。発生確率についても1から5までの数字を割り当てる。

3. **リスクの深刻度や重要性を判断する**：確率の数字と影響の数字（ともに1から5まで）を掛け合わせて、深刻度を算出する。

4. **対応策が必要な重大リスクを決める**：私は、「リスクの閾値」を定め、影響・発生確率がともに大きい（例えば、深刻度の値が25）リスクにはまず手を打つことにしている。深刻度の値がもっと低いリスクについても検討を進める。リスクの閾値は業界や状況により妥当な値を決めればよい。ここで大切なことは、リスク閾値を定め、どのリスクに対応策を講じるかを判断することである。

5. **リスク対策を文書化する**：スコープ記述書かプロジェクト計画書にプロジェクト・スポンサーの承認を取り付ける。こうして洗い出したリスクには、次の4つの対応策がある。

† リスクを受容する。この時点では何の手も打たずに静観し、リスクが発生したらその時点で対応すると決める。リスクを除去・軽減するよりその影響を引き受けた方がコストが少ない場合に妥当な戦略。

† リスクを回避する。リスクがある部分をプロジェクトから削除したり、プロジェクトを小さなサブプロジェクトに分解して全体としてのリスクを軽減する方法である。リスクを回避すると、ビジネス・ケースが変わり得ることに注意しよう。場合によっては、より大きな見返りを求めてより大きなリスクを引き受けることもある。ス

ポーツ界でいう「痛みなくして進歩なし」の心情に通じるものがある。
† リスクを監視し、発生に備えて発生時対策（コンティンジェンシー・プラン）を作る。攻撃が最善の防御だとすれば、問題に備えて発生時対策を用意しておくことは、プロジェクトの成功に不可欠である。重大なリスクに発生時対策を用意しておくことは、リスク・マネジメントの最重要ポイントの１つだ。発生時対策は必要な際に発動するもので、「プランB」とも言われる。発生時対策の根底には１つの考え方がある。それは、物事が起きる前に先取り（プロアクティブ）して対策を練っておけば、起きた時にそれに反応（リアクティブ）して手を打つよりも、効果的・効率的だというものだ

† リスクを移転する。保険はもっともわかりやすく、高コストのリスク移転である。保険をかければ、窃盗や火災、水害などのリスクは保険会社に移転できる。外部の資源を雇って、プロジェクトの一部を請け負ってもらう手もある。例えば、サプライヤーと固定価格契約を結べば、コスト増大のリスクをサプライヤーに移転できる。固定価格契約がいつも可能というわけではないが、それが締結できれば、予算のリスクを大幅に軽減できることは間違いない。

現場の声

リスク分析を複数の専門家ですると、コンセンサスが得にくいことがある。そんな時には、デルファイ法が有効だ。デルファイ法では、まずそれぞれの専門家と個別にリスクについて話をし、それを要約し、配布する。次に、各専門家にコメントを添えて戻してくれるように依頼する。このやり取りを繰り返すことで、コンセンサスが得やすくなる。こうして偏向を削減し、個人の影響が色濃く出ないようにする。

リスク・マネジメントとリスク対応策の策定は、継続するプロセスです。リスクは定期的に見直さなければなりません。プロジェクトでは想定外の問題に遭遇し、何らかの打ち手が必要になることがあります。問題の規模

パート2　プロジェクト定義フェーズ

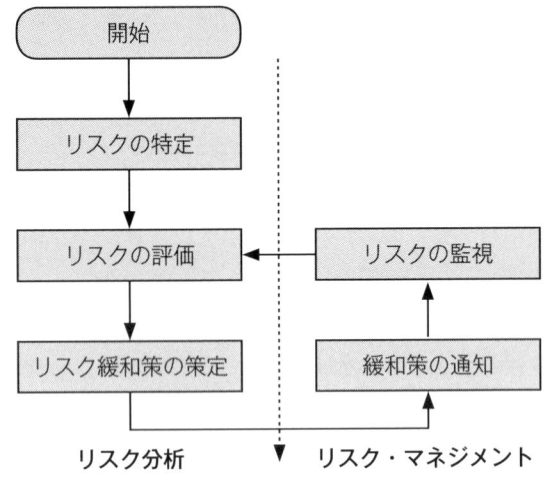

```
         開始
          ↓
       リスクの特定
          ↓
       リスクの評価  ←——  リスクの監視
          ↓                  ↑
    リスク緩和策の策定      緩和策の通知
                              ↑

      リスク分析       リスク・マネジメント
```

リスクの特定と緩和策の実施はプロジェクトを通じて行う。

や種類に応じて、解決に必要な資源の種類も異なります。しかし、対策が不要なこともあります。対応策が必要なリスクと不要なリスクを峻別することが、プロジェクト・マネジャーの成功につながります。

　リスクの緩和策にともなうコストと発生の確率・影響度の間には、常にバランスをとる必要があります。例えば、建設プロジェクトで十分な建設機器を確保するために追加で発注することもできます。が、それはコスト

時は金なり

リスク・マネジメントのカギは、プロジェクトの足を引っ張る可能性があるすべての事柄に目を光らせることだ。意識して問題を探し出そう。粘り強い分析でリスクを見つけ出し、新たなリスクが出現したら新たな対応策を講じよう。リスク・マネジメントは、プロジェクトの初期に既知の問題や制約条件を把握することから始まる。そして、プロジェクトの終了に至るまで、ひっきりなしに現れるリスクを想定し、それと戦い続けるプロセスである。

の大幅増加につながります。追加発注の効果とコスト増の負担を比較検討しなければなりません。

●リスク登録簿でリスクを追跡する

　リスク登録簿を作成し更新することで、プロジェクトのリスクやその分析、現状、発生時の対策についての情報を追跡できます。プロジェクト・マネジャーの多くは、プロジェクトの規模に応じて、スプレッドシートやデータベースでリスクを追跡します。プロジェクトマネジメント用ソフトウェアにはリスク登録簿を組み込んだものもあります。

　リスク登録簿のレビューと更新は定期的に行います。プロジェクトの進行とともに消えてゆくリスクもあれば、新たに現れるリスクもあります。例えば、プロジェクトの初期にリスクとして、営業部門の縮小という噂があったとします。しかし、営業部門は縮小せずに拡大する、ということが明らかになれば、そのリスクは消えるでしょう。とはいえ、営業部門の人員増強のためにプロジェクトのメンバーを引き抜かれる——という新たなリスクが現れれば、今度はそちらを追跡し、対策を講じることになります。

　各リスクに責任者を決めることは、監視と追跡の観点でも、対応策の策定の上でも重要です。せっかくリスクを特定しても、責任者を決めていなければ、誰も対応しないことにもなりかねません。

　パート6「プロジェクト終結フェーズ」で、プロジェクトの教訓を報告

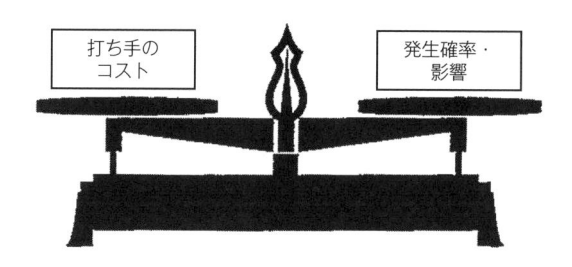

リスク・マネジメントとは、リスクについて計画しマネジメントするコストと発生確率・影響の間のバランスをとることである。——*PRINCE2*

することに触れます。ここでは、リスク登録簿が教訓を吸い上げるための重要なツールであることを認識しておきましょう。

●制約条件とリスク

制約条件は、リスクとは異なり、あらかじめわかっていることで、プロジェクトの選択肢を制限します。制約条件の代表格が予算です。プロジェクトに投入できる予算には限りがあります。予算を増額してほしいなら、手のかかる難しい交渉をしなければなりません。プロジェクトを定義する際に制約条件を無視すると、失敗につながります。制約条件をしっかり把握し、その範囲内で仕事を進めることは、プロジェクト・マネジャーの役割なのです。

プロジェクト用語

「制約条件」とは、プロジェクトのパフォーマンスに影響を与える拘束や作業のスケジュールに影響を与える要素のこと。

●制約条件を考慮する

制約条件は、リスクと同様、プロジェクトの重要な要素です。壮大なプロジェクトの構想を現実に引き戻すには、次の質問をしてみるとよいでしょう。

†どれだけの資金をいつ確保できるか？
†プロジェクトはいつまでに完了させなければならないか？
†どんな内部資源が必要か？
†どんな外部資源が必要で、それは確保できるか？
†プロジェクト・ステークホルダーと経営陣の間で、プロジェクトの

重要性や時間とエネルギーを投入する価値についてコンセンサスが得られるか？
†自分のニーズはどこまで満たしたら、よしとするか？
†より安価な資源やより少ない資源で、できる方法はないか（それがあれば、問題が解消することもある）？

　こういう質問をすると、現実に引き戻されるはずです。プロジェクトの現実を見つめ、地に足のついた判断をしましょう。
　プロジェクトの制約条件は実にさまざまのものがあります。制約条件も、リスクと同様、あらかじめ把握しなければなりません。それをしないと、大金を投入したプロジェクトが失敗し、身動きがとれなくなることもあります。

◎予算

　予算は制約条件であるとともに、リスクでもあります。プロジェクトの資金はいつの間にか消えていきます。営業所の新設でも、新製品の開発でも、プロジェクト・マネジャーの打ち手は予算に制約されます。プロジェク

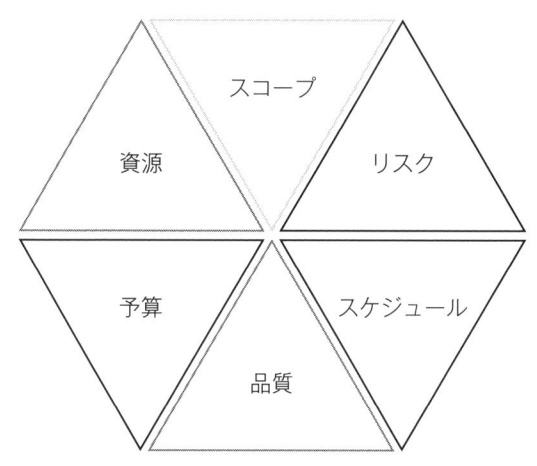

プロジェクトの制約条件のすべてを図示したもの。第1章で紹介した古典的な「三大制約条件」を超える。

トに投入する社員やサービスのコストはプロジェクト予算から負担するのが普通です。コスト付け替えの方式によっては、他部門の社員より社外の人を活用する方が安く済むこともあります。資金が不十分だとわかっているなら——上司や経営陣、顧客に喜んでもらいたいという理由で——そのままの予算を受け入れてはいけません。プロジェクト予算については、第12章も参照してください。

◎スケジュール

歳月人を待たずです。スケジュールはリスクであるだけでなく、納期が厳しくない場合でも、制約条件になります。プロジェクトが期限よりずれ込めば、予算は膨らみ、チーム・メンバーは他の仕事に引き抜かれかねません。納期遅れはマーケティング上の深刻な打撃となることもあります。新商品を期日より遅れて市場に投入しても、「機会の窓」は閉ざされているということもあるのです。

◎要員

要員間の対立解消は第13章で取り上げます。ここでは、要員のスキル・レベルと要員間の対立の解消がプロジェクト・マネジャーの最大の懸案であることを頭に入れておいてください。資金や時間は追加できるとしても、プロジェクトを実施するのは人なのです。適材を確保できなければ、経験不足だが投入可能なメンバーでチームを作り、何とかやっていかなければなりません。適材の可用性はリスクとして想定しておくと同時に、制約条件としてプロジェクトの進展に合わせて対処していかなければなりません。

例えば、私の顧客でマネジャーを18〜20カ月おきにローテーションさせるという方針を持っているところがあります。つまり、私たちのプロジェクトは、スポンサーという「後ろ盾」を失うリスクに常にさらされているということです。リスク緩和策の中に、スポンサーを失うというリスクも考えておかなければなりません。

そこで私は1つの戦略を立てました。プロジェクトのスコープと現状、およびスポンサーが知っておくべきすべてのリスクをプレゼンテーションの

スライドにまとめ、それを3〜4週ごとに更新することにしたのです。こうしておけば、突然スポンサーが交替しても、新任スポンサーにすぐに会議を申し入れ、状況を説明できます。

◎現実

プロジェクトの作業が始まると、否応なしに現実に向き合うことになります。プロジェクトがうまくいかない最大の理由の1つが、プロジェクトに必要な全作業をするための時間と工数を過小評価しがちであるということです。

◎施設や装置

プロジェクトは、必要な装置が必要な時期に使えるという想定で成り立っています。20トンの地ならし機であれ、電子顕微鏡であれ、荷物昇降機であれ、必要な装置が必要な時期に使えなければなりません。装置も、要員と同様、プロジェクト完成のカギなのです。プロジェクトが遅れると、重要な装置が別のプロジェクトに使用中で投入できないということにもなりかねません。

プロジェクトの制約条件はスコープ記述書の一部として、プロジェクト憲章に明記しておきましょう（プロジェクト憲章については第7章を参照）。

●リスクの高い役割

リスクと制約条件をあらかじめ把握しておけば、プロジェクトの成功を脅かす事象をあらかじめ（口頭あるいは文書で）ステークホルダーに伝え、対策を講じる時間が生まれます。幸先の良いスタートを切るには、プロジェクトを批判的な目で分析することが重要です。

プロジェクトに「自分たちは何でもできる」というノリで臨むのは、出だしにチームの士気を高める効果はあるかもしれません。しかし、やがて結束が緩み、現実が入り込んでくると、チームには不満がたまり、経営陣は不平をもらし、プロジェクト・マネジャーは最初からわかっていたはず

の問題を放っておいたことに、地団駄を踏むことになるのです。

●理解度チェック

☐ 自分の担当プロジェクトに影響を及ぼしそうなリスクの種類を理解しているか？
☐ リスクを継続して追跡することの重要性を理解しているか？
☐ リスクの発生確率と影響度を評価する方法を理解しているか？
☐ 自分の担当プロジェクトの制約条件をわかっているか？
☐ リスクの緩和策を講じる方法に自信があるか？

◆これだけは憶えておこう◆

† プロジェクトのリスクと前提条件は、計画フェーズで把握しなければならない。

† 将来起こるすべてのことを想定はできない。だからといって、プロジェクト・マネジャーがリスクを分析し計画を策定する責任から免除されるわけではない。

† 不可能なことは不可能である。たとえチームがどんなに熱意を持って取り組んだとしても。

† リスクを想定したら、発生確率が最大のリスクに絞り、あらかじめ対策を講じておく。「あわてふためく事態」を防ぐには、あらかじめ対策を講じておこう。

† リスク・マネジメントでは、プロジェクトに影響を及ぼすリスク（問題点）を想定し、定量化し、ひいては軽減することができる。

パート3
プロジェクト計画フェーズ

　おめでとう！　プロジェクト定義フェーズを終え、リスクも検討し、成功基準も明らかにしました。
　ここからはプロジェクト成功に必要な作業を洗い出し、スケジュールや予算を作ります。
　プロジェクト計画書はロードマップ（道路地図、道筋）であり、プロジェクトを指揮する基礎となります。何をすべきかを明らかにし、ステークホルダーやチーム・メンバーとのコミュニケーションの媒体ともなります。
　プロジェクト計画書には、プロジェクト憲章とリスク、制約条件に加え、3つの要素が必要です。つまり、WBS、スケジュール、予算です。パート3では、こういうポイントを結合し、しっかりした計画書を作る方法を学習します。
　さらにチーム・メンバーの選考についても見てみましょう。作業をする人が正しいスキルや経験を身につけていることが大切です。

第9章

作業の分解

この章の内容
- WBS を理解する
- プロジェクトをワーク・パッケージに分解する理由
- WBS の適切なレベル
- 作業間の依存関係を見極める

　プロジェクトマネジメントでは WBS（ワーク・ブレークダウン・ストラクチャー、作業分解図）と呼ぶツールを使います。プロジェクトをまず大きな単位（マイルストーンということもある）に分解し、さらに小さく分解して、最下位のワーク・パッケージを洗い出す手法です。

●プロジェクトを一口大(ひとくちだい)に分解する

　WBS とは、プロジェクト作業をある切り口に基づき階層構造で分解し、ツリー状の図や、箇条書きの表にまとめたものです。WBS は予算の作成や要員選考にも、スケジュール作成にも使います（第10章を参照）。WBS では切り口が重要です。大規模プロジェクトでは、関連領域ごとにマイル

ストーンや成果物としてまとめれば、詳細に立ち入らずに、全体像を可視化して示すことができます。

WBSでは通常、プロジェクトを上から下に、次のようなレベルに分解します。

† プロジェクト全体
† マイルストーン（重要な作業グループの完了、重要な節目の到達）
† 主な活動（サマリー・タスクとも言う）
† ワーク・パッケージ（最下位の作業）

プロジェクト用語

「ワーク・パッケージ」はWBSの最下位の作業であり、時間とコストが割り振られる。各ワーク・パッケージに成果物がある。

WBSの中のマイルストーンや主要な活動、ワーク・パッケージなどの数は、プロジェクトに応じて判断します。WBSの分解レベルを適切に決めれば、コントロールしやすくなりますし、いつどれだけの資源が必要かもわかります。

◎ WBSの意味

WBSはプロジェクトの完成に必要な作業を組織化し要約した文書です。分解は大きなレベル（またはマイルストーン）から始めます。システム更新プロジェクトなら、例えば、「顧客の要求事項」「システム設計」「システム計画」「テスト」「データ移行」「組織の受け入れ体制」「報告書」などです。しかし、大規模プロジェクトでは階層構造に組織化し、作業の間の依存関係を見極めます。WBSができたら、スケジュールを作り（第10、11章を参照）、資源リストを作ります。

WBSは次の役割を果たします。

† プロジェクトの主要部分を明らかにし、何をすべきかを明確に示す。
† プロジェクト作業の実施順序を論理的に決定する。
† チーム・メンバーが担当するワーク・パッケージを明らかにする。
† 各ワーク・パッケージに必要な資源（機械や装置を含む）を明らかにし、予算作成の基礎となる。
† 各人が行うべき作業とプロジェクト全体での位置づけをチーム・メンバーに周知させる。
† 関連するワーク・パッケージを、マイルストーンで論理的につなぐ。

WBSはプロジェクト成功の土台です。資源ニーズやスケジュールがWBSと作業の順序づけに基づいて決まるからです。大規模プロジェクトのWBSは、できあがるまでに何度か改訂を加えるのが普通です。WBSの作成に慣れていないなら、中核メンバーか主要ステークホルダーに見てもらい、必要な作業が網羅されているか、漏れがないかを確認しなければなりません。

時は金なり

WBSの原案ができたら、しばらく時間をおいてから、改めて見直してみよう。客観的に見直すことで、漏れていたポイントに気づいたり、もっと良い作業のやり方を発見したりすることがある。

ここにツリー型WBSの例をあげておきます。作業分解の階層が多いプロジェクトでは、リスト型WBSのほうが適していることもあります。

WBSで作業をどこまで分解するかは、プロジェクトによって異なります。一般に、作業分解をトップダウンで（上から下に）する方がやりやすいと感じるようです。ですが、ボトムアップで（下から上に）する方が現

実的なら、それもよいでしょう。どちらにしても、WBSの最小単位は最下位のワーク・パッケージです。プロジェクトの時間やコストの見積りも、ワーク・パッケージで行います。WBS中のワーク・パッケージ以外の要素（例えば、中間の要素）は、プロジェクトの構成を示すツールにすぎないのです。

大半のプロジェクト・マネジャーはワーク・パッケージを洗い出す際、「8/80のルール」を使っています。このルールは、1日（8時間）に満たない時間で完了するものは、小さすぎるので、他のものと組み合わせることを考える。反対に、完了に2週間（80時間）を超えるものは、大きすぎるのでさらに細分解する、というものです。もちろん、その判断には、プロジェクトの全体の期間が関係します。完了までに1年半から2年、あるいはそれ以上の期間を要するプロジェクトでは、ワーク・パッケージを1カ

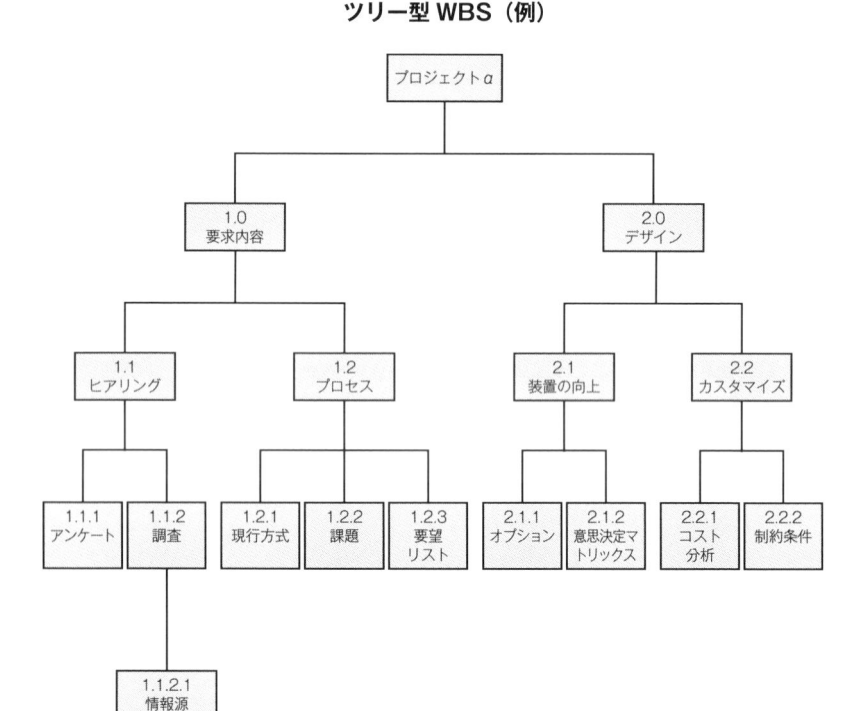

ツリー型 WBS（例）

月を単位とすることもあるでしょう。

　WBSの最下位レベルは細かすぎてもいけません。監視・コントロールに有効な大きさとします。肝に銘じておきたいのは、世の中のすべての事柄を分単位で計画はできないということです。それができれば、うまくいかないことなどないはずです。プロジェクト作業の分解や順序づけは、できるだけ正確を期すことでよしとしましょう。

◎WBSの切り口

　WBSの作成にたった1つの正解はありません。プロジェクトaの例では、成果物の種類を切り口としました。ほかにも、次のような切り口があります（別の切り口もあるでしょう）。

† プロジェクト・フェーズ
　　プロジェクトの各フェーズで必要なものは何か？　工場建設なら、「設計」「建設」「引き渡し」「稼働」などとする。
† 組織
　　縦割り組織で指揮命令系統に合わせてWBSを作る。例えば、「営業」「経理」「業務」など。サプライヤーが入る場合も、同様に取り込む。
† 地域
　　複数の場所にまたがるプロジェクトで、地域を切り口とする。
† システムとサブシステム
　　プロジェクトを複数に区分する境界があれば、それを反映してWBSを作る。例えば、「データ・システム」「コミュニケーション・システム」「管理システム」など。

複雑なWBSでは、次の点が特に重要です。

† WBS内の作業にはダブリがないこと。
† WBSの各要素はわかりやすく記述する。詳細な説明が必要なもの

(例えば「拡張計画について社長から承認をもらう」)には、参照ページを明記する。プロジェクトマネジメント用ソフトウェア（例えば『Microsoft Project』）には作業の「ノート」を付記できるものもある。

† WBS上で相互に関連する作業は、それがわかるように示す。色分けも有効。

† WBSのどのレベルでも測定可能な成果物を明記する。プロジェクトにも成果物があり（例えば、「顧客が要求する文書」）、各ワーク・パッケージにも成果物がある（例えば、「ピナクル社内の現行プロセスの課題リスト」）。

† プロジェクトの方向が変わることもあるので、WBSは変更可能な書式とする。コンピュータを使うのが望ましいが、単純なプロジェクトではホワイトボードに付箋を貼り出せば十分である。

時は金なり

大規模プロジェクトのWBSは、第1版、第2版…など版に基づいてコントロールをする（バージョン・コントロール）。各版には発行の日付けと時刻を明記すること。旧版はファイルに保存し、現場の作業は最新版のみに基づいて行う。改版のたびにデータに日付をつけ、最新版を使う。ただし、旧版も保存し、プロジェクト履歴の監視や、問題の解析および、プロジェクト終了後の教訓の収集に活用する。

◎ WBSを作る5つのステップ

WBSは次の5つのステップで作ります。

1. プロジェクトをワーク・パッケージにまで分解する。順序づけや資源配分、スケジュール作成、監視ができることを目安とする。
2. 各ワーク・パッケージを定義する。詳細さはプロジェクトの期間・複雑さに見合うものとする。

3．すべてのワーク・パッケージを統合して、開始から終了までの流れを作る。
4．ワーク・パッケージの担当者がわかりやすい書式で示す。各ワーク・パッケージには成果物と所要期間がある。
5．すべてのワーク・パッケージを完了すればプロジェクト目標が達成されることを確認する。

　大規模プロジェクトでは、WBS のとりまとめに時間がかかりますが、しっかりした WBS を作成しておけば、作業が開始してからもプロジェクトがやりやすくなります。

●依存関係を見極める

　依存関係とは作業の間の論理的結びつきのことです。ワーク・パッケージを洗い出したら作業の依存関係を見極めます。ここでは一例として、家を建てるケースを考えましょう。

> **ご用心**
>
> WBS には、プロジェクトマネジメントの作業も忘れずに入れること。プロジェクトマネジメントは時間がかかる作業である。「プロジェクト・マネジメント」というサマリー・タスクを個別に設け、報告書の作成や会議の開催、ステークホルダーからの承認の取り付け、などを行うとするのもよい。

†**終了・開始型**（FS：Finish-to-Start）：1つの作業が終了してから、次の作業を開始するもの。「土台の穴を掘る」と「コンクリートを流し込む」では、「土台の穴を掘る」が終了してから「コンクリートを流し込む」。

† **終了・終了型**（FF：Finish-to-Finish）：1つの作業が終了したら、もう1つの作業を終了するもの。「配線を追加する」と「電流を調べる」では、「配線を追加する」が終了するまでは、「電流を調べる」は終了できない。

† **開始・開始型**（SS：Start-to-Start）：1つの作業が開始したら、もう1つの作業が開始するもの。「コンクリートを流し込む」と「コンクリートの高さを整える」では、「コンクリートを流し込む」が開始するまで、「コンクリートの高さを整える」は開始できない。

† **開始・終了型**（SF：Start-to-Finish）：数は多くないが、ときに見られるもの。「屋根を組み上げる」と「トラス部材を搬入する」では、「トラス部材を搬入する」が開始するまで「屋根を組み上げる」は終了できない。

作業の間の依存関係を考えると、主要作業が期限どおりに終了しなければプロジェクトが足を引っぱられることが明らかでしょう。

4種類の依存関係

終了・開始型

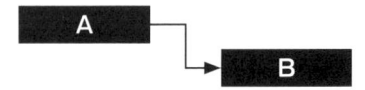

A → B

Bが開始する前に、Aは終了しなければならない。

終了・終了型

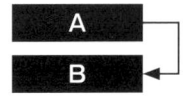

A
B ←

Bが終了するまでには、Aは終了しなければならない。

開始・開始型

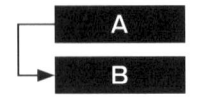

A
↓ B

Bが開始する前に、Aは開始しなければならない。

開始・終了型

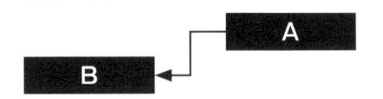

A
B ←

Bが終了する前に、Aは開始しなければならない。

●作業の洗い出しは確実にやろう

　複雑なプロジェクトの WBS の作成には時間がかかります。WBS は、ステークホルダーから取り込んだ要求事項（第 6 章を参照）を具体的な作業に転換する手法とも言えます。作業をリストアップすることで必要な作業がわかり、実施順序を論理的に決めることができます。作業リストは、プロジェクトの規模や目標によって、大小さまざまです。ここで注意したいのは、WBS を作成する際、作業の順序づけや所要期間、予算の見積りは一切やらないということです。こういうことは、もっと後で行います。なお、プロジェクトを 1 人でやる場合以外には、WBS の作成を 1 人でやってはいけません。ワーク・パッケージの洗い出しには、チーム・メンバーの協力を仰ぎましょう。

　WBS があれば中核メンバーの間のコミュニケーションもとりやすくなります。そして、これまでにも強調してきたことですが、重要な作業の見落としは、プロジェクトの収支にもスケジュールにも、大きなマイナスとなります。ですから、WBS の作成にプロジェクト・チームの協力を仰ぐのには意味があります。一般に、メンバーの人選は、知識・経験に基づいて行います。プロジェクト・マネジャーは、作業全体を大づかみに把握し、作業の実施はそれぞれの分野に経験のあるメンバーに任せるのがよいでしょう。WBS はプロジェクト成果物の完成を確かなものにしてくれます。

◎成果物を定義する

　作業を洗い出す感覚を磨くには、経験が必要です。1 つのワーク・パッケージとするか？　複数にばらす方がいいのか？　最初の段階でほどよいレベルに分解しておくと、後のコントロールがやりやすくなり、スムーズに進められます。

　成果物の定義については、『PMBOK® ガイド』5.4.3 を参照してください。

　プロジェクト・マネジャーに大切な原則は、ワーク・パッケージが期限

通りに完了するかどうかを把握することです。期限通りに完了しないのなら、挽回のための充分な時間を確保したいでしょう。また、対策が遅れたら、人員を追加してもスケジュールに間に合わせることができません。

予算や時間を基準にワーク・パッケージを洗い出す方法もあります。半日とか１日を最小とする方法もあります。あまり厳密でないと感じるかもしれませんが、一般的な指針としては有効です。

第３の方法は、ワーク・パッケージに報告の周期を当てはめるものです。例えば、週報を発行するなら、ワーク・パッケージの所要期間が１週間以内とします。こうすれば、ワーク・パッケージが73％完了とか38％完了などということはなくなります。ワーク・パッケージの報告は、「着手済み」（50％終了とみなす）、「未着手」（0％）、「完了」（100％）の３種類とします。着手済みの作業で報告周期で２回以上も未完了のものは、問題があることになります。

WBSの作成には、すべての必要な成果物を考慮する必要があります。その中には、例えば、図面やデザイン、文書、回路図なども含まれます。プロジェクト成果物について、若干のヒントを紹介します。

> † **成果物は明確に記述する**：「テレビのコントロール・システムを設計する」という作業は、5〜10のワーク・パッケージで成り立っているので、「手動リモコンのボタン配列を設計する」という表現の方がわかりやすい。最初の表現では要素が多すぎて、ワーク・パッケージの開始・終了の判断ができず、スケジュールを作成できない（リモコン、受像器、電力制御のすべてを設計するのか？ リモコンだけなのか？）。ただし、「テレビのコントロール・システムを設計する」という作業を１つのマイルストーンとすることはできる。そのマイルストーンには、リモコン制御、電源システム、受像器が含まれる。
>
> † **１つのワーク・パッケージは、他の作業を入り込ませずに、ひとかたまりで実行する**：例えば、浴室改造プロジェクトで、「基礎工事と配管工事」というまとめ方はよくない。基礎工事と配管工事は必

ずしも直結せず、基礎工事のあとに断熱工事などをすることも考えられる。この場合、「基礎工事」と「配管工事」はそれぞれ切り離し、順序や優先順位が混乱しないようにする。

†**ワーク・パッケージは直接関係する要素だけでまとめる**：例えば、洗車をする時、「洗剤をつける」と「車体を磨く」を１つにはできない。両者は直結せず、実施時期も異なるからだ（少なくとも、私の場合は！）。そこで、「洗剤をつけ、車体を磨く」とするのには無理がある。

ご用心

サプライヤー（納入業者）とのやり取りでは、WBSの中に納期を実際の必要日数より長めに織り込んでおこう。サプライヤーによっては、約束は大きめにし、実績は小さめにするという悪しき習慣を持っていることもあるからだ。

◎WBSを洗練する

プロジェクトが進むにつれ、より多くの情報が得られ、学習も進みます。それに基づいてWBSを洗練し、精度と見通しを高めることができます。これを「段階的詳細化」と言います。そのためにも、プロジェクト計画書を更新し、正確なものとしておく必要があります。

プロジェクト用語

「段階的詳細化」とは、プロジェクトの進行とともにより多くの情報を入手し、それにともなって、プロジェクト計画書を継続的に改善すること。

一例として、プロジェクト・チームが作業の依存関係を検討するうち、

あるステークホルダーのことを忘れていたことに気づいたとします。このステークホルダーはプロジェクトに直結するビジネスに影響力を持つ人で、情報やデータを提供してくれますし、それは作業の依存関係の見極めに不可欠なものです。でも、心配はいりません。チームはステークホルダー分析にこのステークホルダーについての必要情報を追加すればよいのです。そうすることで、ステークホルダーをどのように巻き込み、どんなコミュニケーションをとるべきかの認識も深められます。

　作業分解については、以上です。プロジェクト憲章に規定したプロジェクト目標をワーク・パッケージに分解しました。次は、ネットワーク図で作業の順序づけをします。

●理解度チェック

☐ WBS を作る 5 つのステップがわかったか？
☐ WBS の作り方がわかったか？
☐ 作業の依存関係の見極めはスケジュール作成にどう役立つか？
☐ プロジェクト成果物は明確か？

◆これだけは憶えておこう◆

† WBS（作業分解図）は、プロジェクトの作業をマイルストーンごとに階層的にまとめたものである。

† ワーク・パッケージはひとまとまりの単位であり、具体的で測定可能な成果物があり、監視・追跡できるものである。

† プロジェクトはマイルストーンにより論理的で測定可能な単位に分解される。マイルストーンのすべてが完了すれば、プロジェクトは完成する。

† WBS と作業リストができあがれば、スケジュールと資源について

計画することができる。
†プロジェクトを軌道に沿って進めるには、作業の依存関係をしっかり見極め、何かをいつするかを把握する。

パート3　プロジェクト計画フェーズ

第10章

スケジュールを作る

■必要な作業を盛り込んでスケジュールを作る
■経験に基づき、いろいろな観点から見積もる
■スケジュール・マネジメントにガント・チャートを活用する
■見積り技法を活用して、スケジュールの信頼度を確保する

　ここまででお気づきのように、スケジュールにはWBS（ワーク・ブレークダウン・ストラクチャー）やリスク評価、予算が密接にからみ合っています。どれか1つに変更を加えると、他にも影響します。この本では、わかりやすくするために、スケジュールと予算を切り離して取り上げていますが、現実には並行して扱う必要があります。プロジェクトの成否には、スケジュールと予算がクルマの両輪として作用します。

◉スケジュールが先か、予算が先か？

　プロジェクト計画を策定する際、未熟なプロジェクト・マネジャーには、最初に予算を作り、次にスケジュールと考える人がいます。これはお勧めしません。時は金なりというように、スケジュールが先、予算はあとです。

スケジュールがいろいろな形で予算に影響するからです。プロジェクトに必要な時間をまず検討し、次に十分な資金があるかを考えるのです。

　熟練したプロジェクト・マネジャーは、プロジェクト作業に何が必要かを考えるだけで、あたかも中空から数字をひねり出すかのように、必要な時間を予測できます。あなたもこの本で学習し、プロジェクトをいくつかこなせば、そこまで行けるはずです。しかし、そういう経験を積まなくとも、ここからのアドバイスに従えば、合理的なスケジュールを作れます。あわせて、もっと重要なことですが、ここからの数ページでは、上司や顧客からの非現実的な期限を押しつけられるというプレッシャーにどう対処したらよいかも学習します。

　スケジュールを作れば、プロジェクトが実行可能かどうかがわかります。スケジュールを作った結果、プロジェクトが期限内には終了しないと判明したら、経営陣を交えて期限の延長や資源の追加を検討しなければなりません。スケジュールを作った段階で、作業の漏れに気づくこともあります。すべては相互に関連しているのですから、スケジュールに変更を加えたら、WBSや予算もそれに合わせて調整します。

> **時は金なり**
>
> メンバーの中にユニークな知識やスキル、経歴がある人がいるのなら、その人の投入可能性を念頭に、スケジュールを組まなければならない。その人がプロジェクトにベッタリはりつくのではなく、限られた時間だけ参加してくれるのなら、特にそうだ。これはヒト以外の資源——例えば、需要が高い装置——などにも当てはまる。

●スケジュールでプロジェクト全体の同期をとる

　精度が高く、現実的で、実行可能なスケジュールがあれば、プロジェクトは前へ進みます。スケジュールは誰が何をいつするのかを示すものです。

スケジュール作成とは、WBSで洗い出した作業を順序づけし、達成可能な時刻表に変換し、各作業に開始日、終了日、役割分担を決めることです。

スケジュール作成については、『PMBOK® ガイド』6.6 を参照してください。

スケジュール作成は次の手順で進めます。

1. **スケジュール作成の前提条件を明確にする**：プロジェクト計画書を作成する前に目標と要求事項を明確にすることは、既に学習した。同様に、スケジュールを作成する前に前提条件を明確化する。それには次の質問をすれば、進めやすくなる。

   † プロジェクトに投入する資源（ヒト・モノ・カネ）の数量は固定的なものか？ スケジュールに合わせて追加できるか？
   † プロジェクトに絶対的な期限はあるか？ それより遅れたらプロジェクトが無意味になるのか？（例えば、7月のビジネス・ショーにブースを出展するとして、ブースが期日に間に合わなければ、デザインと製作に費やす時間や資金、スペース使用料をドブに捨てるに等しい。）
   † 資源に制約があり、最終製品の品質が危ぶまれるなら、完了期限を交渉できるのか？
   † 要員の稼動は通常の勤務時間のみか、時間外勤務は可能か？ 休暇の扱いに注意し、休日出勤には給与の増額を計上する。
   † すべての要員は必要なスキルを備え、投入可能か？ 要員の追加や新装置の調達は必要か？ 研修や新規採用が必要なら、スケジュールに織り込む。

   システム導入の前提条件の例を挙げてみよう。社内のネットワーク専門家を8月から10月まで投入できる。ソフトウェアのカスタマイ

ズはせず、「箱から出したまま」でインストールする。向こう6カ月間、営業・マーケティング部門に大きな変更はない…などだ。前提条件が明確になっていれば、プロジェクト・マネジャーが認識していなかった外部発の変更から、プロジェクトを守ることができる。さらに、リスクや限界が明らかとなり、計画書にリスクの発生時対策を織り込むこともできる。

> **時は金なり**
> 女性が赤ん坊を出産するのに10カ月の期間かかる。この場合、女性の数を2人にしても、期間の短縮はできない。

　大規模プロジェクトでは前提条件を必ず文書化する必要がある。文書化すれば忘れない。さらに、あなたとプロジェクト・スポンサーや運営委員会の間で前提条件に食い違いがあったとしても、プロジェクト計画書を検討する際に指摘してもらえる。単純なプロジェクトで前提条件を文書化するまでもないなら、チーム・メンバーや外部の人と口頭で合意をしておこう。

2. **手持ち資源や投入可能な資源をもとに、資源の数量、工数、ワーク・パッケージの所要期間（完了に要するカレンダー上の期間）を見積もる**：所要期間の見積りにはヒト・モノの資源の制約があることに注意しよう。資源を増やせば、（多くの場合）所要期間は短縮される。ここで作業の所要期間の見積りは日数単位で行う。

　工数と所要期間が等しいこともある。1人のメンバーが1日に7時間かけて調査する場合、工数も所要期間も1日となる。工数と所要期間が異なることもある。ビルの配線に検査官から承認を得るのに正味4時間の会議で済むとしても、その会議を2週間の間にとびとびに開くとすれば、「承認を得る」というワーク・パッケージの工数は4時間、所要期間は2週間となる。

　スケジュールと予算の精度を高めるには、作業の工数と所要期間を把握することが不可欠である。念のために確認するが、ここでいう作業とは厳密にはワーク・パッケージのことだ。

所要期間は特に重要である。クリティカル・パス上の全作業の所要期間の合計がプロジェクトの期間を決めるからだ（クリティカル・パスについては第11章を参照）。
3. **各作業の開始・終了の期日を割り出し、スケジュール原案を作る**：複雑なプロジェクトでは、さらに、クリティカル・パスとフロートを算出する（第11章を参照）。
4. **メンバーの負荷を必要に応じて調整し、スケジュールを最適化する**：これを「負荷の平準化」という（第11章を参照）。
5. **スケジュール最終案を作る**：ここで挙げたステップは、プロジェクトマネジメント用ソフトウェアで簡単にできる。

プロジェクト用語

「工数」（「作業量」「人工（にんく）」ともいう）とは、ある作業やワーク・パッケージにかかる時間や日数のこと。「所要期間」とは、ある作業やワークパッケージを完了させるにあたり経過するカレンダー上の日数のこと。

●時間を見積もる：工数と所要期間を予測する

上に紹介したスケジュール作成で特に重要なのは、作業の所要期間の見積りです。予測は当て推量にすぎないと言われるかもしれませんが、それなりのやり方があります。所要期間について精度の高い見積りをしなければ、計画やプロジェクトそのものが崩壊してしまうからです。

作業の所要期間の見積り精度を高める4つの方法があります。

　†専門家の客観的意見を聞く（例えば、プロジェクトには参加していないがその分野に詳しい人など）。
　†過去のプロジェクトの類似作業の所要期間の実績値を使う。「類推

見積り」と呼ぶ方法である。
- † 作業と所要期間に何らかの関係があるなら、それを使う。例えば、1時間当たりや1日当たりで何行のコードを作れるかはプログラマーに聞けばよい。「係数見積り」と呼ぶ方法である。
- † よく考えて推測する。プレッシャーがかかる状況では最後の手段であり、単なるあてずっぽうではなく、「よく考える」というのがポイント。推測に頼るぐらいなら、上の3つのどれかを使う方がよい。

●他の情報源

作業の工数・所要期間について信頼できる見積りを得るには、わかっている人に聞いてみる必要があります。ここでは、その相手を考えてみましょう。

時は金なり

見積りのコツには4つある。1) できる限り、実際の情報を活用する。2) 人脈を駆使してSME（当該分野の専門家）から情報をもらう。3) 情報源が楽観的か悲観的かを判断する（この違いは大きい！）。4) 可能なら、類似プロジェクトの実績を活用する。

◎プロジェクト・チームの主要メンバー

プロジェクト・メンバーのうちの経験豊富な人に所要期間を見積もってもらいます（プロジェクト・チームのメンバーの人選については、第13章を参照）。類似プロジェクトの経験があれば、その時の実績値をもとに、いわゆる「履歴情報による見積り」を使えます。メンバーによって見積りに多少の水増しをしたり、自信過剰のため極端に短い見積りをすることがあります。最適なスケジュールを作成するには、最終案に、こうした各人の持ち味を織り込んで所要期間を調整しなければなりません。

所要期間を見積もるには、プロジェクト・チームの全員で会議を開くのもよいでしょう。メンバー間で仲間意識を醸成することになり、チームとしてプロジェクトの全体像を把握できます。大雑把なスケジュールを手早くまとめてみるのもよいでしょう。

◎サプライヤーやサービス会社

サービス会社やコンサルタントからは、見積りを直接入手します。先方の提案を鵜呑みにせず、受けとった見積りについて交渉しましょう。こちらが希望するスケジュールを一方的に押しつけるとうまくいきません。丁重に依頼して、見積りは文書で出してもらい、コストを固定し、スケジュールへのコミットメント（確約）をもらいます（プロジェクトが軌道から外れたり、大きな変更がないことが前提）。価格と時間も、積極的に交渉しましょう。

◎経験者や専門家

類似プロジェクトの経験者にアドバイスを求めコスト見積りを検討してもらいましょう。過去のプロジェクトと共通点が多ければ、精度の高い見積りを期待できます。プロジェクト・マネジャーとしての経験豊富な人が、協力を申し出てくれるかもしれません。社内に専門家がいなくても、外部コンサルタントや他社の知人にアドバイスを求めたり見積りを検証してもらうこともできます。

◎経営陣や他のステークホルダー

経営陣やステークホルダー（例えば、運営委員会のメンバー）からスケジュールの承認を得るには、計画策定にその人たちを巻き込み、手を貸してもらうとよいでしょう（少なくとも、プロジェクト計画書を承認に向けて提出する前には目を通してもらいましょう）。ステークホルダーを巻き込むことで、プロジェクト・マネジャーが時間を有効に使い、提供してもらった資金を賢明に活用しているとわかってもらえます。あらかじめかれらを巻き込み、スケジュールの概要を理解しておいてもらえば、最終案に承

認を取り付ける際にも協力してもらえます。

●リスクを測る

　要員の要件や所要期間の情報を集めたら、プロジェクト全体の所要期間を判断します。所要期間にはリスクがつきものですから、全体のスケジュールには最善のケースと最悪のケースを想定するとよいでしょう。例えば、あるプロジェクトで、新型CRM（顧客関係管理）ソフトウェアの導入後に、会社が要求する各種の報告書をチームがデザインし構築するのに1カ月かかると見積もったとします。しかし、デザイン作成のスキルを持つメンバーが1人しかいなければ、リスクがあります。当人が病気になったら？　自動車事故で入院したら？　こういうリスクについても常に計画しておかなければなりません。

◎最善と最悪のケース――両者の間で妥協点を見つける

　作業の所要期間は、スムーズに進むケースと障害にぶち当たるケースを考え、その間に設定します。両者の間で妥協点を見つけるのがよいでしょう。PERT（Program Evaluation and Review Method）では、次の3点を使います。

- † 楽観値：すべてが問題なく進むと想定する見積り。
- † 現実値：問題がいくつか発生するものとし、楽観値に一定の遅れを加算する見積り。
- † 悲観値：問題が多発し、期限の延長が必要になると想定する見積り。

　所要期間の見積りには、上の3つの見積値を組み合わせ、信頼度を加味してスケジュールを作ります。悲観値や現実値だけを使うこともありますが、楽観値だけを使うのはトラブルを招き寄せることになります。
　大金を投じ、リスクが高い、大規模プロジェクトでは、こうした予測値を計算式に当てはめて、可能性が最も高い所要期間を求めます。どの方法

にするかは、プロジェクトの特質や類似作業の経験、組織文化によります。

時は金なり

PERT（パート）では、所要期間についての見積りに次の式を使う。

見積所要期間＝［OD+4（MLD）+PD］÷6

ただし、OD＝楽観値（Optimistic Duration）
MLD＝現実値（Most Likely Duration）
PD＝悲観値（Pessimistic Duration）

◎見積りの信頼度

　所要期間の信頼度はまちまちです。過去に経験した作業や自分で手掛ける作業の信頼度は高くなり、直接経験がない作業や経験が限られている作業の信頼度は低くなります。

　信頼度は、作業の複雑さ（単純さ）や、先行する（おそらく複雑な）作業の完了に依存する度合いにも左右されます。

　プロジェクト・マネジャーが1人だけで見積もると、他のチーム・メンバーから合意を得にくくなるので注意しましょう。チーム・メンバーが到底支援できないようなスケジュールを作り、それに対して、経営陣の承認を取り付けることにもなりかねません。作業の見積りは必ず主要なチーム・メンバーの参加のもとに行います。

　見積りの信頼度が低い作業が多いなら、スケジュールは最悪のケースに寄せて設定します。信頼度が高い作業が多いなら、最善のケースに寄せて設定すればよいでしょう。各作業の複雑さや依存関係が増すのなら、最悪のケースに寄せて設定します。

　大規模プロジェクトのスケジュールを最初から細かく時間単位とするのは馬鹿げていますし、紙の無駄遣いです。反対に、小規模プロジェクトのスケジュールを最初から大雑把にやりすぎると、チーム・メンバーはスケ

ジュールにはたっぷり余裕があると思ってしまいます。スケジュール作成では、他のプロジェクトとの依存関係も把握しておきましょう。

> **ご用心**
>
> 不確実性を補うためといえ、むやみにスケジュールを水増ししてはいけない。多すぎる水増しは不可能なことをできると約束するのと同様、良い結果に結び付かない。若干の水増しは(「予備期間」と呼び)普通に行われている。将来を予知することは誰にもできないからだ。しかし、水増しはプロジェクトのコストと期間を増加させることになる。経験豊富なプロジェクト・マネジャーの大半は予期せぬ遅れを吸収するため、10～15％程度の予備期間を計画に織り込んでいる。

　リスクの高い作業のスケジュールに安全余裕を織り込む際には、水増しが見え見えにならない程度にしましょう。経営陣に与える印象も大切です。見え見えの水増しをすると、プロジェクトの開始から終了まで、予算を含むすべてに水増しをしていないかと経営陣に嗅ぎまわられることになります。結局、信頼を失うだけでなく、必要な資源や時間をも失うことになります。

　計画段階でスケジュールが長すぎる場合、要員や資源を追加投入する手もあります。しかし、これをすると、予算が増えるだけでなく、「船頭多くして、船山に登る」という事態を招くことにもなります。増員すれば作業が必ず早く終わるわけではありません。増員するとマネジメントや調整に予期しない手間がかかります。増員は効果を確認してからにしましょう。

●詳細に、詳細に

　各作業の所要期間を見積り、そこに自分の判断も加えたら、スケジュール原案をどこまで詳細に作るかを決めます。スケジュールの詳細さはWBSやネットワーク図に一致させます(ネットワーク図は第11章を参照)。例え

ば、小規模プロジェクトのスケジュールの第1案は、日単位か時間単位とすればよいでしょう。しかし、大規模プロジェクトでは、月単位か週単位がせいぜいということになります。プロジェクトの作業が進むにつれ、より詳細なスケジュールを作っていきます（第9章の「段階的詳細化」を思い出してください）。大規模プロジェクトでは、全体の詳細スケジュールを最初からは作らず、フェーズ単位とすることが多いのです。

◎資源投入の可否をカレンダーに書き込む

資源を投入できる日時は限られており、その日時を「カレンダー」と呼びます。要員については、勤務時間や稼動日、休暇、休日を盛り込む必要があります。詳細が大切です。

> **現場の声**
>
> プロジェクトの所要期間の設定では、休日と休暇を忘れてはいけない。プロジェクト・マネジャーが年末に多くの作業が完了することを目論んでいたが、チームの何人かが休日につなげて長めの休暇を取ってしまいアテが外れた、ということもある。また、海外のチームを巻き込むプロジェクトでは、現地の休日を考慮する必要もある。

さらに、時間外勤務の上限も明記します。場合によっては、カレンダーをもとに仕事を割り当て、超過勤務手当てを払わずに済ませることもできるからです。

機械装置を稼動できない期日も明記します。例えば、1台の電子顕微鏡を3つの研究開発プロジェクトで共同で使うなら、いつ使用できるか確認しておく必要があります（他の2つのプロジェクトにも伝えておく必要があります）。各作業のスケジュール作成には、カレンダーを考慮しながら期日を設定します。

複雑なプロジェクトですべての資源のカレンダーを把握するのは、複雑を極めます。しかし、プロジェクトマネジメント用ソフトウェアを使えば、

稼動日、稼動時間、休日・休暇などの非稼動日を盛り込んで、全資源をカレンダーに表示できます。複雑なスケジュール作成もコンピュータがやってくれます。

プロジェクトマネジメント用ソフトウェアで稼働日を設定できるとはいっても、国際プロジェクトでは簡単ではありません。例えば、私が米テキサス州ヒューストンから指揮したプロジェクトは、オーストラリア、英国、中東を巻き込むものでした。中東の稼働日は土曜日から水曜日までで、それ以外の地域では月曜から金曜まででした。このプロジェクトはコンピューター・ソフトを使っても、やはり複雑なものでした。

◎スケジュール原案を作る

スケジュール作成の前提条件（つまり、要員の人数および作業の順序）と所要期間を決めたら、スケジュールにまとめます。依存関係が少ない、単純なプロジェクトでは作業の所要期間を書き出すだけでよいでしょう。複雑なプロジェクトでは、WBSとプロジェクトマネジメント用ソフトウエアを使ってスケジュールを作ります。

ソフトウエアでスケジュールを作るのは、理論上は簡単です。各作業に所要期間を1つひとつ入力し、それを合計すれば、全プロジェクトの所要期間が算出されます。その例として、ガント・チャートを次ページに示しておきます。

しかし、物事は口で言うほど単純ではありません。稼働日や休暇、休日、並行作業などの特殊事情を考慮しなければならないからです。そこで、大規模プロジェクトのスケジュール作成にはプロジェクトマネジメント用ソフトウェアを使う方が簡単なのです。さらに、資源の活用に甚だしいデコボコがある場合には、平準化する必要があります。こういうスケジュールの調整は次の章で学びます。

◎スケジュール表示法の特色

スケジュール表示法はいくつかありますが、大切なのはプロジェクトに最適なものを選ぶことです。主なものを紹介します。

パート3 ▶ プロジェクト計画フェーズ

	作業	所要期間	8月	9月	10月	11月	12月
1	プロジェクトα	297日					
2	顧客の要求事項の収集	36日					
3	面談	7日					
4	調査	8日					
5	書類の検討	2日					
6	選択肢の検討	9日					
7	要求事項の決定	6日					
8	設計と計画	20日					
9	基本情報の向上範囲の決定	10日					
10	カスタマイズの費用便益分析	10日					
11	データ再生の設計	10日					
12	テスト	70日					
13	パイロット部門の選定	10日					
14	パイロットの計画とスケジュール	7日					
15	パイロットの実施	60日					
16	実行	100日					
17	データの移管	5日					
18	データの切替え	30日					
19	組織の受入れ体制	180日					
20	情報の周知	180日					
21	作業手引の作成	14日					
22	研修教材の開発	26日					
23	研修の実施	2日					
24	ヘルプデスクの設置	38日					
25	終結	53日					
26	契約の終結	5日					
27	教訓の申し送り	10日					
28	ゲームでの振り返り	3日					

プロジェクトマネジメント用ソフトウエアで表わしたガント・チャート（例）

† **カレンダー**：小規模プロジェクトを数多く実施する場合には、注釈付きのカレンダーが有効である。プロジェクトごと、作業の担当者ごとに色分けするのもよい。メンバーが見やすい場所に貼り出せば、コミュニケーションの良い媒体となる。この目的に合う大型のカレンダー（繰り返し使用可）は文房具店で入手できる。

† **ガント・チャート**：スケジュールの全体像を可視化して示すにはガント・チャートが最適である。ガント・チャートでネットワーク図の置き換えはできないので、ネットワーク図と併用するのがよい。ガント・チャートには、計画と実績（予実）を対比して表示できるという特長もある。

† **マイルストーン・スケジュール**：マイルストーンはスケジュールの全体像を要約して図示するのにも使う。しかし、詳細情報を盛り込

んではいないので、現場のマネジメントには使えない。経営陣など、詳細は不要だが全体像は知っておきたい、という人への報告用に適している。

プロジェクト用語

「ガント・チャート」は 1800 年代後半に開発された表示法で、開発者ヘンリー・ガントの名前にちなんでこう呼ばれる。表の左側に作業を列挙し、上部に期日をとり、各作業の開始・終了と所要期間を横棒で表す。

●ガント・チャートの特長

ガント・チャートは――「線表(せんぴょう)」「工程表」などとも呼ばれ――作るのも簡単でわかりやすいので、広く使われています。表の上部に左から右に向かって日付を書き、左側には上から下に作業を列挙します。図の中に横線を引いて作業の開始・終了を表します。

月、週、日、時間などの単位は、プロジェクトに合わせて決めます。1年以上かかるプロジェクトでは、月単位か週単位とするのがよいでしょう。30 日以内のプロジェクトでは日単位が適当です。全体を 1 ページに収めると、使いやすいものになります。

ここのガント・チャートで作業の右側に示しているのは、担当者と負荷量です。このガント・チャートでは、ネットワーク図の依存関係（第 11 章を参照）を併せて示しています。例えば、作業 13「パイロット部門の選定」から出た矢印は作業 15「パイロットの実施」につながっており、矢印が依存関係を示しています。パイロットを実施する前に実施部門を選定しなければならないのは言うまでもありません。

作業の依存関係が複雑になると単純なガント・チャートでは示すことができません。その場合にはネットワーク図を併用するか、プロジェクトマ

パート3 ▶ プロジェクト計画フェーズ

ネジメント用ソフトウェアを使うのがよいでしょう。また、複雑なプロジェクトのスケジュールの詳細をメンバーに伝えるのには、ガント・チャートは不向きです。作業リストに担当者と期日を書き込んだものを使います。

時は金なり

プロジェクト・マネジャーは各チーム・メンバーのスケジュールをわかっておく必要がある。各チーム・メンバーも自分のスケジュールをプロジェクト全体のスケジュールと関連づけておく必要がある。

	作業	所要期間	8月	9月	10月	11月	12月
1	**プロジェクトα**	**297日**					
2	顧客の要求事項の収集	36日					
3	面談	7日		ボブ、クリス、ドナ			
4	調査	8日		サマンサ（50%）、トーマス（50%）			
5	書類の検討	2日		クリス			
6	選択肢の検討	9日			ボブ		
7	要求事項の決定	6日			ボブ、ドナ、トーマス		
8	**設計と計画**	**20日**					
9	基本情報の向上範囲の決定	10日				ドナ（50%）、トーマス（50%）	
10	カスタマイズの費用便益分析	10日				ボブ	
11	データ再生の設計	10日				サマンサ	
12	**テスト**	**70日**					
13	パイロット部門の選定	10日				ボブ（50%）、トーマス（50%）	
14	パイロットの計画とスケジュール	7日				ボブ	
15	パイロットの実施	60日					
16	**実行**	**100日**					
17	データの移管	5日				サマンサ	
18	データの切替え	30日					
19	**組織の受入れ体制**	**180日**					
20	情報の周知	180日					
21	作業手引の作成	14日				エイミー	
22	研修教材の開発	26日				エイミー	
23	研修の実施	2日				エイミー	
24	ヘルプデスクの設置	38日				ドナ	
25	**終結**	**53日**					
26	契約の終結	5日					
27	教訓の申し送り	10日					
28	ゲームでの振り返り	3日					

ガント・チャートでは、各作業を時間軸上に示すとともに、依存関係や担当者を表わすことができる。

●スケジュールの留意点

　スケジュール作成には、考えておきたいことがあります。わかりきっていることもありますが、わかっていても無視されていたことも少なくないのです。

　スケジュールを表示法については、『PMBOK® ガイド』6.6.3.2 を参照してください。

◎スケジュールの修正

　スケジュールには（計画書のどこにも当てはまりますが）修正が必要になると仮定しておきましょう。新たな情報が届いたら、作業の所要期間や期日の修正を重ねます。これは、実行可能で承認を得られるというスケジュールができあがるまで続けます。

◎学習には時間がかかる

　ありふれた仕事でも、新たな会社でのやり方を学習したり新たな環境に適応させたりするには、時間がかかります。外部コンサルタントの活用でも、こちらの会社のビジネスのやり方を理解してもらうまでには時間がかかります。スケジュール作成には、種々の研修や能力開発のニーズも考慮しておかなければなりません。研修を WBS やネットワーク図の１つの作業に位置づける必要があるかもしれません。

ご用心

プロジェクト計画書を原案の段階で経営陣に見てもらう場合、「原案」「未完」のスタンプを全ページに朱色で押す。完成前の計画書を実行案だと誤解されるのを防ぐためだ。

◎プレッシャーに抗して

どのプロジェクトも時間が勝負です。そんな中で非現実的な期待や目標にプロジェクト・マネジャーが屈しないために、どうすればよいのでしょうか？　プロジェクトを依頼するのが人間であり、人間には不合理な面があります。ですから、スケジュールを最大限に活用するのがよいでしょう。経営陣はコスト、時間、資源について、次から次へと要求を変えてきます。プロジェクト・マネジャーは、計画書やしっかりしたスケジュールを示し、見積りが現実的なものであり、むやみに水増ししていないということをわかってもらいましょう。

◎チーム・メンバーの見積りミス

チーム・メンバーや専門家がスケジュール作成に精度の高い見積りを出してくれることを期待したいものです。しかし、現実には、根拠のない見積りがそのままプロジェクト計画に組み込まれることもないわけではありません。見積りが現実とかけ離れていると困ったことになります。

こういう事態を未然に防ぐには、チーム・メンバーに、PERT のような見積り手法（楽観値、悲観値、現実値の3点を使う）を活用するよう指示します。プロジェクト・マネジャーは、各人が見積りにどの手法を使っているかを把握し、提出された見積りがそれなりに精度の高いしっかりしたものであることを確認しておく必要があります。

> **現場の声**
>
> PERT（Program Evaluation and Review Technique）は、ポラリス・ミサイルの開発に関わる3,000人以上のメンバーを調整をやりやすくするために、米国海軍のプロジェクト・オフィスで開発された。

念のために確認しますが、所要期間として見積もるのはカレンダー上で

経過する期間です。例えば、「新装置を購入する」という作業を見積もるには、「発注する」「インストールする」「テストする」「サポート・スタッフと話し合う」などの時間を織り込まなければなりません。工数を4日（32時間）と見積もった作業でも、実施時の「空白の」期間を考慮すると、所要期間は12日となるということもあります。チーム・メンバーには工数と所要期間の両方を見積もってもらいます。

◎ジャスト・イン・タイムで資源をスケジュールする

　ジャスト・イン・タイム方式の起源はトヨタですが、今や世界中で行われています。サプライヤーから物品やサービスをジャスト・イン・タイムで納入してもらうには、スケジュールの精度を高め、調整をしっかりやらなければなりません。精度の高いスケジュールがあれば、必要な時に必要なモノだけを注文できます。必要な時に原材料や装置が納入され、ヒトも着任することになります。

　物品の納入（や要員の着任）を厳密に必要な時に行うことにより、原材料の在庫コストや先行手配のコストの削減ができ、不要なモノやヒトを手元に抱えるコストもなくなります。

　ジャスト・イン・タイムでは、コミュニケーションがカギです。当社のプロジェクト向けに人材派遣会社が20人の採用活動を進めているとします。プロジェクトに遅れが生じたら、直ちに連絡して日程を調整してもらわなければなりません。ジャスト・イン・タイム納入の時間枠は、あらかじめ合意しておく必要があります。さもなければ、全スケジュールがバラバラになってしまうからです。

　ジャスト・イン・タイムではサプライヤーとの契約で、こちらが納期を変更でき、在庫を抱えなくてもよいようにしておかなければなりません。ジャスト・イン・タイムは必須の契約条項としなければならないのです。例えば、「文書で指示があるまで納入してはならない。発注後○○日以内、○○時間以内には納入することを保証する」という具合です。ジャスト・イン・タイムが効果を発揮するのは、資材を大量に調達するプロジェクト（例えば、建設プロジェクト）です。

◎スケジュール短縮を依頼されたら？

　プロジェクト・マネジャーは、スケジュール短縮の依頼（実質的な命令）を受けることがあります。それがまったく不可能だとわかっていてもです。命令に屈する前に相手と話し合い、必要なら、スケジュールをつぶさに見直してみます。相手の立場を尊重しながら、各作業の所要期間の見積りとその前提条件を説明します。

　こういうことをする目的は、プロジェクトになぜその期間が必要か相手にわかってもらうことです。無理なスケジュール短縮を強要され、他にどうしようもないなら、あなたの上位者（通常はプロジェクト・スポンサー）に依頼して、相手に一撃を喰らわせてもらう必要もあるかもしれません。

●理解度チェック

☐作業の工数と所有期間の違いがわかったか？
☐私の担当プロジェクトにはどの見積り技法が最適か？
☐私の担当プロジェクトの作業見積りに楽観値、悲観値、現実値を集めたか？
☐ガント・チャートとマイルストーン・チャートをどう活用するか？

◆これだけは憶えておこう◆

　†完璧なスケジュールは存在しないが、できるだけ精度の高い見積りをめざそう。見積り作成に自分の判断は大切だが、それに固執せず、他人の経験も活用する。
　†スケジュール作成では、作業の所要期間を見積り、開始日と終了日をカレンダーに書き出す。休日、特別な日程、不測の事態も考慮する。
　†所要期間の見積りは、最善のケースと最悪のケースの2つのシナリ

オ間で、幅を持たせて考える。見積りの信頼度を加味してスケジュール最終案を作る。そして、最善のケースと最悪のケースの間のどこかに着地させる。
† ガント・チャートはスケジュールの全体像を把握するのに適しており、作業の複雑な依存関係を表すにはネットワーク図が向いている。プロジェクト計画書には両方を併用するとよい。

パート3　プロジェクト計画フェーズ

第11章

クリティカル・パスとスケジュール

この章の内容
■クリティカル・パスを明らかにする
■ネットワーク図を活用して、作業間の依存関係を把握する
■複雑なプロジェクトのスケジュールを調整する
■資源負荷を平準化する
■絶対的期限に合わせる方法

　作業間の相互関係を明らかにする手法として先駆的業績は、E.I.デュポンが開発したクリティカル・パス法（CPM）です。同社は大型化学工場の建設と数件の保守プロジェクトでCPMを試したのです。第10章で作業の所要期間を見積もり、カレンダーに日付をプロットすれば、スケジュールが簡単にできることを学びました。とはいえ、複雑なプロジェクトのスケジュール作成は、たとえプロジェクトマネジメント用ソフトウェアを使っても、やはり複雑です。プロジェクトでは、規模の大小を問わず、しっかりしたスケジュールが不可欠であり、手を抜いてはいけません。スケジュールの複雑な面にしっかり手当てする必要があります。この章ではそこを学習しましょう——スケジュール原案の複雑な面に踏み込んで、重要ポ

イントの見落としがないことを確認します。

この章ではクリティカル・パスとフロートの算出方法を学習しますが、作業数が25〜30を超えるプロジェクトでは、プロジェクトマネジメント用ソフトウェアを使うのがよいでしょう。それにより、スケジュールの変更・更新を簡単に行うことができます。

●クリティカル・パスの見つけ方

作業の所要期間を見積もったら、現実の期日を設定する番です。ですが、複雑な大規模プロジェクトでは、もう1つやらなければならないことがあります。並行して走る複数の経路の中のクリティカル・パスを見つけ、プロジェクトに必要な期間を算出することです。

> **プロジェクト用語**
>
> 「クリティカル・パス」とは、プロジェクトの開始から終了までの作業をつなぐ複数の経路の中で所要期間が最長となる経路のこと。プロジェクト作業の中で自由度が最も少ない作業がつながっている経路と考えたらよい。

クリティカル・パス上の作業のどれかが遅れると、プロジェクト全体も遅れることになります。一方、クリティカル・パス上にない作業には、ある程度の自由度があります。例えば、顧客関係管理（CRM）ソフトの研修資料の印刷が多少遅れたとしても、研修の開始に間に合えば問題ありません。

クリティカル・パス上の作業の所要期間を合計すると、プロジェクトの総所要期間が得られます。クリティカル・パス上の作業は先行作業の終了に続いて間をあけずに実施しなければならないので、どれかが遅れるとそれに後続する作業すべてが遅れ、ひいてはプロジェクト全体が遅れることになります。1つの作業の遅れがプロジェクト全体の遅れを引き起こす。ク

リティカル・パスは文字通り「クリティカル（最重要）」なのです。

クリティカル・パス法の詳細については、『PMBOK® ガイド』6.6.2 を参照してください。

●フロートとは

プロジェクトでは、クリティカル・パス上にない作業もやらなければなりません。家屋の建設が終了しても、上下水道の工事が完了しなければ入居できないのです。しかし、上下水道の工事はプロジェクト期間の後の方で実施しても、後続作業を遅らせることはありません。つまり、その作業の開始・終了には一定の自由度があります。それを「フロート」とか「スラック」と呼びます。

最遅終了—最早開始—所要期間 = フロート

上の式は、ある作業の所要期間が設定されている場合、その作業の開始時期をどこまで遅らせても後続作業の開始時期を遅らせずに済むか、その期間（フロート）を示します。フロートがゼロ（0）であれば、その作業はクリティカル・パス上にあります。フロートの値は作業開始の自由度の大きさを表します。

プロジェクト用語

作業の中には、開始期日を多少遅らせてもプロジェクト全体の遅れにはつながらないものがある。この期間を「フロート」とか「スラック」と言う。

◎もう1つの「クリティカル」

　プロジェクトマネジメントの分野に「クリティカル・チェーン」という用語がありますが、これはクリティカル・パスとは一線を画すものです。クリティカル・チェーンはエリヤフ・ゴールドラットが「制約条件の理論」（TOC：Theory of Constrains）から考え出した手法です。制約条件の理論によると、どのシステムにも必ず1つは制約条件（ボトルネック）があります。そうでなければ、システムは無限のアウトプットを生み出しているはずです。そこで、TOC—プロジェクトマネジメントは、「チェーンの強度は最も弱い輪の強度に等しい」という比喩で説明されます。

　プロジェクトは一種のチェーン（鎖）であり各部門、各作業、各資源はチェーンの1つひとつの輪だと考えると、プロジェクトの目標達成を制約する要因は何でしょう？　それは、最も弱い輪なのです。すなわちチェーンの中のクリティカル（最重要）の輪を見つけ出し、そこに集中することでシステム全体の大幅な向上が可能となるのです。言い換えると、組織の能力を決めるのは最も弱い輪であり、このクリティカルな輪を特別扱いすることで、スループットを速やかに大幅に増加させることができるということになります。

　制約条件の理論をプロジェクトマネジメントに適用する方法を端的に説明しましょう。それは、プロジェクトのチェーンの中のクリティカルな輪を特定し、そこの問題を解決すれば、プロジェクトの計画とコントロールを向上させることができるというものです。クリティカル・チェーン法の基本は、新しいパラダイムによってプロジェクトの相反する課題に折り合いをつけ、プロジェクトのパフォーマンスを持続的に向上しようというものです。最も弱い輪の問題を解決すると、次には別の輪が新たに最も弱い輪として浮上するので、今度はそこの問題解決に集中するわけです。プロジェクトのパフォーマンスが完璧になるということはありえず、最も弱い輪が次々に現われ、そのたびにそこに注力することで、パフォーマンスが持続的に向上することになります。

　クリティカル・チェーンやTOC—プロジェクトマネジメントに関心があ

るなら、ウェブサイト（英語では AGI：アブラハム・ゴールドラット・インスティチュート、www.goldratt.com/、日本語では㈱ロゴ、www.logokk.com/）にアクセスするとよいでしょう。プロジェクトの継続的な改善をめざすのなら、ゴールドラットの手法から多くを学ぶことができます。

クリティカル・チェーンについては、『PMBOK® ガイド』6.6.2.3 を参照してください。

◎クリティカル・パスを見つける

ネットワーク図があれば、クリティカル・パスは簡単に見つけられます。各経路ごとに所要期間を合計すれば、最長の時間を必要とする経路がわかります。そこがクリティカル・パスです。例えば、あるプロジェクトの最長の経路で 138 日かかるとしましょう。そこがクリティカル・パスです。その経路上にある作業を「クリティカルな作業」と呼び、どれかが遅れると、その経路の下流で時間を挽回しない限り、プロジェクト全体が遅れることになります。

クリティカル・パスについては『PMBOK® ガイド』6.6.2 を参照してください。

ご用心

クリティカル・パス上の作業が遅れると、プロジェクト全体が遅れる。だからクリティカル・パス上の作業の所要時間の見積りは、それだけ慎重にやらなければならない。作業のスケジュールや資源の可用性に信頼がおけないなら、納得のいくスケジュールができるまでプロジェクトの開始を遅らせよう。プロジェクト作業が既に進行中なら、遅れている作業に最強のメンバーを投入して監視に注力する。

◎クリティカル・パス：神話か現実か？

クリティカル・パスの基本はシンプルです。クリティカル・パス上の作業のどれかが遅れたらプロジェクト全体が遅れるというものです。

しかし、実態はもっと複雑です。重要度が低い作業がクリティカル・パス上にあるとか、マネジメント以外の理由（後述）で、特定の作業がクリティカル・パス上にあることもあります。多くのプロジェクト・マネジャーは、こうしたことに惑わされないように、優先作業リストを別に作り、最重要の作業を把握しています。クリティカル・パス上の作業リストと優先作業リストを併用して、重要作業に注力するのです。

ここで頭に入れておきたいことがあります。それは、作業の依存関係や所要期間見積り、ネットワークに変更を加えたら、クリティカル・パスを再評価し、スケジュールを見直さなければならないということです。作業順序を変更したがスケジュールはそのままということがあってはいけません。

●ネットワーク図とは何か？

ネットワーク図はプロジェクトの作業をつないだものです。ネットワーク図で作業の順序づけをすると、次の効果があります。

† 作業の順序や関係がわかる。
† 作業の進捗・完了の監視に使う、マイルストーンの間の関係がわかる。
† 作業リストや WBS では別々のところにある作業の間の依存関係を明らかにする。
† スケジュール作成の基礎となる。
† プロジェクト全体をあらかじめ多数の小さなフェーズに分解し、分析と順序づけをすることにより、不確実性を低減する。

ネットワーク図は作業の流れを示すもので、依存関係を左から右に矢印で結びます。

181

パート3　プロジェクト計画フェーズ

> **プロジェクト用語**
>
> 「ネットワーク図」とは、プロジェクトの全作業を論理的につないで図示したもので、各作業を左から右に時系列で描く。

　小規模プロジェクトではWBSを作らずにネットワーク図を作ることもできますが、これには限界もあります。ネットワーク図は作業の順序を示すだけで、WBSのようにプロジェクトの全体像を階層構造で示すわけではないのです。ですから、通常はまずWBSを作りそれからネットワーク図を作ります。

　ネットワーク図には次のルールがあります。

　　†時間は左から右に流れる。
　　†各作業は箱で表わす。
　　†作業の間に前後関係があるなら、先行作業を左に、後続作業を右に置き、左から右に矢印でつなぐ。
　　†作業の間に並行関係があるなら、上下に並べる。

> **時は金なり**
>
> ネットワーク図を見れば、「クラッシング」や「ファスト・トラッキング」ができるかどうかがわかる。「クラッシング」とは、スケジュールを短縮するために要員を追加するやり方であり、予算があることが前提となる。「ファスト・トラッキング」とは、スケジュール短縮のためにネットワークに手を加える（例えば、直列を並列にする）やり方だ。どちらも、ネットワーク図があることで、はじめて検討できる。

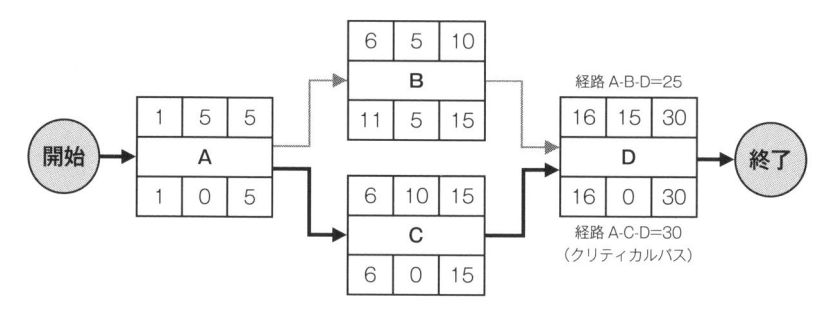

第11章 ▶ クリティカル・パスとスケジュール

ネットワーク図の例：ここでは、作業 A-B-D、作業 A-C-D は、それぞれ「終了―開始」の関係にある。

　プロジェクトマネジメント用ソフトウエアを使えば、ネットワーク図を簡単に作ることができます。

●スケジュールを調整する

　スケジュールができたら、それを見直して、配分した資源が必要な時期に投入できるかどうかを確認します。まず、クリティカル・パス上の（フロートがゼロの）作業について検討し、そこから他の作業へ広げます。特定のメンバーの負荷が多すぎたり少なすぎたりしないように、フロートを考慮して調整します。個々の資源の配分をチームで見直し、決定したら、それを織り込んでスケジュールを調整します。こういう調整にも、プロジェクト計画書の一部として、経営陣の承認を取り付けます。

　クリティカル・パス上にない（非クリティカルの）作業のスケジュール作りには、いくつかのやり方があります。3つほど紹介しましょう。

† 非クリティカルの作業をすべて最早の時期にスケジュールする。この方法では、資源を早期に解放してクリティカル・パス上の作業や他のプロジェクトに振り向けることができる。

† 非クリティカル・パスの作業をすべて最遅の時期にスケジュールする。こうすることで、クリティカル・パス上の作業（およびプロジェクト全体）を遅らせずに、どれだけの作業を遅らせることができるかがわかる。

† 非クリティカルな作業の実施時期を、状況に応じて判断する。まずマイルストーンを守ることを優先し、次に残りのスケジュールを考える。こうすることで、スケジュール上の自由度が生まれ、クリティカル・パス上の作業への資源の投入がやりやすくなる。

時は金なり

WBSで洗い出した作業がネットワーク図にうまく合わないなら、通常、サイズ（粒度）が小さすぎるか、大きすぎてさらに分解する必要があるかの、どちらかである。

資源の配分は、次のルールに基づいて行います。

† プロジェクト・マネジャーはすべての資源の可用性を（できるだけ）具体的に把握しておく。

† 資源の配分は、適材適所で行う。とりわけ、クリティカル・パス上の作業につき。

† ヒト・モノの活用は効率的に行い、できるだけスケジュールに忠実に実施する。

† バランスのとれたスケジュールとなるまで、スケジュール作成をやり直す（3回以上繰り返す場合は、専門家の助力を仰ぐ）。

●負荷を把握し、平準化する

　理想的なスケジュールを作成したとしても、資源に競合があるとか、中心メンバーを酷使することを前提としているとか、他のプロジェクトや優先課題がまったく考慮されていないということがあります。例えば、新インタフェース構築に適任のメンバーが、その時期に別の仕事を抱えていてこちらに投入できないなどです。作業の実施時期をずらせないとしたら、別の人をあてなければなりません。

　スケジュールを作ってみたら、あるメンバーにかかる負荷が多すぎて、予定の期間ではとても終わらないということもあります。一方、メンバーによっては負荷が少なすぎることもあります。メンバーに負荷をかけることを負荷の積み上げ（「リソース・ローディング」「山積み」）と言います。えてして、中心メンバーに相当の負荷がかかるが、他のメンバーにはさほどでもないということになりがちです。

　あるメンバーの負荷が多すぎる場合、軽減するために負荷の少ない別のメンバーに担当を変えます。これを負荷の平準化（「リソース・レベリング」「山崩し」）と言います。負荷の平準化には、メンバーのスキルと可用性を考慮しなければなりません。例えば、クリティカル・パスがプロジェクトの成否のカギになるとの認識から、そこの作業に第1級のメンバーを配置したとしましょう。他のメンバーを配置するというギャンブルはしたくないからです。そして、第1級のメンバーに負荷がかかりすぎているのなら、

時は金なり

作業のフロートを把握するもう1つの目的は、必要に応じて挽回策を講じるためだ。つまり、作業に遅れが生じた時、タイムリーに人を回して挽回するためである。作業のフロートを把握していれば、誰を回せるかがわかる。そして、是正策の効果を上げるには、十分な時間をとらなければならない。

フロートのある（非クリティカルな）経路の作業を担当しているメンバーに一定期間、第1級のメンバーの作業の支援に回ってもらいます。第1級のメンバーには、通常、作業を指揮するスキルや経験がありますし、こうすることで負荷を軽減できます。

●負荷平準化の前に確認すること

資源の平準化をする前に、次の質問をしてみる必要があります。

† **各メンバーや装置の1日あたりの稼働時間はどれだけか？**

1日8時間稼動と考えていいのか？ 8時間稼動するとしても、すべてをプロジェクトに割けるとは限らない。トイレに行く、電話に出る、コーヒーをいれる、メンバーと話をする、社員と話をする…という具合だ。こういう活動を認めなければならない。自分の時間を自主的にコントロールしていて快適に感じている人は、ずっと高い生産性を示す。そこで、1日の実働時間は6.5時間程度と理解しておく必要がある。

† **装置を別のプロジェクトと共同で使用することはないか？**

チームの中に別のプロジェクト共同で使用する資源があるのは望ましいことではないが、資源をコントロールできる範囲は限られることが多く、メンバーは他の優先課題も考慮しなければならない。私の経験でも、あるメンバーがごくわずかの時間しかプロジェクトに割けないということがある（「約束できるのは、1週間で2時間がやっとです」）。すると、プロジェクトの実行段階で別のプロジェクトに大問題が発生し、そのメンバーの姿を2週間見かけないということにもなる（「ゴメン。給与のことをわかるのは彼女だけなんだけど、彼女がいないので給与を振り込めなかった。早くこっちのプロジェクトに戻ってもらおう」）。こういうメンバーには、リスク・マネジメントの発生時対策としてバック・アップ体制を整えておく。

† **予想される時間のロスは織り込んだか？**

天候、休日、休暇、病欠、通院、その他の個人的理由による非稼動の時間を考慮しておく。

†**管理業務の時間は織り込んだか？**
全社会議、出張、日報、週報、チーム会議などにかかる時間である。成果物や見本、書類を検討する時間を含むこともある。

†**専門能力を持つメンバーを有効活用しているか？**
メンバーの役割分担は適材適所で行っているか？ 資源の配置や役割分担をやり直す必要はないか？ 各要員の生産性とスキルを考慮したか？

†**スキルが不十分なメンバーの役割分担には、学習の時間を考慮しているか？**
メンバーが外部の研修に出れば翌日から完璧に使えるものと考えがちであるが、スキルによっては、成果を生み出すまでの一定の期間、逆に生産性が下がるものもある。

†**追加メンバーを調達する時間を考慮したか？**
正社員やパートタイムの増員について承認を取り付けるのに要する期間は、プロジェクトによって異なる。1週間以内で済むこともあれば2カ月かかることもある。私の経験では、平均して4〜6週間を考えておくのが妥当なところである。承認を取り付けてからも、候補者の募集、面接、人物照会、採用条件の提示、決定後の着任などには時間がかかる。実際に着任しても、プロジェクト目標や担当作業を理解し戦力となるまでには時間がかかる。プロジェクトの完了までに9カ月しかないとしたら、新メンバーの着任に6週間を要するのは問題だ。その間にも、プロジェクトは先に進まなければならないのだから。

●負荷を視覚化する

上の質問のすべてに対して調整を終えたら、要員の負荷を平準化します。ここで、有効なのが「要員負荷ヒストグラム」です。要員負荷ヒストグラ

ムでは、ここに示すように、時間を横軸にとり、要員の負荷を縦の棒の高さで表します。大半のプロジェクトマネジメント用ソフトウェアで、要員負荷ヒストグラムを作ることができます。

1週に40時間（8時間×5日）の稼動とすると、このメンバーの負荷は、第1週と第6週には多すぎ、第2週から第5週までは余裕があります。第1週に予定している作業を、第2、第3週に移せば、山と谷を平準化できます。作業の実行時期をフロート内で移せばよいでしょう（クリティカル・パスを思い出してください）。作業の実行時期をフロート部分にまで延長する手もあります。また、作業のある部分を時間に余裕がある他のメンバーに振り向けることもできます。この場合、引き受けるメンバーが適切なスキルを持っている必要があるので、現有スキル一覧表で確認しましょう。

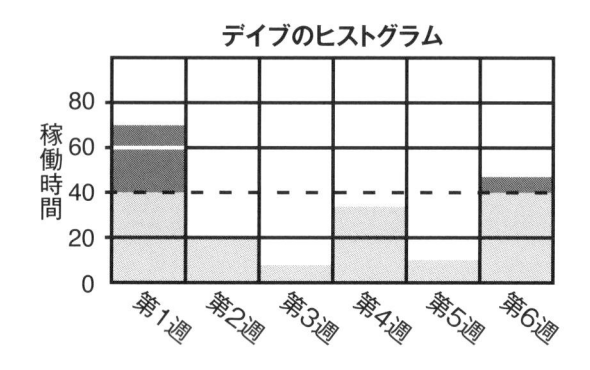

デイブのヒストグラム

●負荷調整の方法

メンバーの負荷が大きすぎる場合には、次のような打ち手があります。

†スコープ（規模）を変える、または、資源を増やす。この場合、ヒ

第 11 章　クリティカル・パスとスケジュール

> **ご用心**
>
> 「スター」的なメンバーにとかく負荷が集中しがちだ。負荷の平準化を考えると、問題点が浮き彫りになり、負荷の調整を考えることもできる。「スター」的なメンバーの負荷の低減を考える際は、まず「この作業にはそれだけの高い知識と経験が必要か」という問いを立てる。おそらく、それをこなせるメンバーが見つかるはずだ。

ト、モノを追加することは予算の増額につながるので、運営委員会の承認が必要となる。

† 作業の実施期間を延長する、または、作業を複数に分解する。それに合わせて資源投入も調整すること。作業間の開始 − 終了型の依存関係について（妥当な場合）リードやラグを設けて組み替え、並行作業ができるようにする。

† 資源を追加投入できる時期に、作業を移動する。この場合、全スケジュールを計算し直し、クリティカル・パスに影響しないように注意する。

† 作業を外注する。この場合、チームの作業は減るが、外注マネジメントという作業が新たに発生する。必要なスキルが外注で調達でき、実際に投入できることが条件となる。

† プロジェクト期限の延長や予算の増額を交渉する。この場合にも、ステークホルダーの承認を得る必要がある。交渉にあたっては、期限や予算を単独で取り上げず、スケジュール、予算、スコープの3つの要素のバランスを視野に交渉する。

† プロジェクトをフェーズで区切り、成果物を分納する。この場合、プロジェクト全体のスケジュールは延長されるが、顧客が受け入れてくれるレベルの製品・サービスを提供することに注力する。

† より生産性の高い（熟練した）資源を投入する。この場合、予算の増額になることもあるが、それは生産性の向上で埋め合わせること

も考える。

●最終スケジュールを配布する

　最終スケジュールができあがり、（プロジェクト計画書の他の要素とともに）承認を取り付けたら、チーム・メンバー全員に配布し、関係者の目に見える場所に貼り出して、プロジェクトの進捗を周知させます。こうすれば、作業の期限を守ろう、もっと早く完了しようという、健全な競争意識をチーム内に醸成することができます。

●理解度チェック

☐ クリティカル・パスの基本原理を説明できるか？
☐ フロートの決め方を理解しているか？
☐ プロジェクトのネットワーク図について理解しているか？
☐ クリティカル・パス上の作業にどんなメンバーを配置すべきかがわかったか？
☐ メンバーの負荷の山と谷を調整する方法がわかったか？

◆これだけは憶えておこう◆

† プロジェクトのスケジュールを守るには、クリティカル・パスの基本原理を理解することが重要である。
† スケジュール作成では、どこにどれだけのフロートがあるかを把握しなければならない。
† プロジェクトの全体像は、ネットワーク図で可視化して示そう。
† プロジェクト作業の担当メンバーのことを考えれば、負荷の平準化は重要である。

†クリティカル・パス上の作業には第1級のメンバーを配置する。フロートがないからだ。

パート3　プロジェクト計画フェーズ

第12章

予算を作る

この章の内容
■4つの古典的誤りと回避する方法
■直接費と間接費
■予算作成の方法
■予算を微調整する
■財布の紐を握る
■貨幣の時間的価値を計算する

「CRM（顧客関係管理）用のウェブのポータルをデザインするのにはどれぐらいかかるでしょう？」
「ポータルのテストの前にどれだけの時間がいるかということなら、6カ月ぐらいだと思います」
「思います、だって？　予算を作るのに見積りが必要なんですよ」
「わかりました。ポータルのテスト開始までには、私の見積りでは、6カ月が必要です」

残念なことですが、プロジェクト・マネジャーが予算を作る際、この種のやりとりが繰り返されるのが現状です。これでは、問題プロジェクトが多発するのも無理ありません。そして、予算作りにはもっとしっかりしたやり方があります。この章ではそれを学びます。

すべての予算は見積りから始まります。ここでも、見積りから始めましょう。

●古典的誤りを回避する

予算は一度できると、神聖で侵すべからざるものになります。強固にでき上がったプロジェクト予算を変えようとするのは、至難の業です。まず、予算の古典的誤りを見ておきましょう。

時は金なり

予算作成の基本プロセスは次の式で表される。
　ヒト＋モノ＋時間＝予算

---

†古典的誤り1

　プロジェクト・マネジャーが廊下で経営陣に呼び止められ、今度のプロジェクトの予算見積りはどれぐらいかを尋ねられる。経営陣の権威によるのか、こちらが無防備なのかはともかく、答えなければと感じ、よく考えもせずに、ある数字を答える。そして、「しまった」と思う。経営陣は会議に向う途中で、そこでは予算としてその数字が語られることになるからだ。思いついた数字を確認せずに口に出すと、プロジェクト・スコープを誤解されることにもなる。こんな落とし穴にはまらないためには、ちょっと困った表情で、答えよう。「いい加減な数字ではかえってご迷惑をおかけします。ちょう

† **古典的誤り 2**

　プロジェクト・マネジャーがまともな WBS を作らず、必要な工数を把握しないまま、予算を決める。ここで問題なのは、プロジェクトの定義が不正確だと、やるべきことについて過度に楽観的になることだ。正しいやり方は、まず WBS をワーク・パッケージまでしっかり作り、それから予算を作成することだ。プロジェクトに必要な時間やヒトを把握しなければ、予算も単なるあてずっぽうにすぎない。

† **古典的誤り 3**

　プロジェクト・マネジャーがリスクについて考えない。つまり、第 8 章で触れたリスク評価をしっかりやっていない。その結果、リスクに対処するための予算（やスケジュール）の自由度がない。

† **古典的誤り 4**

　プロジェクト・マネジャーが要員配置を適材適所で行わない。そのため作業に予定以上の時間がかかり、その結果、プロジェクトの品質は良くないものとなり、予算やスケジュールもオーバーする。

●見積り精度の 3 種類

　プロジェクトの見積り精度には、作成のフェーズに応じて、3 つの種類があります。

† **超概算見積り**（Ballpark Estimate）

　プロジェクトの定義フェーズで作成する見積り。十分な経験があるなら、プロジェクト予算を直観ではじき出せるかもしれない。

† **概算見積り**（Rough Order of Magnitude）

　類似プロジェクトを過去に手がけた経験があれば、プロジェクトの定義フェーズで作成する見積り。「係数見積り（parametric estimates）」とも呼ぶ。

† **詳細見積り**（Detailed Estimates）

上の2種類は定義フェーズで作るのに対し、これは計画フェーズで作る。計画フェーズになればすべての作業の計画が出そろうので、すべてのコスト見積りをまとめて詳細見積りとする。「ボトム・アップ」見積りとも呼ぶ。大規模プロジェクトでは詳細見積りに数カ月を要することもある。

どの見積りを活用するとしても、次の各点は必ず文書化しよう。

† 見積りの根拠
† 前提条件
† 既知の制約条件
† 見積りの信頼度

見積りについては、『PMBOK® ガイド』7.2.3.2 を参照してください。

現場の声

プロジェクトマネジメントの研修で、新人のプロジェクト・マネジャーから見積りの「水増し」について質問を受けることがある。コンティンジェンシー予備については後述するが、水増しには注意を要する。経営陣は、見積りが水増しされていると考えることが少なくない。そこで、予算ができる前にもかかわらず、見積りを削減しようとする。だからこそ、詳細な根拠が必要だ。こちらが提示する見積りがしっかりした根拠に基づいているなら、経営陣もやみくもに削減したりしないはずである。

●予算作成の情報源

いよいよ、詳細な分析に基づき、見積りから予算を組み上げる番です。プ

ロジェクト・チームが行う作業がコストの相当部分を占めることは言うまでもありません。しかし、それ以外のコストも見積もる必要があります。

† **人件費**：社内の人件費に見落としや、算出ミスがあることは少なくない。多くのプロジェクトで、経理やIT（情報技術）、市場調査、マーケティングなどの部門の社員がプロジェクトに投入される。かれらの給与も予算に計上し、予算の実態を把握しなければならない。たとえ、給与であり、いわゆる「埋没コスト」と見られるとしても、無償と考えてはいけない。その場合、1日単位や1カ月単位の単価に福利厚生費を上乗せするのが普通である。

† **社内の装置**：社内の装置のコストも計算に入れる。コンピュータやコピー機、プリンターなど。会社によっては、オフィス・スペースをプロジェクト専用で借り上げていなくとも、考慮に入れなければならないということもある。例えば、プロジェクト・チームがそれまで経理部門で使っていた場所を使うなら、経理部門は別の場所に移ることになるので、そのコストがプロジェクトに振り分けられる。

† **社外の人件費や物品**：社外から調達するヒトやモノのコストも予算に計上する。例えば、類似プロジェクトの経験を持つコンサルタントを活用するのなら、コストを見積りに織り込む必要がある。同じように、チームを補完する外部のコントラクターのコストも見積りに織り込む。

† **物品のコスト**：物品のコストも重要だ。チームが仕事を進める上では、紙と鉛筆、その他、多くの事務用品が必要となる。そういう費用を予算に計上する必要があるかは、判断する。

† **出張費**：チーム・メンバーが出張する必要があるのなら、交通費や宿泊費、食費などを見積りに計上する。

●直接費と間接費

コストの検討をする前に、直接費と間接費の違いを理解する必要があり

ます。プロジェクト予算は、この2つからできています。

　直接費はプロジェクトだけにかかるコストです。一方、間接費はプロジェクトだけに使われるわけではなく、その価値を多くのプロジェクトで共有するコストです。間接費をプロジェクト間で配分する方法について（プロジェクトの経理担当者や経理部門から）情報を収集し、適切な費目で予算に織り込む必要があります。

　直接費の費目には次のようなものがあります。

- **†人件費**：プロジェクトに参加するメンバーのコスト。社員の福利厚生費は直接費とすることも、一般管理費に入れることもある。
- **†原材料費**：プロジェクトに投入する原材料のコスト
- **†装置費**：プロジェクトで使う装置のコスト
- **†出張費**：プロジェクト関連の出張のコスト
- **†法務費**：プロジェクトで発生する法務関連のコスト
- **†教育訓練費**：チーム・メンバーの研修や、導入・実施時のユーザー教育のコスト
- **†マーケティング、広告費**：プロジェクトの紹介、広告、プロモーション、広報のコスト。新商品導入プロジェクトでは多額にのぼることもある。

間接費の費目には次のようなものがあります。

- **†施設費**：チームが使うオフィス・スペースや、イントラネット、コミュニケーション・ネットワークなどの共通の設備。プロジェクト専用で施設を買い上げたり賃借するなら、直接費とする。
- **†地域特有の費用**：ビジネスを展開する地域や国家に特有のコスト
- **†マネジメント費・一般管理費**：直接の報告関係はないが、プロジェクトを間接的に支援してくれるというマネジャーや社員（例えば、人事部門のスタッフ）のコスト

間接費は、会社の経理部門や会社統轄部門、プロジェクトの責任を負う部門などに一定の割合で配分することもあります。間接費を予算に計上し忘れると、開始前から予算オーバーの問題を背負い込むことになるので、注意しましょう。

　見積りに正確を期すには、ここに挙げた以外にも、当たるべき情報源があるかもしれません。プロジェクト・チームやスポンサーと検討し、モレがないか確認しましょう。

ご用心

「金がものを言う時、真実は沈黙を守る」。このロシアのことわざは、サプライヤーがからむプロジェクトの予算コントロールで、特に重要な意味を持つ。どんな金品・供応もサプライヤーから受けてはいけない。これを守ることで、サプライヤーの選定を公平に行うことができ、よけいなもめごとに巻き込まれずにすむ。

●予算を作る

　予算の作成は、作業ごとに順を追って進めます。社内にコピー・センターを設置するといった小規模プロジェクトの予算の作成には、半日もあれば十分かもしれません。新型ソフトウェアの導入のような大規模プロジェクトになると、数字のとりまとめと作業の見落としのチェックに数カ月を要することもあります。

　予算は、本来、プロジェクト・マネジャーがプロジェクトをコントロールするためのものですが、逆に、プロジェクト・マネジャーが予算にコントロールされてしまうことがよくあります。プロジェクトをコントロールするには、現実的な予算が不可欠です。若干保守的に予算を組むのはよいとしても、鉛を金に変えることはできないのです。

　予算作成は、プロジェクト・マネジャーが怖いと感じるプロセスかもしれ

ません。現実に、いくらかかるのか？　プロジェクトの期間中に突然、旅費が２倍に跳ね上がったら？　重要なメンバーが給与の増額を要求してきたら？　見積りにミスがあったら？…など、心配の種は尽きません。

予算の作成は秩序立てて行わなければなりません。さもなければ、まともな数字を得られないのです。各作業の構成要素を十分に理解し、ボトムアップで集計します。もちろん、ミスや過小（過大）な見積り、見当違いもあるかもしれませんが、ここでできるのは、持てる能力を最大限に発揮して、数字をとりまとめることです。その後でも、ビジネス状況が変化したり、プロジェクトが方向転換したり、作業がうまくいかなかったりすることがあるでしょう。つまり、予算の作成はある前提条件に基づいており、前提条件は変わり得るのです。幸運を願いつつも、次の各点を頭に入れておきましょう。

† コストはプロジェクト目標と密接に結びついている。第１章で見たように、すべてのプロジェクトはパフォーマンスの向上をめざすものであり、目標の達成には十分な資金が必要である。
† コストはプロジェクトの期限やスケジュールと密接に結びついており、作業を早く進めようとすれば、資金の追加が必要になる。その意味で、WBSの作業の見積りとスケジュールが極めて重要である。運営委員会がプロジェクトの終了期限を早めたいのなら、追加の資金が必要となることは間違いない。その額は、プロジェクト・マネジャーがベストを尽くして見積もらなければならない。

●専門家の意見を聞く

詳細見積りの作成には、専門家から情報をもらう必要があります。WBSとスケジュールを用意したら、専門家の意見を聞いてみましょう。先方には、こちらに必要な情報をしっかり理解してもらわなければなりません。例えば、システム・テストのコストを見積もるなら、見積りは文書で出してもらい、内容が要求事項と一致していることを確認します。サプライヤー

との間では「応答プロセス」を使って、受け取った見積りが妥当で、信頼できることを確認します。

> **プロジェクト用語**
>
> 専門性が高いプロジェクトや、大規模、複雑というプロジェクトでは、「応答プロセス」を使おう。応答プロセスでは、こちらのスペックに基づいてサプライヤーがサンプルを作る。そのサンプルをこちらの専門家が検討し、相互の理解が明確であることと、重大な部品やシステムにヌケ・モレがないことを確認する。

プロジェクトの見積り作成の手助けになる人たちを挙げておきます。

†他のプロジェクト・マネジャーや専門家

社内にいる類似プロジェクトの経験者は貴重なアドバイスをくれたり、コスト見積りの力になってくれることがある。類似プロジェクトの経験者なら、精度の高い見積りを出してくれるかもしれない。さらに、経験豊富な人がプロジェクト・マネジャーの力になることもある。有能なプロジェクト・マネジャーに精度の高い見積りができるのは、経験が長いからではなく、過去の実績に目を向けるからだ。これは誰にでもできる。過去に類似プロジェクトを手掛けているのなら、終結時のファイルと教訓に目を通し、予算の計画値と実績値を調べてみよう。

†プロジェクト・マネジャーの上司やプロジェクト・ス

> **プロジェクト用語**
>
> キャッシュ・フローが厳しいサプライヤーや、あとから吸い取ればよいと考えるサプライヤーが、競合他社を駆逐して仕事を取るために、赤字を前提とする低価格で入札することがある。これを「仕事を買う」という。

ポンサー

　この人たちは、プロジェクトの収支に不満を持つこともあるが、長年の経験からアドバイスをくれることもある。かれらを早めに巻き込んでおけば、プロジェクト・マネジャーが入念に職務を行い、預けられた資金を正当に使っている様子をつぶさに見てもらえる。それが、最終予算に承認を取り付ける手助けになる。プロジェクト・マネジャーの誠実さや能力に信頼をおいてもらえるだけではなく、プロジェクトの実態と予算の必要額についてしっかり把握してくれているからだ。これをプロジェクト予算の「事前売り込み」と呼ぶ。

† 購売部門

　購売部門は、コスト削減に一役買ってくれることもあれば、役に立たないこともある。プロジェクトの成功に力を借してくれることもあれば、障害として立ちはだかることもある（第14章で詳述）。

† 標準価格指針

　政府関係機関の多くや民間企業の一部では、標準価格を設定し、印刷物にまとめている。中には無料で活用できるものもある。

コスト見積りを集め、情報提供者の名前とともに表にまとめたら、作業ごとにくくります。ここでは、作業を集めた見積りの小計を計算します（この章に紹介したワークシートやプロジェクトマネジメント用ソフトウェアに数字を入力すればよい）。小計が出そろったら、合計してコスト総額を算出します。大半のステークホルダーは予算の提出に、コスト・センター別と月別の2つを要求します。キャッシュ・フローとコスト配分を評価するためです。マイルストーンごとやフェーズごととすることもあります。

グループ意思決定の技法については、『PMBOK® ガイド』7.2.2.10を参照してください。

> **時は金なり**
>
> 表計算ソフトで数字をとりまとめるときは、数字を確定する前に電卓で確認しよう。表計算ソフトに入力した計算式にミスがあることがあるからだ。

●予算を洗練する

　こうして出そろった予算には、微調整を加えます。微調整を繰り返すこともあります。新規見積りを入手したり、既存の見積りを改訂したり、当初は見落としたり無視していた作業が追加されたりするからです。

　見積りを洗練するには、次のステップのすべてを実行する必要があります。

1．第1案
　　思いついた数字をそのまま出すもので、最終数字とはかけ離れていることも少なくない。経験に基づいた数字であっても、推測に変わりはない。第1案が実際の予算となることがあってはならない。第1案が正式見積りとして独り歩きすることがないよう注意しよう。

2．第2案
　　他の人に依頼して、作業に必要な資源の予算を厳密に検討してもらう。資源には、人件費、原材料費、装置費、一般管理費、サプライヤーへの確定的な支払いなどが含まれる。ここではサプライヤーの活用や、複雑な作業の分解をさらに進めるのに合わせ、見積りを何度かやり直すこともある。見積りの検討には、過去の実績を参考にし、関係するステークホルダーを巻き込む。

3．第3案
　　第3案ではプロジェクト・マネジャーとチーム・メンバーが共同で微

調整する。例えば、人件費をプロジェクトに計上するか、埋没コストとするかを確認する。それによって、予算の数字が変わるからだ。ここでも、関係するステークホルダーには検討に加わってもらう。

4．まとめ

予算が実行可能な（つまり、資金負担ができる）ものになったら、プロジェクト計画書に取り込み、運営委員会の承認を取り付けるステップへ進む。

5．承認のためのプレゼンテーション

この時点では、承認者が予算のことをはじめて知って驚く、などということがあってはならない。予算作成のプロセスを通じて、事前売り込みをしているはずだからだ。予算案の全体像を説明し、承認を求める（第15章を参照）。すでに目を通している予算でも、どこかに削減の余地はないかとか、プロジェクトを修正できないか、そもそもプロジェクトには資金に見合う価値がないから取りやめるべきだ、などと言われることもある（とかく、ありがち）。うまくいけば、その場で承認をもらえる。そうならない場合、承認をもらうまで、修正とプレゼンテーションを繰り返す。

●予備資金を準備する

プロジェクトにどれだけのリスクがあるのかよくわからない場合、バッファー（緩衝）として予算額の10~15%の金額を別枠で確保し、一種の保険とすることがあります。この「コンティンジェンシー予備」は、プロジェクトでは普通のことです。すべてのリスクを完全に想定し、計算することなどできません。ですから、予算案をプレゼンテーションする際に、コンティンジェンシー予備は明確に示しましょう。そうすることで、経営陣が——水増しがあることを前提に——勝手に減額しようとするのを防ぎます。

過度な水増しはせず、現実に必要な額を交渉によって確保しましょう。それができない場合、PERTのような技法で、水増しを合理的に計算の中に組み入れる方法もあります。PERT（Project Evaluaiton and Review

Technique）では楽観値、悲観値、現実値の3点の見積りを計算式に入れ、信頼度の高い数字をはじき出します。

同時に肝に銘じておいてください。プロジェクトの必要資金は、最初の段階で確保する方が、見積りが外れたからと、あとから繰り返し追加資金を懇願するよりも、簡単なことが多いのです。

プロジェクト用語

「コンティンジェンシー予備」とは予算オーバーに備えて、資金を多めに追加しておくこと。プロジェクトマネジメントでは標準的に行われていることで、予想外にコストがオーバーした場合に活用する。

●予算消化のコントロール

財布の紐を握っているのは誰でしょう？ プロジェクト・マネジャー、その上司、あるいは両方、などのケースがあるでしょう。しかし、プロジェクト・マネジャーとしては資金を使いやすくしておきたいものです。経営陣と交渉して、決裁権を確保しましょう。そうすれば、必要なモノをタイムリーに購入し、支払いをすることができます。形式的にはプロジェクト・マネジャーが予算に責任を負うことになっているが、予算の消化にはそのつど上層部から複数の承認をもらわなければならないということもあります。この場合、上層部の人が出張中で承認がもらえなければ、プロジェクトの進捗が遅れることにもなります。経営陣が別のプロジェクトで多忙を極め、承認用の書類が机に載ったままということもよくあるのです。

●貨幣の時間的価値

物価が上昇する社会では、貨幣の価値はそれにともなって相対的に下が

ります。今日ある商品を1ドルで一定量買えるとすると、1年後に1ドルで買える量はもっと少なくなります。ですから、プロジェクトに投資する貨幣の時間的価値を把握することには意味があります。プロジェクトの予算の妥当性を判断するには、簡単なものから複雑なものまで、4つの技法があります。予算を承認してもらう時にはこのことを考慮してください。

† キャッシュフロー分析
† 回収期間法
† 正味現在価値（NPV）法
† 内部収益率（IRR）法

2つのプロジェクトを、4つの技法で分析してみましょう。わかりやすくするために、どちらも初期投資額は100ドル、3年間に受け取る現金は、表の通りとします。

	0年目	1年目	2年目	3年目	1～3年累計
プロジェクトA	－$100	$25	$40	$60	$125
プロジェクトB	－$100	$60	$40	$25	$125

◎キャッシュフロー分析

表によると、3年目の期末にはどちらのプロジェクトも同額（125ドル）を受け取ることになります。キャッシュフロー分析ではどちらも同じです。

◎回収期間法

2つのプロジェクトの投資金額がいつ回収されるかを検討すれば、違う面が見えてきます。プロジェクトBはより早く受け取り、初期投資は2年で回収されます。一方、プロジェクトAでは初期投資の回収に2.6年かかります。ここからはプロジェクトBが有利ということになります。

◎正味現在価値(NPV)法

正味現在価値法はプロジェクトが生み出すキャッシュフローの正味現在価値（NPV：Net Present Value）の総和を求めるものです。次の計算式を使います。

$$NPV = \sum_{t=1}^{n} \left[\frac{FV^t}{(1+r)^t} \right] - II$$

ただし、t＝年数
FV＝キャッシュフローの将来価値
r＝割引率＝利率＝企業の資本コスト
II＝初期投資額

いま資本コストが年率7%とすると、それぞれのプロジェクトの正味現在価値は次のように計算されます。

† プロジェクトA

$$NPV = \frac{25}{1+0.07} + \frac{40}{(1+0.07)^2} + \frac{60}{(1+0.07)^3} - 100 ≒ 7 （ドル）$$

† プロジェクトB

$$NPV = \frac{60}{1+0.07} + \frac{40}{(1+0.07)^2} + \frac{25}{(1+0.07)^3} - 100 ≒ 11 （ドル）$$

ここにきて、2つのプロジェクトの収益性には大きな違いが見られます。プロジェクトBの方が収益性が高いのです。このことは、資本に余裕がない会社には、特に大きな意味を持つでしょう。

◎内部収益率(IRR)法

内部収益率(IRR:Internal Rate of Return)とは、投資に対する将来のキャッシュフローの現在価値の累計額と投資額の現在価値の累計額が等しくなる時の割引率(利率)のことです。言い換えると、正味現在価値がゼロ(0)となる割引率のことです。計算には次の式を使います。

$$累積 IRR = \sum_{t=1}^{n} \left[\frac{FV^t}{(1+r)^t} \right] - II = 0$$

ただし、t= 年数
FV= キャッシュフローの将来価値
r= 割引率 = 利率 = 企業の資本コスト
II= 初期投資額

この式から2つのプロジェクトの内部収益率は、次のように計算できます。

† プロジェクト A

$$累積 IRR = \frac{25}{1+r} + \frac{40}{(1+r)^2} + \frac{60}{(1+r)^3} - 100 = 0$$

$r ≒ 10\ (\%)$

† プロジェクト B

$$累積 IRR = \frac{60}{1+r} + \frac{40}{(1+r)^2} + \frac{25}{(1+r)^3} - 100 = 0$$

$r ≒ 14\ (\%)$

こうして内部収益率はプロジェクトAでは10%、プロジェクトBでは

14％であることがわかります。

◎資本コストを使って意思決定する

　プロジェクトBの収益性がより高いのは、投資額がより早く回収されるからです。これは、ここに挙げた単純な例では明らかですが、大規模で複雑なプロジェクトではすぐにわかるわけではありません。

　ここに紹介した技法では、複雑なものになるほど前提条件が大切ですし、現実は異なる展開を見せることもあるでしょう。将来を予測することは容易ではないので、前提条件に変化をつけた複数のシナリオを用意することもあります。一例として、プロジェクトが原油価格に左右されるなら、1バーレル当たり60ドル、80ドル、100ドルと3つのシナリオを用意することが考えられます（10ドルとか200ドルといった価格はまずありえないので、考えなくともよいでしょう）。この3つのシナリオでは検討結果が違ってきます。

　こういう分析でプロジェクト・マネジャーがやっているのは、経営陣のプロジェクト選考を手助けすることです。あなたのプロジェクトが採用されることを期待しましょう。この分析はリスク・マネジメントの一環でもあります。3つのシナリオが「楽観値」「悲観値」「現実値」という幅を示

現場の声

第1章で、プロジェクトの3つの要素――スケジュール、予算、スコープ――のバランスをとることを論じた。だが、経営陣にどの要素が最優先かと尋ねると、「3つ全部！」という答えが返ってくる。私の長年の経験では、そうは言っても通常は、最重要の要素が1つある。そして、最重要の要素が予算であるなら、追加の資金は確保できないと考えた方がよい。予算コントロールをしっかりやっているにもかかわらず、資金が足りないという場合には、スコープの変更を考える必要もある。プロジェクトのスコープを予算内で達成できるものに調整する必要がある。

しているからです。

　小規模プロジェクトでは、簡単な技法を活用すればよいでしょう。しかし、大規模で複雑なプロジェクトでは、責任ある予算を作成するために、正味現在価値法や内部収益率法などの複雑な計算をすることになるでしょう。その場合には、計算を終えたらリスク評価を見直しすることを忘れないでください。

●理解度チェック

☐自分の担当プロジェクトの見積り精度がわかっているか？
☐予算を洗練する手助けをしてくれる人をわかっているか？
☐自分の担当プロジェクトの間接コストとその扱い方を理解しているか？
☐コンティンジェンシー予備を別項目にしたか、それとも、作業の中に織り込んだか？
☐貨幣の時間的価値の算出方法を理解したか？

◆これだけは憶えておこう◆

　†信頼できる予算の作成は、プロジェクト・マネジャーの最も困難な作業である。この章で紹介した古典的誤りに注意しよう。

　†直接費（例えば、人件費や装置費）と間接費（例えば、施設費や地域特有の費用）は必ず予算に計上する。

　†予算の精度を高めるために、WBSとスケジュールができてから予算作成を行う。

　†大規模プロジェクトの予算作成には、正味現在価値法や内部収益率法を活用する。

パート3 ▶ プロジェクト計画フェーズ

第13章

強力なチームを作る

この章の内容
■メンバー選考の大切さ
■チームに必要な人材を判断する
■必要スキルを確保する
■チーム・メンバーをどこで見つけるか
■メンバーを任命する
■メンバーを選べない時

　プロジェクト・チームのメンバーの選考では、各人の知識とスキルと、どんな貢献ができるかを慎重に考える必要があります。プロジェクトのどのフェーズで入ってもらうかも考えます。必要人数は実行フェーズでピークになりますが、計画フェーズでは少なくて済みます。しかし、計画フェーズで入ってもらうメンバーは、プロジェクトのことをしっかり考え、新しい方策を打ち出してくれる人たちです。貴重な技術的知識を備え、計画策定で手助けしてくれる人たちです。

　この章では、プロジェクトに必要なスキルの把握と現有スキルの評価、メンバー・リストの作成方法を説明します。さらに、現有メンバーのスキル

に不足がある場合、それを埋めるための指針を示します。

●最初のステップ

人員計画と組織づくりの最初のステップは、どんな人材が必要か判断することです。メンバーに必要なバックグラウンドを考えるための質問を以下に整理しました。

　†経験は？
　†可用性は？
　†知識・スキルは？
　†プロジェクトに興味を持っているか？
　†チーム内でうまくやっていけるか？

ここに挙げた以外にも質問を思いつくかもしれません。こういう表に基づいてメンバーの人選を始めます。

プロジェクト・チームの編成で重要なポイントの1つが、主要メンバーがビジネスを理解しているということです。きわめて専門性が高いメンバーには、ビジネスの深い知識や経験はえてして期待できません。ビジネス・アナリストが組織の面々と膝を交えてビジネスについて話し合い、質問をし、意見を交わすことが、組織の信頼を確立する唯一の方法です。プロジェクト・チームにビジネス分析に強い人に入ってもらい、「われわれは特殊だ」というありがちな、偏狭な見方に挑戦する必要もあります。

チーム・メンバーの採用は、計画書の承認後に実行フェーズで行います（この本では第16章以降）。しかし、メンバーの人件費や可用性については、計画フェーズで確認しておく必要があります。

●中核チーム

中核チームの人選はプロジェクト・マネジャーが行う最重要の意思決定

かもしれません。プロジェクト・チームの中に強力なチーム・リーダーが何人かいて、そこによくわかっている専門家が（必要に応じて）入ると、プロジェクトの計画策定に弾みがつきます。そしてしっかりした計画はプロジェクトの成功に欠かすことができません。

中核チームは最重要メンバーで構成し、開始から終了までプロジェクトに参画します。実行フェーズでは他のメンバーにも入ってもらいます。中核チームには通常、資金の支払いを承認する権限はありませんが、プロジェクトの計画・実行フェーズの成功に対して全般的な責任を負う人たちです。

中核チームの編成に職階は必ずしも重要ではありません。大規模プロジェクトでは、スキルと経験の方がより重要だということもあります。小規模プロジェクトでは、中核チームがプロジェクト・マネジャーともう1人か2人の有力メンバーだけということもあるでしょう。

> **現場の声**
>
> 私が数年前、一緒に仕事をした有能なプロジェクト・マネジャーは、チーム・メンバーの人選が実に見事であった。作業にぴったりの人材を選んだのだ。彼は各人の技術的スキルだけでなく、ビジネス知識にも目を向けた。さらに、大半のプロジェクト・マネジャーがやらないことをやっていた。チーム・メンバーの席の並びに配慮し、一緒に働くメンバーを近くにして、良い人間関係が醸成しやすいように、仕事が調整しやすいようにしたのだ。

プロジェクトが1つのフェーズから次のフェーズに移行するにつれ、中核チームのメンバー構成は少しずつ変わることがあります。例えば、テスト作業のチーム・リーダーの役割を、計画フェーズでは1人目のメンバーが引き受け、実行フェーズでは別のメンバーに交代するという具合です。しかし、中核チームは、プロジェクトの全期間を通じ、プロジェクト・マネジャーが信頼できる社員と中心的なアドバイザーで固めておきます。

複雑なプロジェクトでは、必要なスキルとメンバーを組み合わせるツールとして次のような「責任分担表」（RAM：Responsibility Assignment

責任分担表（RAM）

フェーズ	アリ	ボブ	キャリー	ダイアン	エド	フリーダ
要求内容	A		P		I	R
デザイン		S		P		A
開発	A	I	P	A	I	
テスト	A	S	A	A	P	A
訓練	P	I				A

P(Primary)＝責任者　A（Assigned）＝担当者　R（Review Required）＝検討者
I（Input Required）＝情報提供者　S（Signature Required）＝承認者

Matrix）を使うとよいでしょう。責任分担表では各作業の責任者や担当者だけでなく、特定の意思決定や課題について誰に相談したらよいのかを示すこともできます。承認者はプロジェクトの重要な部分の決裁権を持つマネジャーです。主要なステークホルダーであり、その人の決裁なしに施設・要員を活用することはできません。次の責任分担表ではボブがこれにあたります。

　責任分担表では、作業の責任者には必要な知識・経験を持つ人をあてます。チーム・リーダーなどの名称とすることも少なくありません。例えば、キャリーはシステム導入の類似プロジェクトの経験者なので、開発の責任者（P）としました。一方、アリはまだ経験が浅いので、担当者（A）として、キャリーのような人から仕事の指示・援助をしてもらわなければなりません。ボブは同社のITのマネジャーであり、プロジェクトの関係案件について相談に乗り、承認をする立場（S）です。

　責任分担表は、チーム・メンバーを新たに採用する際にも活用できます。WBSを作り、作業を洗い出してはじめて、プロジェクトに必要な資源が

わかります。そこまでは、主にプロジェクト・スポンサーと中核チームに手助けしてもらいます。プロジェクト・チームの全員が組織として活動を開始するのは、プロジェクト計画書が承認されて実行フェーズに移るところからです。(プロジェクト組織については、第18章で詳述)。

プロジェクト・チームの人選については、『PMBOK® ガイド』9.1 を参照してください。

●プロジェクト・チーム:作業をするメンバー

実行チームは中核チームと作業をするメンバーから成ります。実行チームは性格やスキル、能力、知識、気質などが異なるメンバーから成り立っているので、プロジェクト・マネジャーの役割は、各人の長所をうまく活用しつつ、弱点を補う形でチーム編成をすることです。

これは口で言うほど簡単ではありません。チームを編成することとチームを1つにまとめること、この2つがプロジェクト・マネジャーの最大の難題なのです。プロジェクト・チームが(原因はともかく)バラバラになり、魂を失ったプロジェクトが悲鳴をあげながらさまよう…これではいけません。この本では多くの紙面を割いて、プロジェクトの作業や予算、スケジュールなどについて論じてきました。しかし、プロジェクト・マネジャーの最重要の仕事はチームをマネジメントすることです。この章で、チーム・メンバーを人選しプロジェクトを成功させる方法を学んでください。

賢者の言葉

「仕事をうまく進める人と進めない人がいるが、われわれの評価はたった1つのことで決まる。それは"成果"だ」——ヴィンス・ロンバルディ(フットボール・コーチ)

●メンバーのスキルとWBSの作業を合わせる

　プロジェクトのメンバーへの作業の割り付けは、2つのステップで行います。まず作業に必要なスキル・経験を洗い出し、その上で適任者を担当に決めます。プロジェクトにどんなスキルが必要か、この質問はWBSから系統的に考えます。各作業について、次の質問をしてみましょう。

- †作業の完了に必要な技術的スキルや組み合わせは、具体的にどんなものか？
- †作業の完了にはどれだけの経験が必要か？　特殊な経験が必要か？　一般的な経験を応用できるか？　それはどんな経験か？
- †そのメンバーには、必要な知識や経験があるか？
- †対人関係スキルは必要ないか？　例えば、口頭・文書でのコミュニケーション・力、折衝力・交渉力、管理能力など。
- †各作業に、こうしたスキルを持つメンバーが何人必要で、組織、地位、機能はどうすればよいのか？

　ここに示すようなワークシートを使い、WBSの欄に必要なスキルと経験を書き出します。この表（「スキル要件表」「スキル・マトリックス」）を使えば、必要なスキルを、個々の作業やマイルストーンに基づいて洗い出

時は金なり

コストがゼロの助っ人を活用しよう。近くに大学があるのなら、プロジェクトマネジメントの講座があるかチェックしてみよう。やる気のある学生がインターンとしてプロジェクトに参加してくれることもある。教授は学生に実プロジェクトを経験させたいと考えているし、学生も同じ希望を持つことが少なくない。未経験者を活用するリスクと学生の評価について教授と相談する必要はあるが、学生に参加してもらうことには意義がある。

すことができます。この書式でスキルを洗い出し、適任者が社内にいるか、外部で探すかを判断します。

スキル要件表（ワークシート）
作成者：H. リーベラム　　作成日：2015年5月1日

WBS	作業	必要なスキル	必要な経験
2.0	ストレージ	データ・マネジメント データ・モデリング	オラクルDB
6.0	課金システム	会計システム開発	財務システム
13.0	インタフェース	開発とテスト ドロップ・ダウン・メニューの ユーザー・インタフェース	小売りの環境

　スキル要件表を作り、どんな人材が必要かを明らかにしたら、次の質問をしてみます。

†チーム・メンバーを自由に選べるとしたら、誰を選ぶか、それはなぜか？（ヒント：回答には、候補者のスキルと性格の両方を考慮する）
†チームが動き出したら、どの程度の監督が必要となるか？　ここでは厳格・率直に検討しなければならない。友人や仲間のスキルを評価する場合は、なおさらである。素晴らしいメンバーだからといっても、すべて独力でできると考えるのは無理がある。また、あるメンバーには他のメンバーよりも多くの指示が必要となることがあり、そこにプロジェクト・マネジャーの時間が割かれることになる。

†メンバーの出身母体は？　候補者が同じ部門内にいる（そしてプロジェクトに時間を割ける）のか、他部門から出してもらうのか、社外のコンサルタントや契約社員を活用するのか？　どこからメンバーを調達するかによって、コスト、可用性、アウトプットの品質は変わってくる。こういうことのすべてが、スケジュールや予算に影響する。

　上の質問に回答することは、プロジェクトに必要な人材と実際に投入できるメンバーを突き合わせることになります。必要な人材が実際にいて本人に能力もやる気もあるということなのか？　だとしたら、そのコストを負担できるか？　すでに手一杯の人材に、こちらのプロジェクトでさらに負荷をかけることにはならないか？　社外の資源——例えば、コンサルタントや専門家、派遣社員——を活用するとしたら、コストはいくらかかるのか？

　こうしてみると、すべてが相互に関連していることがわかります。ですから、計画策定では信頼できる人からアドバイスをもらいつつ、よく考える必要があるのです。どんな打ち手があるかをしっかり理解すれば、それだけ良い判断ができます。その検討にはチーム・メンバーなど、別の人にも参加してもらいましょう。

●どこから人材を調達するか？

　人材の調達が難しいのは、社内の人は日常業務に忙殺されており、社外の人はコストが高くつくからです。選択肢は人材の可用性とコストによって限られるでしょう。しかし、プロジェクトを実施したい、実施する必要があるという組織は、どこかからメンバーを集めなければなりません。人材の調達には4つの方法があります。

　　†自分の部下や部門内の人を活用する。

†社内の他部門の人を活用する。
†コンサルタントやサプライヤー、派遣会社を活用する。
†新人を採用し研修する。

4つの選択肢には長所と短所があります。知らない相手と仕事をすれば、びっくりさせられることも多少はあるでしょう。プロジェクトの進捗状況や予算の消化に目を光らせつつ、各人の持ち味やスキルに合わせてプロジェクトを調整する必要があるかもしれません。

賢者の言葉

「動機づけは内から燃える火だ。外の人があなたの心に火をつけようとしても、その火は長く続かない」──スティーブン・コヴィー『７つの習慣』

◎部下や部門内の人材を活用する

部門内に適材がいて他のプロジェクトに時間を（フルタイムで）割かれていないのなら、その人に来てもらうのが手っ取り早いでしょう。話をもっていきやすく、長所・短所もわかっており、立場によってはその人をコントロールすることもできます。

しかし、ここで注意しなければならないことがあります。社内の人材を活用する場合、当人の役務契約書の中にプロジェクト目標を入れてもらう必要があるということです。考えてもみてください。2つの作業のどちらか1つを選ばなければならないとしたら、誰もが自分の給与を負担してくれる方の作業、つまり通常業務を選びます。当人に、プロジェクト作業も実行するというコミットメント（確約）をしてほしいなら、人事考課でプロジェクト活動も正当に評価し、査定にプラス（あるいはマイナス）の効果をもたせなければなりません。これなしには、毎回、負け戦となってしまいます。

さらに、2種類の組織図を用意する必要もあります。通常業務の組織図とプロジェクトの組織図です。これによって、強力なメッセージを視覚化して発信できます。例えば、ボブはIT（情報技術）という機能部門の組織図では、インフラストラクチャー担当のマネジャーであり、7人の部下がいる。一方、プロジェクトの組織図では、インフラストラクチャー開発のチーム・リーダーで、チームには開発担当からデータベース管理担当まで5人がいる、というわけです。

　プロジェクトに外部の専門家（社内外を問わず）を投入する場合は、時間と資金が必要になります。注目度の高いプロジェクトには、社内政治の問題もあります。他のプロジェクトが遅れているにもかかわらず、こちらのプロジェクトに社内の資源を大量に投入するなら、その重要性を他部門に説明しなければなりません。さらに、社内の他部門に経験豊富な人材がいるにもかかわらず自部門の人だけを活用していれば、身勝手だと思われないともかぎりません。

> **ご用心！**
>
> 人間関係には問題があるが、ユニークな技術的スキルを持つ人に監督やリーダーをやってもらわなければならない場合もある。そんな時は、プロジェクト・マネジャーは（また、チーム・メンバーも）、作業を進めるためには、その人となんとか折り合う方法を学ばなければならない。プロジェクト・マネジャーはこうした局面を冷静にさばく必要もある。

◎他部門の人材を活用する

　自部門の人と一緒に仕事をするぶんには、仲間意識もありコミュニケーションもとりやすいものです。大きな組織では、技術や専門知識を持つ他部門の人にプロジェクトに入ってもらうとか、プロジェクト・マネジャーの下に有能な人を入れて、その人を通じてチームを効果的・効率的に動かすということもあります。例えば、経理部門の専門家に予算管理や注文書

の整理を一手に引き受けてもらうなどです。

　他部門の人を交えてチームを編成する場合、あらかじめ以下の質問をしてみます。

> † 社内の他部門にいる人の参加を承認してもらうには、誰と交渉しなければならないか？　それは政治的に可能か？
> † 外注した場合のコストは？　内部の人を投入する承認を取り付けるより、外注を使う方が手っ取り早いということはないか？
> † メンバーにはどれだけの研修が必要か？　その価値はあるか？
> † メンバーはプロジェクトに自主的に参加するのか、嫌がる人を強制的に出させるのか？
> † 他のマネジャーが部下を参加させようとしている場合、その人に抜けてほしいからということはないか？（これを「問題の輸出」と呼ぶ！）

現場の声

社内の他部門の人を借りるときは、上司が当人に日常業務を優先せよとの条件をつけることが少なくない。その場合、その人がプロジェクト専任でなければ、日常業務が優先される。1週間に2日はプロジェクトの作業をすることになっていても、プロジェクトは二の次、三の次になってしまう。そういう人の仕事には目を光らせるとともに、リスクの緩和策を講じておこう。

　前もってライン・マネジャーと交渉しましょう。ここでは、仮定ですませるのは禁物です。日常の仕事のいろいろな面を考慮しなければなりません。例えば、決算の時期に経理のスタッフに時間を割いてもらうのは難しいでしょう。こういうことは、スケジュールに織り込んでおきます。

第 13 章　強力なチームを作る

◎コンサルタントや派遣会社を活用する

　社外の人材の投入はいつでもできますが、ただしコストが問題です。慎重に検討し、プロジェクトに最適の布陣を敷きましょう。外部の人は必要な時期に限って活用し、役割を終えたら抜けてもらいます。こうすれば、柔軟に対応できます。雇用責任は（請求書の支払い以外は）発生しませんし、（派遣会社に既存のオフィスがあれば）オフィス・スペースも必要ありません。この場合、最大のリスクは、本人が別の所で正社員に採用され、プロジェクトから抜けてしまうことです。こういう場合の対処についても、あらかじめ派遣会社と取り決めておく必要がありますが、同時にリスク登録簿にリスクの緩和策を講じておくことも忘れてはなりません。

　コンサルタントはコストが高くつきます。コンサルタント活用のカギは、きめ細かくスケジュールすることです。高額の時給で派遣してもらう熟練コンサルタントのコストを抑えるには、きめ細かいスケジュールを作り、着任したらすぐにその技能を発揮してもらい、終了したらとっととお引き取りいただくことです。先行作業の遅れで待ち時間を発生させたりしたら、カネ食い虫と化してしまいます。

ご用心！

プロジェクト・チームに人員を追加する際には、「社員数（ヘッドカウント）」という言葉に注意しよう。社員数とは正社員の人数のことだ。新人を採用すれば「社員数が増える」が、外部コンサルタントや派遣社員を活用すれば、コストは増えても社員数は増えない。社員数を増やせば管理費や固定費の増額につながるので、社員数を増やすよりコストを増やす方がやりやすい場合がある。管理費にはオフィス・スペースや家具、備品、福利厚生、さらにはマネジメントの時間も含まれる。プロジェクトに1人の人が必要だがプロジェクト終了後にやってもらう仕事がないのなら、社員数を増やすより外部の人を期間限定で活用する方がやりやすいし、長期的に安上がりである。

　優秀なコンサルタントは売り込み上手です。そうでなければやっていけ

ません。頭に入れておきたいのは、専門家を自称するコンサルタントに実績があるとは限らないことです。サプライヤーを選ぶ際には、十分な実績があるかどうかを確かめましょう。また、いわゆる「おとり商売」にも注意しましょう。経験豊富なプロを差し向けるという触れ込みにもかかわらず、作業の開始日になったら未経験の新人が現れるなどです。そんなことでは、教育に時間を割かれるばかりでなく、うまくやってくれるかどうか常に心配しなければならなくなります。

現場の作業者の採用も慎重にやりましょう。人材派遣会社の営業担当者からの立て板に水の説明とピカピカのカタログに圧倒されても、必要なのはプログラムのコードを書ける仕事熱心な作業者です。コードを書く作業にピカピカのカタログは必要ないのです。

調達部門を通すのもよいでしょう。経験を基に、良い仕事にはインセンティブ、お粗末な仕事にはペナルティを盛り込んだ契約書を書いてもらえるはずです。

◎新人を採用し研修する

長期のプロジェクトや終了期日がずっと先のプロジェクトでは、新人を採用するのが最適ということもあります。例えば、プロジェクト終了後に新システムの保守要員が必要になるとしましょう。それなら、正社員として採用してプロジェクトの成果物や歴史を知ってもらうのには意味があります。この項目の見出しに「研修」とありますが、新人を迎えたら、作業スキルから組織文化に至るすべてについて研修の時間と資金を準備しなければなりません。しかし、新人は新鮮な視点を持ち込んでくれますし、他のメンバーのプレッシャーのある部分を取り除いてくれます。さらに、社内にはないスキルを手っ取り早く手に入れることにもなります。

プロジェクト・チームの育成については、『PMBOK® ガイド』9.3を参照してください。

社外から採用した人の全員がうまく溶け込んでチーム・プレーに徹する、

> **時は金なり**
>
> 外から新人を採用する際は、会社にも採用の指針や職務記述書、給与表、面接、身元照会などの所定の手続きがある。こういう規則には早めに目を通しておこう。人事部門のマネジャーと良い関係を築いておくことも大切だ。新人をすばやく採用しようという時には、人事のマネジャーの世話になることになる。

とは限りません。エンジニア、デザイナー、ライター、あるいは（名称はともかく）プロジェクトの将来を先取りして考える先見力に富む人材が、協調性に欠けるとか、冷淡だと映ることもあるかもしれません。しかし、その専門能力がプロジェクトに不可欠なら、よしとしましょう。人間関係のスキルが皆無でただ気まぐれなだけならごめんですが、強力なビジョンを持つ天才の存在が平凡なプロジェクトを素晴らしいプロジェクトに一変させることもあります。そういう人は監督の役には就けない方がよいでしょう。他のメンバーと関わりが薄い作業を担当してもらう手もあります。そうすれば、他のメンバーと接触する機会を減らすことができます。あるいは、「当該分野の専門家」（SME：Subject Matter Expert）として限られた時期だけ参加してもらい、専門能力を発揮してもらうのもよいでしょう。そうすれば、その人を監督する必要はなくなります。

プロジェクト・チームには調和が大切です。メンバー同士、マネジャーとメンバー、マネジャー同士がうまく折り合うことが不可欠です。

長期のプロジェクトでは、チームのまとまりがいよいよ重要です。5週間のプロジェクトではうまくやれるが、長期のプロジェクトで他のメンバーの神経を逆なですることもあります。人間集団に対立はつきものですが、チームをまとめ、不協和音を抑え、お互いが協力するようベストを尽くします。

●人員の評価と任命

　作業の割り付けの第1ステップであるスキル・経験の洗い出しができたところで、担当者の決定について見てみましょう。

◎プロジェクト・チームのスキルと知識

　作業の担当者を決める前に、私はいつも2つのポイントを考えます。

　　†どのレベルのスキルや知識が必要か？
　　†スキルや知識はどれほど適用をされるか？

スキルや知識のレベルを、私は次の3つに分けています。

　A：スキルや知識を十分に習得しており、他人に教えられるレベル
　B：スキルや知識を効果的に活用し、作業を完了させられるレベル
　C：やっていることについて最小限のことを知っているレベル

これに加えて、スキルや知識を実地で適用できるかについても評価したいものです。これについては、私は3つの段階を設定しています。

　1：スキルや知識を活用する人をマネジメントできる。
　2：プロジェクト・マネージャーやチーム・リーダーの監督はほとんどなしに、独力で作業できる。
　3：プロジェクト・マネージャーやチーム・リーダーの監督の下で作業する必要がある。

これより、チーム・メンバーと作業のマトリックスができます。自社の人についてはわかっているかもしれませんが、社外の人についてはこの書式で、しっかり考える必要があります。
　メンバーと仕事を突き合わせ、大丈夫と判断したら、さらに一歩踏み込

みましょう。メンバーの勤務地はどうでしょう。全員が同じ場所にいるのなら、物事は簡単です。しかし、時には、メンバーが国内のみならず、世界各地に散らばっているということもあるかもしれません（バーチャル・チームのマネジメントについては第19章を参照）。いろいろなステークホルダーのグループから人を出してもらうのなら、政治的な面も考えましょう。自分のところのメンバーを送っているステークホルダーは、プロジェクトの成果物をより進んで受け入れてくれるかもしれません。さらに、ある人を「成長の機会」としてプロジェクトに入れてほしいと頼まれるかもしれません。これを押しつけと感じるかもしれませんが、見方を変えると、別の部分で交渉の札を手に入れたということかもしれません。

ご用心！

スキル保持一覧表とサプライヤー・リストは、プロジェクト開始後も使える。プロジェクトに必要なスキルの保持一覧表には、正確を期し、必要な経験の量に基づいて順序づけし、プロジェクト・メンバーの能力を評価しておこう。主要メンバーが退社したり病気になったりしたら、スキル保持一覧表を基に社内から後任を探す。その際、ネットワーク図もスキル保持一覧表もなければ、人探しに貴重な時間をロスするだけでなく、納期遅れなどの問題を招くことになる。メンバーの交代は、リスク計画書の中に必ず織り込んでおこう。

◎メンバーを人選する

　要員の調達方法と社内の人材について検討したら、作業リストに人名・サプライヤー名を書き入れます。代替要員も記入します。複雑な大型プロジェクトでは代替要員の優先順位も決め、各人の強み・弱みも記入します。すでに見た「責任分担表」（RAM）のようなワークシートを使って、候補者を洗い出し、各人の強み・弱みをまとめるとよいでしょう（リストは機密扱いとします）。

　スキル保持一覧表を使えば、メンバーのスキルとプロジェクト作業が完

壁には合致しないことがわかります。プロジェクトのニーズを完璧に満たす人材などいないのですから、人選にはトレードオフが必要です。計画策定ではスキルを満たすのに最も近い要員を見つけ出し、不足部分を埋め合わせる方法を検討します。2人を組み合わせてスキルを補完できないか？ 他の方法で埋め合わせられないか？ 作業が重要になればなるほど、メンバーのスキルの適合が重要になります。

◎時には妥協も必要

　プロジェクトにベスト・メンバーを投入したいと思うのが当然です。しかし、トレードオフや妥協を重ねたあとでも、他のメンバーで取り替えがきく場合には、全作業にいつもベスト・メンバーを投入するのが得策でないこともあります。

　例えば、新課金システム導入プロジェクトのプロジェクト・マネジャーの下に、新課金システムのデザインができる人が2人いるとしましょう。1人は課金システムについて豊富な経験があるが、社歴は浅く、プロジェクト・マネジャーは一緒に仕事したことがない。もう1人はそれほどの経験はないが、これまでにも一緒に仕事をしており、その人をチームに入れたらどう進むかが予測できる。この場合、プロジェクト・マネジャーは2つの選択肢の間でトレードオフによる判断をしなければなりません。どんな選択にも、リスクとトレードオフがついて回るのです。

　予算の制約のために、妥協が必要になることもあります。課金システムのデザインで、経験豊富だがコストが高くつくメンバーがいるとしましょう。その人をフルタイムで採用する予算がないなら、妥協案として、作業の大半を経験は少なくコストが安いメンバーにやってもらい、コストが高い人には必要な時だけ来てもらう手もあります。

●メンバーを押しつけられたら

　チーム・メンバー全員を思うままに人選できるとは限りません。メンバーの人選やチームの構造を他のマネジャーから押しつけられることもあれば、

手が空いているという理由でスキルを度外視した人選が行われることもあります。理由はともかく、ビジネスではよくあることです。メンバーを押しつけられたリスクは、必ずリスク分析に織り込み、緩和策を講じておきましょう。

時は金なり

人事考課や褒賞システムを手直しして、プロジェクトの成功を各人の評価基準に組み入れよう。チーム・メンバーには定期的に考課票を渡し、自分の仕事ぶりを知らしめる。

●理解度チェック

☐ WBSによる作業の洗い出しからチームに必要な知識やスキルがわかるか？
☐ 中核チームのメンバーを人選したか？　かれらは、計画策定だけでなく、実行でもプロジェクト・マネジャーを手助けしてくれることになる。
☐ プロジェクト・チームのメンバー出身母体はわかっているか？
☐ 作業の担当を決める前に、前述のA、B、C、および、1、2、3を評価したか？
☐ 作業の担当を決めるにあたり、必要なトレード・オフを判断したか？

◆これだけは憶えておこう◆

　†プロジェクトチームに適材を入れることは、プロジェクトの成功に不可欠である。
　†中核チームのメンバーは、プロジェクトの開始から終了までプロジ

ェクトに参画する最重要のメンバーである。
†プロジェクトのニーズとメンバーのスキルを照合し、適材適所の配置をする。
†チーム・メンバーのスキルと経験の組み合わせは、社内外の両方を視野に、正しいものをさぐる。
†リスク計画書には、プロジェクトの期間中に発生する欠員を埋める方策も盛り込む必要がある。
†チーム・メンバーを押しつけられたら、それにともなうリスクを分析し、効果的な対処策をさぐる。

第14章

資源を確保する

この章の内容
■人員以外の必要資源を把握する
■サプライヤーから入札をとる
■購買部門と効果的に働く
■調達の最終ステップ

　作業を洗い出し、ネットワークを作り、チーム・メンバーを選考したら、要員以外の必要資源についてリストにまとめます。スケジュールと予算ができているので、資源の調達を始められます。

●さらに必要な資源

　プロジェクトに必要な資源のうちヒトとカネについては、前の章までで検討しましたが、モノについては次の検討をしなければなりません。

　†装置・機械
　†設備

† 原材料

　こういう資源はプロジェクト・チームが特定する必要があります。すでに現有する資源でプロジェクトに投入可能なものをまず検討しましょう。プロジェクトに投入可能な資源を洗い出す際、よく使われるのが資源在庫表です（装置や設備、各種の物品なども含みます）。
　調達の計画ではいくつかの情報を確認しなければなりません。主なものを挙げましょう。

　　† プロジェクト憲章の中のスコープ記述書
　　† プロジェクト・マネジャーが責任を負う成果物
　　† 社内の調達方針
　　† プロジェクトに投入する装置や各種の物品などの市況
　　† 制約条件
　　† 前提条件

　プロジェクトの資源計画を終了するには、もう1つやることがあります。ヒトや装置・機械の品質と作り出すアウトプットを予測することです。これにより、類似資源の間でのトレードオフを検討できます。時間を最優先するプロジェクトでは、処理速度が速い資源を選べばよいでしょう。反対に、処理速度が遅い資源の方が長期的なコスト削減につながり、その分の処理時間を確保できるのなら、全体としてはそちらが有利となります。あらかじめこういう予測をやらなければ、最善のスケジュールや予算を作ることはできません。

●外部のサプライヤーやコントラクターを活用する

　計画フェーズでは、プロジェクトに活用する可能性があるサプライヤーやコントラクターのリストを作り、コストの見積りと可用性について情報を入手します。相手に話を持っていく前に、社外から調達する必要がある

装置・機械、原材料やサービスを明確に把握しておかなければなりません。この情報は交渉で役に立つので、しっかり文書化したSOW（作業範囲記述書）が不可欠です。

この種の計画については、『PMBOK® ガイド』12.2.2 を参照してください。

サプライヤーの評価では、「内外製分析」により社内で製作するのと外部からの調達ではどちらが有利か検討します。この分析では、まずプロジェクトに必要な仕様を明らかにします。そこには次のポイントを盛り込みます。

- †設計要求事項：製品の物理特性として求められるものを明記する。この場合、リスクは売り手にある。
- †パフォーマンス要求事項：最終製品が備えるべき測定可能な能力を記述する。リスクは買い手にある。
- †性能要求事項：製品が競争力の強化とコストの削減にどう結びつくかを示す（製品が完全には使用に適合しないことが少なくない）。パフォーマンス仕様を結びつけられることが多く、リスクは売り手にある。

分析に間接費を含むのを忘れてはいけません。間接費を含まなければ、内製の方が有利に見えます。また、プロジェクトだけではなく、会社全体の視野で検討しましょう。例えば、顧客関係管理（CRM）の新システムを支援する機能を社内に設置するとします。この場合、担当地区やヘルプ・デスク、その他の技術支援や自社のIT部門の体制を考えたら、外部の専門業者に任せる方が得策だということもあります。実行フェーズを視野に入れると、サプライヤー分析にこういう要素を組み入れておくことも重要です。

間接費の組み入れについては、『PMBOK® ガイド』12.2.2 と 12.3.4 を参照してください。

特別な訓練や経験をしている人に調達についてアドバイスをもらうのもよいでしょう。

> **現場の声**
>
> 専門能力を求める際は、対象を特定の産業に絞らない方がよいかもしれない。例えば、私が大手エネルギー会社のパイプラインの保安プロジェクトでタービン・エンジンの専門家を探した時、目を向けたのは航空業界だった。そこでは、毎日、数多くのタービン・エンジンを稼働させている。プロジェクト・チームに依頼して、航空業界の保安の専門家を見つけ出し、タービン・エンジンの保守のやり方を教えてもらい、その知見をプロジェクトに適用することにした。結果は上々だった。異なる業界の専門家同士はお互いに尊敬し合いながら、知見の交換を進めたのだった。

◎契約形態を決める

契約の形態によってリスクの大きさが変わりますし、サプライヤーはリスクが大きくなれば、それに見合う利益を得ようとします。プロジェクトに最適のものを選ぶ必要があります。契約形態には主に3つあります。

† **定額契約（Fixed price、ランプ・サム契約）**：商品・サービスの総額を固定する契約。売り手のリスクが大きくなるので、買い手が詳細なSOWを提出し明確な条件を示さない限り、サプライヤーがこの契約に同意することは少ない。

　サプライヤーの中には、将来の長期ビジネスを目論んで、最初の段階で競合他社を排除するような赤字覚悟の低価格で入札をするところがあるかもしれない。これを「仕事を買う」という。

† **コスト償還契約（Cost-reimbursable contracts）**：サプライヤーの直接費と間接費の合計に一定額を上乗せし、上乗せ分をサプライヤーの利益とする契約。リスクは買い手に大きく、サプライヤーに

は小さい。目標値を設定して達成度合に応じてインセンティブを支払うとすることもできる。

† **単価契約**（Time-and-materials contracts）：固定契約とコスト償還契約を組み合わせたもので、コンサルタント契約やサービス契約によく使われる。単価契約はプロジェクト終了まで対価の総額が確定しない点でコスト償還契約に類似している。しかし、要員によって単価が変わる（例えば、上級プログラマーの単価は高くなる）という点は固定契約に類似している。

契約形態については『PMBOK® ガイド』12.1.1.9 を参照してください。

◎見積りをとる

どの契約形態を採用するとしても、サプライヤーから見積りをとらなければなりません。見積りは精度が高く、コミットメント（確約）は順守されるにこしたことはありません。この種の仕事は調達部門に任せることになるかもしれません（調達についてはこの章で後述）。さもなければ、自分でやることになります。しっかりした見積りをもらうには次の指針に従います。

† 付き合いの深いしっかりしたサプライヤーに絞り、見積りは文書で提出してもらう。
† 外部から調達するヒト・モノは競合とし、3 社以上から見積りをとる。2 社に絞ったところで、修正を依頼してみよう。2 社は競争相手が 1 社だけとわかれば、ビジネスを獲得するために、さらに魅力的な見積りを出してくることも少なくない。
† 会社によっては入札にネット・オークションを導入している。短期プロジェクトのスピード・アップにはよいかもしれない。

いよいよサプライヤーとのやり取りの真髄に触れましょう。見積りは最終ではありません。交渉は一種の「アート」です。交渉では次のポイント

パート3　プロジェクト計画フェーズ

を考えなければなりません。

- † 作成したWBSに基づき、支払う金額の上限と下限を設定する。
- † 競合入札の評価方法を決める。価格で決めるのか、品質や評判、その他の要素が価格と同じように重要なのか？
- † 1社購売か複数購売かを決める。大型プロジェクトではサプライヤーを1社に絞り、プロジェクトに必要なすべての資源をそこから供給してもらうという選択もあるかもしれない。反対に、小規模ながらも、各専門分野で「最高」と目されるサプライヤーをグループにし、そこから供給してもらうのがよいということもある。この判断はリスク評価に基づくことが多い。
- † 類似プロジェクトの過去の実績を調べる。他社の経験に基づき、サプライヤーが納入する能力があるかどうかを確認する。

　サプライヤーから精度の高い見積りを出してもらうには、良い関係を築かなければなりません。一緒に仕事をする中で、サプライヤーが提供する商品・サービスを研究し、業界の評判についても情報を集めます。プロジェクト計画書が承認される前に、サプライヤーの営業担当者の押しに屈して発注を約束する、などということではいけません——これはなかなか抗しがたいことですが。

　サプライヤーから精度の高い見積りを得るには、次のステップに従うとよいでしょう。

1. 見積りは文書で提出してもらう。大規模プロジェクトでは、正式な「提案依頼書（RFP：Request for Proposal）」を用意し、多くのサプライヤーに関心を持ってもらおう。優良なサプライヤーが精度の高い見積りを出してくれるという効果が期待できるのなら、RFPの広告を出すのもよい。詳細を提示して、書簡やファクシミリ、Eメールなどによる回答を求める。RFPに「競合見積り」の朱色のスタンプを押しておけば、そのことが最初から明らかになる。

> **時は金なり**
>
> ここから先、計画策定を続ける上で、どんな資源を選択するかによって、プロジェクトの品質やスケジュール、予算が影響されることを肝に銘じておこう。計画通りに資源を投入できない場合、プロジェクトの目標、スケジュール、予算なども、それに合わせて変更しなければならない。プロジェクト計画書に承認を取り付ける前に、資源の可用性を確認しておくこと。

2. 調達する装置・機械や原材料・物品の要求内容には、RFPに文書化して十分に説明し、デモなども行う。RFPにどこまで詳細な情報を盛り込むのかの目安として、コンサルティング・サービスの入札依頼の例を紹介しよう。「SOWに記載する要求内容を満足し、当社の技術環境の枠内で稼動する課金技術を調査し、提案してほしい」という具合だ。RFPでサプライヤーに尋ねるのは、次のようなポイントである。

† ニーズについて先方の理解は？
† ライフサイクル・コストはどれだけか？ ライフサイクル・コストとは購入価格と稼動に要するコストを合算したもの。
† サプライヤーの技術力は十分か？ 技術力を示す具体例を提示してもらう。
† プロジェクトを成功させるためのマネジメント方式と、その実践手法は？
† サプライヤーの財務基盤は？

3. 個々の提案書に目を通す前に、プロジェクト・チームで、選考基準を作る。複数の基準で重要度の違いがあるなら、重みづけするのもよい。選考通過に必要な最低基準も考えよう。最初の段階で何社かを足切り

すれば、どのみち選考されないサプライヤーに時間を割かずにすむ。
4. 商品の受け入れ基準とパフォーマンス基準をサプライヤーに理解させる。仕様を満たさない商品・サービスはサプライヤーのコストで返品し、差し換えをしてもらわなければならない。各資源の納期と納入場所を明記する（ありふれた材料が投入できないためプロジェクトが苦境に立つ例は少なくない）。指定期日に指定場所に納品されなければ、契約は無効となる。3週間遅れて届いた商品やサービスに代金を支払う義務はないとしても、プロジェクトは困ったことになる。

    さらに、変更管理の方法も確認し、詳細を契約書に盛り込む。プロジェクトには変更がつきものであり、発注済みの商品・サービスのスコープをこちらが変更する際、処理する明確なプロセスが必要である。これがあれば、ステークホルダーから変更依頼を受けた際、プロジェクト・マネジャーがそのステークホルダーに対して、価格がどう変わる（上がる）かや、スケジュールにどう影響する（遅れる）かを説明するのにも役立つ。

5. コンサルタントやサービス提供者からの見積りには、サービスに関する正式な提案書を出してもらう。正式な提案書を見れば、先方の状況がよくわかる。こちらの依頼に対し先方が契約書の「ヒナ型」（boilerplate）通りの回答をよこしてはいないだろうか？　もしそうなら、先方は要求事項を十分に理解せず、過去の実績を強調するだけで高い評価を得ようとしているのかもしれない。こちらの関心事は、先方がこれからどう役立つかであり、これまで他社に何をしたかではない。

6. コンサルタントやサービス提供者を採用する際は、現在の稼動状況を知らせてもらおう。現行プロジェクトで多忙という回答があったら要注意だ。その多忙な要員をこちらのプロジェクトに連れてこなければならないことにもなる。

7. 信用照会をし、見積りを比較し、最有力のサプライヤーが提出してくれた見積りを今後の計画策定に活用する。

8. 入札者会議を開催し、複数のサプライヤーと一堂に会する機会を設け

よう。入札者会議は、サプライヤーを呼んでプロジェクト・マネジャーやチームの主要メンバーに会ってもらう場である。サプライヤーは入札前に詳細な質問ができる。入札者会議で出た質問をもとにプロジェクト・マネジャーがRFPを改訂し、配布し直すことも少なくない。
9. 入札に応じてくれたすべてのサプライヤーには、丁寧な礼状を送る。さらに、可能なら、発注しなかったサプライヤーにも時間を割いて、理由を説明しよう。

時は金なり

信頼度の高い入札や見積りを得る方法の1つは、サプライヤーに自前のWBSを作ってもらうことだ。担当部分の受け入れ基準と投入資源を明記してもらおう。そうすれば、サプライヤーがWBSの各作業の個々のコストを割り出し、資源を配分してくれる。プロジェクトの残りの部分については同じことをこちらがやることになる。サプライヤーから提出されたWBSを見れば、見積りの精度やこちらの依頼についての理解度を判断できる。

●購買部門との付き合い方

　見積りの入手や発注に調達部門を通さなければならないこともあります。よかった、やることが減ったというわけです。しかし、調達部門が自分たちの仕事は官僚主義をはびこらせることと信じ込んでいたりすれば、プロジェクトの障害となることがあります。

　運が良ければ、調達部門のしっかりした担当者が、状況を理解した上で入札依頼を処理してくれるでしょう。しかし、発注のために調達担当者と社内で（文字通り）戦いを演じ、工数が急に跳ね上がることもあるかもしれません。

　調達部門のサービス・レベルを知るには、実際に試してみることです。そ

こを通して、チーム用の事務机のような簡単なものを注文してみましょう。調達部門の協力の度合いによって、「事務机がなぜ必要か調達部門に説明し、入札をとり、発注の許可を取りつける」という作業をプロジェクトに追加する必要があるかどうか判断できます。

時は金なり

プロジェクトの装置の在庫管理には、データベース・プログラムの活用を考えよう。装置の分類にコード番号を付ければ、検索しやすい。プロジェクトマネジメント用ソフトウェアでも、上級のものでは、プロジェクト・データの一部として装置の在庫を含むことができる。

調達部門とのやりとりに手こずるようなら、打ち手としては、そこの手順を理解しそれに従うことと、担当者と親しくなることです。調達部門を通すことで問題が発生し、手に負えないようなら、そこを通さないという判断もしなければなりません。どんな局面でもなんとか折り合いを付ける…プロジェクト・マネジャーの気概が試されるところです。

例えば、国際的な油田会社の調達部門のプロジェクトで、私はそこの役員と良い関係を構築していました。その人の下で、強力なプロ集団が、サプライヤーとの交渉を通じて、コスト節約に心血を注いでいたのです。その役員の頭痛の種は、プロジェクト・マネジャーが調達チームに十分な交渉時間を与えてくれず、じっくり腰をすえた交渉ができないということでした。毎回、「これこれの装置のサプライヤーを大至急見つけて、2週間で納品してもらいたい」——などと言ってくる始末です。ご想像の通り、装置には上乗せの代金を支払う羽目になりました。こういうプロジェクトでは、予算オーバーが常態化していることでしょう。

●調達の最終ステップ

　プロジェクトの予算作成には、要員・装置・機械・原材料などについて見積りをとれば十分かもしれません。しかし、環境変化に備え、装置・機械と原材料は「コンティンジェンシー予備」（予備費）を織り込むことを忘れないでください。計画に承認を取り付け、作業を開始する段になったら、弁護士か法務部門の専門家に入ってもらい、サプライヤーと締結する役務契約書を作成してもらいます。作業が開始して金銭の支払いが発生する前に、サプライヤーから契約書に署名を取り付けます。こういう手続きは調達プロセスの一部です。そして、調達はプロジェクト・マネジャーの主要な仕事なのです。

　調達については『PMBOK® ガイド』12.3 を参照してください。

●理解度チェック

☐サプライヤーに提出する要求事項は十分に詳細なもので、サプライヤーは何が必要かをしっかり理解しているか？
☐プロジェクトに最適な契約形態はどれか？
☐RFP は多数のサプライヤーに送るべきか、それとも実績があるところだけにするべきか？
☐サプライヤーを適切な基準で評価するプロセスを確立したか？
☐サプライヤーの選考や最終契約で手助けしてもらう人を決めたか？

◆これだけは憶えておこう◆

†プロジェクトのすべての作業を洗い出したら、各作業やマイルストーンについて、要員のスキル、原材料、情報、その他の資源がど

れだけ必要かを把握しなければならない。
† プロジェクト計画書に承認を得る前に、すべての資源についてコスト見積りと可用性を確認する。これをしなければ、合理的なスケジュールや予算を作ることはできない。
† 装置・機械や原材料についてサプライヤーから精度の高い見積りをもらうには、こちらのニーズを明確に伝えるとともに、先方の実力を慎重に検討する必要がある。
† すべての調達業務を自分ですることになる前に、調達部門と良い関係を築き、調達の手順を学習する。
† サプライヤーとの契約書に署名する前に、先方を調査する。

第15章

計画の承認

この章の内容
■プロジェクトマネジメントにおける計画の重要性
■最後のチェックの時間
■計画をひとつにまとめる
■経営陣に計画書を売り込み、承認を取り付ける
■承認の後に起こること

　ここまでに、プロジェクト憲章やWBS、ネットワーク図、スケジュール、チーム要求の記述書、予算などについて見てきました。計画策定で何をすべきかや、どんな資源が必要かもわかりました。さらに、プロジェクトが終了した後は、成果物をどのように定常業務に組み入れるかも決めました。そして、すぐにでもプロジェクトの作業を始めたいと思うかもしれません。でも、まだです。プロジェクトを実行に移す前に、承認を取り付けなければなりません。

　この章では、まず、しっかりした計画書が必要である理由を確認し、計画書に承認を得るための要点を解説します。

パート3 ▶ プロジェクト計画フェーズ

●最初に計画を策定する理由

　計画策定に時間がかかりすぎるとこぼす人がいます。計画に時間をかけるより作業の開始を重視する傾向もあります。計画を策定するのは、他人に言われたからということもあれば、上司に指示されたからとか、顧客に満足してもらうためにということもあります。よく練った計画ならともかく、杜撰（ずさん）な計画は読む人にも、書く人にも、時間のムダです。とはいえ、プロジェクトに限らず、ビジネス現場の大問題は、「構えろ！　狙え！　撃て！」という本来の順序ではなく、「構えろ！　撃て！　狙え！」という誤った順序を放置していることです。これに毒されてはいけません。

賢者の言葉

「心が最も痛む瞬間は、自分が宿題をやらなかったために準備ができていないと認めなければならない時だ」——マーリン・オルソン（アメリカン・フットボール殿堂入りの選手）

　煎じ詰めると、もし真剣に計画を策定するつもりがないなら、わざわざやるまでもありません。とはいえ、まともな計画なしにプロジェクトを進めることは、外科医が缶切りで盲腸を切り取るようなものです。患部を切除できるとしても、その過程で混乱を引き起こすことになります。

　しっかりした計画があれば、多くの問題を未然に防げます。しかし、だからと言って、計画策定にどんなに時間をかけても、プロジェクトが計画通りに寸分違わず進むことはありません。予期しない事柄のために計画から外れることがあります。しかし、外れてばかりいたのでは、終了まで行き着きません。計画がしっかりしていれば、成功確率はそれだけ高くなります。さらに、計画書の更新をしっかりやれば、軌道修正をしながらも、計画通りに進められる確率もそれだけ高くなります。

●承認前の確認

プロジェクト計画書を提出し最終承認を求める前に、プロジェクト・チーム内で最終のクロスチェック（相互確認）をします。WBS、スケジュール、予算、ネットワーク図などを、作成者の立場で1つひとつ検討します。プロジェクトマネジメント用のソフトウェアを使えば、クリティカル・パス上の日程や所要期間に無理があるとか、ネットワーク上のつながりにモレがある、作業データが不足しているなどの問題は見つけやすくなります。しかし、コンピュータを使う場合でも、プロジェクトの流れは注意深く、慎重に確認しなければなりません。正しいものと仮定せず、疑いの目でチェックします。

プロジェクト・チームにも手伝ってもらいましょう。承認を依頼する前に、計画のすべてのステップについて、中核メンバーにレビューしてもらいましょう。最終段階の微調整も例外ではありません。ここでモレに気づくこともあります。チーム・メンバーに不可能なことを強いているのなら、作業を開始する前に指摘してもらえます。

プロジェクト用語

「クロスチェック」では、1人がやるべきことを読み上げ、別の人が検証する。飛行機のドアがしっかり閉じているか、プロジェクト計画が実行可能か…どちらの場合にも、2人の人が別々に計画を検証すれば、間違いの確率ははるかに低くなる。

プロジェクト計画書をクロス・チェックする手順は次の通りです。

1. 作業、所要期間、日程をスケジュールと突き合わせる。
2. 資源をスケジュールと突き合わせる。
3. 作業を WBS と突き合わせる。
4. 予算の数字を検証し、見積りに合っているかを確認する。

5．クリティカル・パス上の作業を検討する。所要期間がもっと長くかかる作業はないか？　各作業の実施時期に合わせて必要な人員を確保したか？
6．マイルストーンは重要な期日を示し、主要作業を要約しているかを検証する。
7．各作業の開始・終了の期日は依然として妥当か確認する。さらに、休日・休暇をスケジュールに盛り込んでいるかも検証する。

　WBSもネットワーク図も作らないというのでは、クロス・チェックはできません。WBSやネットワーク図の重要性については、これまでの章を再読してください。ここまで詳細な計画策定はしたくないというのならば、何らかのサプライズ（不意討ち）を覚悟しなければなりません。プロジェクトマネジメントを成功させるには、計画策定が絶対に必要なのです。

◎問題が見つかったら

　クロス・チェックをすれば、まず間違いなく問題が見つかります。問題の数は、大規模プロジェクトの方が小規模プロジェクトよりも多いでしょう。間違いは修正して計画書に反映させなければなりません。プロジェクト計画にヌケ・モレや変更があり、大幅な修正が必要なら、修正後にもう一度、ゼロからクロス・チェックをします。1つの「修正」が、別の間違いを引き起こすこともないとはいえません。そこで、これまでの記録を見直し、再確認をしなければならないのです。

　見直しをやりやすくするには、プロジェクト専用の壁面や個室を定め、そこに最新データを貼り出す手もあります。そこから、チーム・メンバーに問題点や変更点を指摘してもらいます。チーム会議は時間がかかるので、回数を限定しましょう。ネットワーク化が進んだ現代は、インターネット上に専用サイトを立ち上げ、そこでプロジェクト情報を共有するのもよいでしょう。この場合にも、プロジェクト・マネジャーの役割をツールに肩代わりさせてはなりません。

時は金なり

計画のプレゼンテーションを効率的に行うには、内容の要約を中心に据え、WBS、ワークシート、ネットワーク図等をバックアップ資料としてハードコピーで添付しよう。プレゼンテーションでは要約の説明だけとし、各作業、スケジュール、予算の細かな点は触れずに済ませることが望ましい。詳細の説明が必要となったら、あらかじめ配布したバックアップ資料を使って説明する。

◎他の要因も計画の足を引っ張る

　プロジェクト計画を統合する際、それまで検討していなかった課題が浮かび上がることがあります。そのすべてを計画に取り込む必要はないとしても、無視したりスケジュールに組み込まなかったりすれば、あとからプロジェクトの足を引っ張ることもあります。ここに、見落とされがちな要因を列挙します。

- **†スペースと設備**：チームのオフィスや製造設備、睡眠をとる場所はあるか？　予算に計上したか？
- **†交通手段**：日常の通勤以外の交通手段は必要か？　例えば、出張費や宿泊費は予算に計上したか？
- **†許可**：特定の装置や場所の使用、国境を越える移動などに、文書や口頭による許可が必要か？　こういう作業にも時間がかかる。
- **†免許や許可証**：危険物の使用、土地建物への立ち入り、政府施設への立ち入り、機密の装置や材料の移動などに正式許可が必要か？
- **†保険**：事故や違法行為に備え、チームや関係者に保険を付保したか。現有の保険証券はどこまでカバーするか、カバーしない部分をどうするか？
- **†天候**：プロジェクトは天候に影響を受けるか？　降雨や降雪で、建

物の建設や物品・装置の配達が遅れたり、チームのパフォーマンスに影響が出たりしても、完了期限を守れるのか？ 悪天候がチームに危険を及ぼすとしたら、避難方法などの安全を保つ手を打ったか？

†**プロジェクトマネジメント活動**：プロジェクトマネジメントに必要な作業は、見落とされがちである。しっかり計画に織り込んでおこう。

プロジェクト作業の指揮や監視・コントロールについては、『PMBOK®ガイド』4.3 と 4.4、4.5 を参照してください。

ここに挙げたのは、プロジェクトの足を引っ張るリスクの代表的なものです。プロジェクト計画を承認に向けてレビューする前に、こういう事態に対処するための時間も計画に盛り込んでおきましょう。

●ひとつにまとめる

プロジェクト計画書の中味は相互に関連があります。どれか1つを変更したら、それに合わせて他も変更しなければなりません。例えば、プロジェクト・スコープを変更したら、新たなスコープを成し遂げるために、その影響は実施する作業やスケジュール、予算、そしておそらくチーム・メンバーにまで及びます。プロジェクト計画書は常に更新しておかなければ、最初の計画がどんなに良くても、無用の長物になります。更新されない計画書は未実施事項をまとめた文書にすぎず、将来の指針にはなりません。プロジェクト計画書は、補助文書や組織情報も含む形で、プロジェクトの全体像を示します。大規模プロジェクトの計画書の目次の例を次に示します。

1．プロジェクトの要約（プロジェクトの全体像）
2．プロジェクト目標
3．前提条件とリスク
4．マイルストーン

5．リスク分析
6．プロジェクトの組織
7．プロジェクト予算
8．品質保証基準
9．連絡先と情報入手先（該当する場合）
10．プロジェクトの承認

　計画策定をどこまで詳細にするかの魔法の公式はありません。大勢の要員と数百万ドルの資金を投入するプロジェクトでは、詳細な計画を策定し資源の調整を図るのは当然のことです。

　この本では、紙面の約3分の1をプロジェクト計画策定にあてています。しかし、プロジェクトの計画書（作業計画、資源配分、スケジュール、予算を含む）の策定に必要なのはプロジェクト全期間の20~25％程度が普通です。しかし、計画にかける時間の長さよりも、品質の高さとよく考えることが、プロジェクト・マネジメント・プロセスの価値を決めます。ですから、ここまでに学んだ計画の各部分の課題をしっかり理解することが重要なのです。

　次ページのプロジェクト・チェックリストで、計画書がすべての面で準備できており、承認プロセスに移れるかどうかを確認してください。

◎ピア・レビューをする

　プロジェクト計画書のレビューは適任者に集まってもらい、いろいろな観点から意見を出してもらいます。それぞれが異なる観点で計画書をレビューしてくれるので、リスクや作業の見落とし指摘してもらえるかもしれません。ピア・レビューについては、第23章も参照してください。

　ピア・レビューについては、『PMBOK® ガイド』13.2.2.1を参照してください。

パート3　プロジェクト計画フェーズ

プロジェクト計画フェーズ

- ☐ A．プロジェクト計画書を作成する
  - ☐ 1．スコープ定義を完了する
    - ☐ a．プロジェクト目標
    - ☐ b．プロジェクト要求事項と仕様
  - ☐ 2．WBSを作成する
    - ☐ a．作業とマイルストーンを洗い出す
  - ☐ 3．組織WBSを作成する
    - ☐ a．作業と担当者を結びつける
  - ☐ 4．プロジェクト・スケジュールとコスト見積りを作成する
    - ☐ a．作業間の依存関係を洗い出す
    - ☐ b．作業を順序づけする
    - ☐ c．スケジュールを作る
    - ☐ d．コストを見積もる
    - ☐ e．予算を作る
    - ☐ f．各作業の開始日を決める
    - ☐ g．マイルストーンを設定する
    - ☐ h．スケジュールとコストの測定ベースラインを設定する（評価尺度）
  - ☐ 5．補助のマネジメント計画を作成する
    - ☐ a．リスク・マネジメント計画
    - ☐ b．課題解決計画
    - ☐ c．組織・人員計画
    - ☐ d．調達計画
    - ☐ e．品質保証計画
    - ☐ f．変更管理計画
  - ☐ 6．移管計画を作成する
    - ☐ a．コミュニケーション計画
    - ☐ b．変革のマネジメント計画
  - ☐ 7．プロジェクト計画書を決定機関に送る

> **現場の声**
>
> ピア・レビューでは、技術面からプロジェクトを見てもらおう。例えば、技術的観点から、リスクに見落としがないか、リスク発生時の緩和策は妥当かなどだ。プロジェクト計画に作業のヌケ・モレがないかも検討してもらおう。ある期間プロジェクトの計画策定に心血を注いでいると、そこに入り込みすぎて、全体が見えなくなってしまうことがある。新鮮な目を持つ人なら、そんなことはなく、新たな視野を広げてくれる。

◎主要ステークホルダーにレビューしてもらう

　ここまでに見てきた戦略を活用することは、プロジェクト計画書に承認を取り付けるだけではなく、主要ステークホルダーを巻き込み始めることでもあります。個々にレビューしてもらう時には、プロジェクトとプロジェクト計画の事前売込みをしています。ステークホルダーが抱いている懸念は、（妥当なら）公式のプレゼンテーションの中で取り上げましょう。こういう重要人物の話に耳を傾け、かれらのアドバイスに基づいて行動しているとわかってもらうことが大切です。こういうやり方が、主要ステークホルダーの信頼の基盤となり、今後の展開に大きな意味を持つのです。

　プロジェクト計画書の原案を主要ステークホルダーに見てもらう場合は、公式の会議を何回か開催することになるので、チームは事前準備する必要があります。スポンサーや運営委員会、その他の最終承認者に向けてプロジェクト計画書を準備するなら、相手の立場に立つことが大切です。かれらは何を知りたいのか？　プロジェクトを実行に移す準備をする上で、かれらのニーズや懸念事項にどう対処するか？　プロジェクト計画は、チームの誰に説明してほしいのか？　誰に質問をしたいのか？　こういうポイントを考慮しながら、会議の資料を用意します。

　プロジェクトの作成には、次の点も考えましょう。

> **ご用心！**
>
> プロジェクトの計画策定中に、プロジェクトの重要度が下げられ、いつのまにか無価値に等しくなる…。こんな問題を予防するには、計画策定の間にもプロジェクト・スポンサーや主要ステークホルダーに進捗報告書を配布し、現状を知らせよう。社内の政治的状況の変化も定期的に見ておこう。プロジェクトのビジネス・ケースの妥当性を確認するためだ。

† プロジェクト計画書はどこまで公式なものにする必要があるか？ 例えば、大金を投入する大型プロジェクトでは、プロジェクト計画書は公式なもの——バインダーでとじ、カラー見出しと目次をつけたもの——でなければならない。しかし、プロジェクト計画書はパワーポイントでまとめ、配布資料を何部か用意すれば十分という場合もある。

† 情報の見せ方はどんな形が適切か？ 例えば、図表やグラフ、見本がわかりやすいという人もいれば、文章テキストに若干の図が入っていればよいという人もいる。情報の見せ方は、相手に合わせる。

† プレゼンテーションは、プロジェクト開始後に運営委員会に進捗状況をどのように報告したらよいかを試す場でもある。どんな説明のしかたが相手の気に入り、あるいは気に入らないか、どんな質問をしてくるかに注意しよう。かれらの反応によっては、公式なプレゼンテーションで情報をどう発表すべきかのヒントになる。

† どこまで詳細に説明する必要があるかを判断する。事前の会議では、ステークホルダーがあまり詳細な説明を求めないこともある。それなら、詳細説明は計画書から外し、バックアップ資料として用意しよう。こうしておけば、質問が出たらすぐに回答でき、「その点は持ち帰り、調べてからお答えします」などと言う必要はなくなる。

† レビューの間は、しっかり記録をとり、終了前にステークホルダーと確認する。ステークホルダーのすべての懸念事項にしっかり手当

てしていることが大切だ。

●プロジェクト計画書をプレゼンテーションする

　最終承認に向けてプロジェクト計画書をプレゼンテーションする前に、主要ステークホルダーと事前レビューをしてみます。論旨は明快で組み立てはしっかりしているか？　プレゼンテーションのレベルはプロジェクト・スコープに合っているか？　スポンサーにプレゼンテーションをレビューしてもらったか？　変更の要請はなかった？

　プロジェクト計画書を運営委員会にプレゼンテーションするなら、実行案や期日、予算の根拠を説明する準備をしておかなければなりません。各作業がなぜ必要で、なぜその予算になるかの明確な理由が必要です（仮に検討者から質問が出ないとしても、準備はしておこう）。プロジェクトのリスクや発生時対策についても説明の準備をしておきましょう。こういうポイントの大半は、主要ステークホルダーとの事前レビューで明らかになります。

　プロジェクト計画書のどこをプレゼンテーションするかは、自分で判断します。最初に計画の全体像を説明し、それから詳細の説明に移ります。承認者には資料一式を配布するので、すべてを説明する必要はありません。プレゼンテーションの目的は、プロジェクトの全体像と目標について説明し、質問に答え、プロジェクト計画書の策定者（およびプロジェクト・マネジャー）としての信頼を勝ち取ることです。

　プレゼンテーションでは説明不足も困りますが、細かすぎるのも禁物です。詳細を盛り込みすぎると、細かな点について経営陣から質問や反論を受けやすくなります。どこまで細かい説明にするかは、スポンサーに指示を仰ぐのもよいでしょう。作業をマイルストーンに要約して示し、承認者が全体像を見失わないようにします。会議の時間は短く抑え（例えば1時間）、焦点を絞って進めます。経営陣は1時間以上の会議を嫌がるものです。テキパキと進め、質疑応答と承認の時間を確保します。質問はプレゼンテーションの終了後に受けるとしていても、途中で質問を始めるステー

251

クホルダーがいるかもしれません。落ち着いて対処しましょう。

　プレゼンテーションの結果は、プロジェクトへの承認（署名）を取り付けられるか、修正するように要求されるかのどちらかです。レビュー会議をしっかりやっていれば、修正は不要かもしれません。計画策定をしっかりやったのなら、承認（署名）してくれる人にそのことをはっきり伝えなければなりません。

　レビューの結論として、スポンサーや主要ステークホルダーからプロジェクト計画書に署名してもらいます。プロジェクト計画書は、プロジェクト・マネジャーと運営委員会の間の契約です。しかるべき人たちの署名により拘束力を持つのです。

現場の声

現実に、大規模プロジェクトでは（時には小規模プロジェクトでも）、プロジェクト計画書が最終的に承認されるまでは、修正を繰り返し、複数の版を重ねる。たとえ運営委員会から修正を命じられたとしても、それを失敗と捉えてはいけない。プロジェクト計画書は議論、話し合い、強化、拡大、改訂といったプロセスを繰り返しながら完成と承認に至る。

●計画の承認を取り付ける

　船が航海に乗り出す前の最終ステップは、クロス・チェックを終えた計画書に、資金の提供者から承認をもらうことです。誰が計画を承認するかは、会社、プロジェクト、役割分担などによって異なります。第6章のステークホルダーのところで述べたように、プロジェクトの作業や予算を誰が承認するかは確認しておかなければなりません。複数の部門から承認をもらうこともあれば、プロジェクト・マネジャーが承認すれば十分ということもあるでしょう。いずれにせよ、承認を取り付ける最大の目的は資金（予算）を開放しプロジェクト作業を開始することです。

第 15 章 ▶ 計画の承認

良い知らせです。ついに計画が承認されました。プロジェクト計画書に承認者が署名してくれました。経理部門ではプロジェクトの予算番号と費目コードを割り当ててくれました。作業をスタートする準備が整ったのです。

プロジェクトで使う計画書は最初に承認を得たものだけというわけではありません。プロジェクト期間中は、どの時点でも3つ以上の計画書があるのが普通です。1つ目は承認を得た大本の計画書で、「基準計画書」と言います。2つ目は測定日までのパフォーマンスの現状を反映した計画書で、3つ目はそれに基づいた将来の計画書です。複雑で長期にわたるプロジェクトでは、リスクに対する発生時対策も計画書として必要です。

それぞれ計画書には版の番号をつけ、常に内容を更新しておきます。よくできているコンピュータ・プログラムを使えば、プロジェクトが進むにつれ、同時に複数の版を走らせて複数の段階を比較することもできます。

> **時は金なり**
>
> 計画のプレゼンテーションを効率的に行うには、内容の要約を中心に据え、WBS、ワークシート、ネットワーク図等をバックアップ資料としてハードコピーで添付しよう。プレゼンテーションでは要約の説明だけとし、各作業、スケジュールなど細かな点については触れずに済ませるのが望ましい。詳細の説明が必要となったら、あらかじめ配布したバックアップ資料を使って説明する。

●いよいよ計画を実行に移す

プロジェクト計画書に承認を取り付けたところで、ずいぶんたくさんの仕事をしたはずなのに何も達成していないという気持ちになるかもしれません。プロジェクト計画書を作成することがプロジェクトマネジメントだと勘違いすることもあります。プロジェクトマネジメントには時間がかかるのは確かですが、計画の策定はその一部にすぎないのです。

さらに、プロジェクトマネジメントのスキルを見栄えがするネットワーク図を作ったり、分厚いバインダーに計画書をとりまとめる能力と同一視

253

> **賢者の言葉**
>
> 「プロジェクトは、所要期間が長くなれば長くなるほど、組織内の優先順位の変更や偶発事象にさらされることになり、完成まで漕ぎ着くことはそれだけ難しくなる」——プロジェクト・マネジャーの公理

している人がいるかもしれません。そういう人にわざわざ取り合う必要はありません。

いよいよ実行フェーズが始まります。大半のプロジェクト・マネジャーが、「計画策定は簡単だ。計画を実行に移すのが本当の仕事だ」と言います。パート4では、基準計画に沿って前に進む方法を学習します。でも、ここでは素直に喜びましょう。プロジェクトマネジメントでも特に難しい計画フェーズを終えたのですから。

●理解度チェック

- ☐ プロジェクト計画書にヌケ・モレがないかを確認する、クロス・チェックをしたか？
- ☐ プロジェクト計画書をレビューするステップは明確か？
- ☐ プロジェクト計画書をレビューし、主要ステークホルダーに事前売り込みをしたか？
- ☐ プロジェクト計画書に承認を取り付けるために、あらかじめスポンサーにプレゼンテーションの中身をレビューしてもらい、十分な時間をとって変更したか？
- ☐ 質問に備えて、バックアップの情報を準備したか？
- ☐ プロジェクト計画書に承認を取り付けたら、プロジェクト・チームは始動できるか？

◆これだけは憶えておこう◆

† 計画にはすべての要素を盛り込まなければならない。チーム・メンバーの出張旅費、食費、宿泊費を忘れずに。

† リスクがある作業はよく分析しなければならない。リスクが低いやり方があるのなら、計画にそれを反映させる。

† WBSからネットワーク図に至る一連の計画書類はよく吟味して、整合性があり、スムーズに連動していることを確認する。

† プロジェクト計画書に承認を取り付けるには、経営陣や顧客にプレゼンテーションすることが多い。その際、1回で承認を得られることはあまりない。

† プロジェクトの作業を開始する前に、ステークホルダーにプロジェクト計画書を売り込み、計画全体やスケジュール、予算に対しコミットメント（確約）を取り付けなければならない。

パート4
プロジェクト実行フェーズ

　ここまでで、プロジェクトを立ち上げ、計画書に承認を取り付けました。作業を開始する用意ができました。どのプロジェクトでも開始がとても重要です。実行フェーズの滑り出しが順調なら、プロジェクトの成功確率はそれだけ高くなります。

　実行フェーズですべての作業を実施します。到達点をめざしてプロジェクトの第1歩を踏み出すために、プロジェクト・マネジャーがやらなければならないことがあります。それは、リーダーシップを確立し、最高のパフォーマンスに向けてチームを組織し、実行指針を決め、さらにステークホルダー全員とコミュニケーションを確保するための計画を立てることです。

第16章

正しい軌道を動き出す

この章の内容
- キックオフですること
- 第1回プロジェクト会議を手際よく運ぶ
- チームの一体感と士気を高める
- グローバル・プロジェクトマネジメントの留意点

　この時点で、プロジェクト・マネジャーの手元には承認済みのプロジェクト計画書があります。チームの主要メンバーの大半も人選を終え、かれらを投入する許可も得、予算も計上し、資源も確保しました。開始の用意は整いました。

　大半のプロジェクトでは、この段階で参加メンバーは何らかの疑問を持っています。こういう疑問に答える場が、キックオフ・イベントと第1回プロジェクト会議です。ここが、実行プロセスの最初の1歩です。キックオフ・イベントが、メンバー全員を結びつけ仲間意識を醸成します。プロジェクトのキックオフは、大試合前のロッカー・ルームの集まりのようなものです。チームの活力をみなぎらせ、目標達成の士気を高めます。勝利に向けた布陣を敷くのです。

パート4 ▶ プロジェクト実行フェーズ

　この章では、メンバーの士気を高め全員を同じ方向──プロジェクトの成功──に向けるキックオフのやり方を学習します。第1回プロジェクト会議の戦略的位置づけも学びます。

●常に、まず方針を確認する！

　キックオフ・イベントの前に、プロジェクト・マネジャーは自分のリーダーシップのスタイルとマネジメント戦術を考える必要があります。両者は相互に絡み合っており、プロジェクトの実行上どちらもたいへん重要です。プロジェクト・マネジャーのリーダーシップ・スキルとメンバーに対するマネジメント戦術が、プロジェクトの目標達成のカギなのです。こういう戦略・戦術を最初に試すのが、キックオフ・イベントです。

> **時は金なり**
>
> すべての条件が完璧に整うことはない。どんなに入念に策定した計画にも、変更が必ず起こる。この2点は忘れてはならない（変更については、第22章で詳述）。

　プロジェクトのリーダーシップについては、第17章で詳しく学びます。ここでそのことに触れるのは、キックオフの場でプロジェクト・マネジャーがマネジャーとリーダーの両方の立場を確立する必要があるからです。キックオフでチームから信頼と尊敬を勝ち取ることができれば、指示をスムーズに受け入れてもらえます。キックオフの機会を活用して、報告書や管理手順を説明することもできます。

　プロジェクト・チームのマネジメントについては、『PMBOK® ガイド』9.4.2.4 を参照してください。

●きっちり開始する

　プロジェクトを開始する準備ができたら、キックオフのやり方を決めます。公式なイベントとするか非公式なものとするかにかかわらず、キックオフでは次の目標を達成する必要があります。

> † プロジェクト目標をチーム・メンバーに周知させ、各人の目標と責任を明確に、一点の曇りもなく理解してもらう。
> † プロジェクトに対するコミットメント（確約）を各人から取り付け、目標達成の熱意を高める。
> † 自分がプロジェクト・マネジャーとしてリーダーシップを発揮することを明確にし、チームが指揮に従う環境を作る。
> † プロジェクトの全体スケジュールを見直し、担当のメンバーと作業計画を確認する。
> † 基本的な実行手順を説明する。例えば、報告書や会議、プロジェクト・マネジャーとメンバーの情報のやり取りなど。
> † プロジェクトの最初の作業の責任者に作業を開始するようゴー・サインをはっきり出す。

　上の各点からわかるように、実行フェーズの主眼は各作業を実行する条件を整えることです。その最初が、プロジェクトの目標と関連手順について明確なコミュニケーションをとることです。プロジェクト・キックオフはその第1歩なのです。

◎公式なキックオフ

　キックオフには、小さな会議を開いて開始のメモを出せば十分ということもあります。しかし、公式なキックオフ・イベントを行うことには儀式的な意味とプロジェクトの開始を周知させるという2つの意味があります。
　キックオフのイベントをどんなものにするかは、プロジェクトの規模や重要度、組織での位置づけ、予算などから判断します。前例を参考にし、効

果を聞いてみるのもよいでしょう。

> **ご用心！**
>
> キックオフ・イベントの費用を顧客が負担するのなら、簡素・安上がりで、なおも目標を達成するものにする。公共の場で行う場合は、競合相手に悟られないよう注意しよう。

◎「はじめ」の合図

　キックオフ・イベントはチームに「はじめ」の合図を送ることになります。イベントでは、プロジェクトの成功に各人の貢献が不可欠であることを強調します。さらに、各人は自分の目標・責任を他のメンバーとの関係で把握することになります。ここが「チーム」スピリットを確立する第1歩です。

　公式なイベントをする場合、日時と会場は、プロジェクト・スポンサーやその他のステークホルダー、顧客（妥当な場合）、関連マネジャー、チームの主要メンバーの全員が出席できるように設定します。

　スポンサーにスポットライトをあて（大半が喜んでくれます）、プロジェクトへの支持を保証してもらい「旗振り役」を引き受けてもらいます。経営陣からの支援が重要な成功要因であることを忘れてはいけません。経営陣が姿を見せ、話をしてくれることで会社の本気度がチームに伝わります。

　キックオフ・イベントではプロジェクトの優先順位、トーン、士気を確立します。あまり細かなことには立ち入らず、詳細は第1回プロジェクト会議やメンバーとの1対1の面談に回します。それはキックオフから1週間以内に行います。

　プロジェクトチームの編成については、『PMBOK® ガイド』9.1.2.1 を参照してください。

現場の声

プロジェクト・マネジャーにコーチングをする立場の者として、プロジェクト実行フェーズの会議に出席を求められることがある。その際、組織の境界をまたがるような作業について、役割と責任をあいまいにしているのを目にすることがある。一例として、現状報告書の作成はプロジェクト・チームのメンバーの責任――と日常業務の担当者は考えている。しかし、プロジェクト・チームのメンバーは、報告書の活用方法を日常業務の担当者に説明してもらわなければ、どんな書式にすべきかわからない。どちらの側も、報告者作成には両者の協力が不可欠であることに気づいていない。そして、どちらも自分の枠の中で仕事をし、相手方を無責任とそしっている。

◎キックオフからプロジェクト会議までの時間をうまく使う

　キックオフからプロジェクト会議までの期間（3日から1週間）以内に、チーム・メンバーは自分の役割について改めて考えることができます。プロジェクト計画に穴があれば、その間の話し合いで埋めることができます。プロジェクトの作業を開始する前の時期に、メンバーからの質問や問題提起をしてもらうとよいでしょう。

　こういうやり取りを通じてプロジェクト計画を微調整し、メンバーが提起する問題も検討します。上層部から提起された問題・課題を大きくなる前に解決することもできます。プロジェクト会議はこういうフィードバックを織り込んで準備し、席上で反論に答え、プロジェクト計画で説明が不十分であった部分を説明します。

　この時期に、いわゆる「戦略室」を設置することもあります。プロジェクトの期間中、会議室などの1部屋をチームを専用にあてるものです。電話、インターネット、イントラネットの回線を引き、壁面には各種の書類を貼り出します。チームのメンバーがいつ来てもよく、作業をしてもよい場所です。それ以外の社員が立ち寄り、プロジェクトの現状を見ることができます。重要書類はカギのかかるキャビネットに入れましょう。

●第1回プロジェクト会議

　キックオフを機にプロジェクトは動き出します。第1回プロジェクト会議はキックオフから1週間以内に開きます。この会議は、プロジェクト・マネジャーのリーダーシップをテストする最初の機会です。

　プロジェクト・チームの全員に参加してもらい（顧客や経営陣を呼ぶことはありません）、作業を開始するための会議です。そこでは次のことを達成します。

1. 今後の会議の枠組みを確立する。
　† 時間通りに始める。
　† 議題を事前に配布し、あらかじめ目を通しておいてもらう。
　† 常に1つの議題に集中し、その話し合いが完結してから次に進む（議題の順番には固執しない）。「棚上げ項目」を書き出す用紙を準備し、議題以外に浮上した点や、別途処理する点を書き出す。必ず「棚上げ項目」と表示する。会議の終了前に、各項目の処理方法を決める（フォロー・アップの打ち合わせや担当者など）。
　† 開かれたコミュニケーションを奨励し、各自に発言の機会を与える。
　† 記録をとる。記録の中で本当に重要なのは、行動項目のリストである。そこに、チームの決定事項、責任者、期限を明記する。
　† 次回のプロジェクト会議の日時と場所を決める。プロジェクト会議は定例で開くこととする（毎週火曜日午後3時など）。こうしておけば、チーム・メンバーも出席しやすい。
　† フォロー・アップ作業に合意したら、しっかり確認をとる。責任者を決め、期限を含め、確実に実行するというコミットメント（確約）をもらう。
　† 時間通りに終える。時間が超過するときは、参加者の了解をもらい、あとどれだけで終わるかを確認する。その時間が来たら、会議はお開きとする。
　† 議事録（簡潔な）を2日以内に出席者全員に配布する。

†議事録には行動項目と責任者を明記する（会議でやると合意したことを都合よく忘れるのを防ぐため）。
2．チーム・メンバーと各人の役割を紹介する。
3．プロジェクトの第1優先課題を検討し、その他の目標、全体スケジュールも説明する。
4．各作業を開始するための個々の計画を検討する。
5．プロジェクトマネジメントに使う方式やツールを話し合う。
6．現行のプロジェクト計画に反論があるなら、それを取り上げ、可能なら解決する。
7．意思決定をグループで行う場合、次の手順に従う。
　　†問題点と解決策について全員で話し合う。
　　†1人の参加者に議論を独占させない。
　　†意思決定をする用意はできているかどうかを判断する。
　　†意思決定を行う。
　　†役割と責任を決める。

ここに一例として、あるプロジェクト・チーム会議の議事録を示します。

プロジェクト・チーム会議議事録

会議名： プロジェクト・チーム会議
開催日： 2014年2月7日
時　間： 2:30－3:30PM
議　長： ボブ・ブレイブハート
出席者： キム・ウィンフォード、ジョー・カレッジ、ベン・アドミノヴィッチ、ジョー・ゴニスキー、マリー・スカロッティ、ジョン・アンドレオッティ（電話参加）
決定事項： プロジェクトの計画変更とビジネス内容について合意した。

内容	責任者	期日	現状
行動項目： ケーブル・ボックスのメーカーを調査する	キム・ウィンフォード	2014.2.7	完了

新課金方式の要求内容について経理部と見直す	ジョー・ゴニスキー	2014.2.7	進行中
ノートPCの提案依頼書(RFP)を提出する	ジョン・アンドレオッティ	2014.2.7	進行中
経営陣への報告についてニーズ分析をする	ボブ・ブレイブハート	2014.1.31	進行中
棚上げ項目： データ入力の質問	プロジェクト・マネジャー プロジェクト・スポンサー	2014.4.15	未処理
顧客とのGUIインターフェース	プロジェクト・マネジャー	2014.4.15	
データ・ストレージとデータ・マイニング	5月まで棚上げ	2014.3.30	未処理

　プロジェクトの開始時に、「チーム」であると肝に銘じることが重要です。チームの原則を挙げてみましょう。

　†チームでは自分以外の人とコミュニケーションをとらねばならない。
　†問題の特定と解決は一緒に行い、結果は受け入れる。解決策は支持し、自分に異論があったとしても、文句を言わない。
　†1人のミスがチーム全体に影響するので、できる限りミスを避け、お互いに協力する。
　†プロジェクトの期間中に変更が発生する。チームは柔軟に対応しなければならない。

◎1対1の面談：各メンバーとの開始イベント

　プロジェクト・マネジャーは、キックオフや第1回プロジェクト会議にとは別に、主要メンバーと1対1の面談をし、必要な情報を各人と確認します。1対1の面談は新メンバーが着任するたびに行います。
　1対1の面談では、優先課題を確認し、スケジュールや計画について話し合います。計画策定で一緒に仕事をしたメンバーなら、すべてをこまご

まと検討し直す必要はないかもしれません。しかし、今度は作業にとりかかる番です。ネットワーク図を見直し、プロジェクト全体の中での作業の位置づけを理解してもらうまたとない機会です。

大型プロジェクトでは、プロジェクト内の小さな単位でチーム・リーダーを任命し、その人にその単位で会議を開いてもらうこともできます。その場合、プロジェクト・マネジャーはできるだけ顔を出すようにします。とはいえ、質問に答える役割にとどめ、チーム・リーダーの仕事はその人に任せ切りましょう。

> **プロジェクト用語**
>
> 「1対1の面談」とは、プロジェクトに参加する2人が1対1で行う会議のこと。あらかじめ日程を決める場合も、決めずに行う場合もある。優先課題についての話し合い、課題解決、プロジェクト全体と各人の責任についてのコミュニケーションなどに活用する。

1対1の面談は主要メンバーとの間で、プロジェクトの全期間を通じて定期的に実施します。短期のプロジェクトでは週単位や毎日ということもあります。プロジェクトが長期で大勢が参加する場合、やり取りのレベルに応じて月単位にしたり、もっと少なくします。

最初の1対1の面談では、次の点を話し合います。

† なぜその人に参加してもらうか
† パフォーマンスの期待
† その人の優先課題や作業、マイルストーン
† 管理手順やプロジェクトマネジメントの方式、使用するツール。例えば、ワーク・パッケージについての報告の方法、頻度、内容
† 挑戦項目や課題
† 問題解決のプロセス
† 1対1面談の今後の予定

†次回の面談のための行動項目

会議では必ずメモをとり、他のメンバーにも同じことを勧めましょう。

◎正しい期待を設定する

初期の一連の会議を手際よくさばくことが、プロジェクト・マネジャーのリーダーシップの布石になります。会議がスムーズに進めば、今後のモデルとなり、開かれたコミュニケーションやプロとしてのトーンを決め、その後のプロジェクトマネジメントがやりやすくなります。ここでつまづくと、時間をムダにするだけでなく、プロジェクト・マネジャーの信用も失ってしまうことになります。一般に、会議に対する第１の批判は、価値ある成果が生まれないということです。これではいけません。初期の一連の会議の成功には、準備と組み立てをしっかり行い、焦点を絞ることが不可欠なのです。

プロジェクト会議では、プロジェクトがめざす最終成果から始め、逆算して検討します。このことを会議の原則として書き出し、あらかじめ全員の合意を取り付けましょう。具体的には、次のようなポイントです。

†注力するのは、課題の特定なのか、それとも意思決定なのか？
†チームとして意思決定するなら、しかるべき意思決定者が出席し、適切な準備ができているか？
†会議の出席者は内容を十分に理解しているか？

チームの期待の確認については『PMBOK® ガイド』9.3.3.1 を参照してください。

●開始に必要な情報

キックオフ・イベントと初期の一連の会議の目的は、プロジェクト計画を関係者に周知させ、自分の立場を理解してもらうことです。それには、作

業の担当者が最初から必要情報を入手できなければなりません。作業やスケジュールについての情報を秘密にしてはいけないのです（ただし、予算等の経理情報はコストの責任がない人には、知らせないこともあります）。プロジェクト計画書は関係者に知らしめ、プロジェクトを進める基礎とします。

　プロジェクトの初期段階で、チームの全員にプロジェクト計画書の要約を共有し、チームのWEBサイトで閲覧できるようにします。キックオフ・イベントかプロジェクト会議、1対1の面談のどちらかですればよいでしょう。最初からプロジェクトに参加するメンバーにはキックオフ・イベントの前に配布しておき、第1回プロジェクト会議や1対1の面談で議題として取り上げることを勧めます。新しいメンバーが着任したら、必要な情報が行きわたるよう配慮します。

　プロジェクト計画書の情報で、チーム全員に必要なものを列挙します。

- **プロジェクト目標の要約**：プロジェクトの目的・目標、全体スケジュールを含む。
- **チーム・メンバーの役割分担**：各人の具体的な作業やマイルストーンを文書化する。マイルストーンや作業の概要は、最初の段階ではおおまかなものとし、後日、プロジェクト・マネジャーや他の監督者、マネジャーなどが具体的作業を示すこともある。さらに、チーム・メンバーには現状報告書を定期的に提出するように求め、それが進捗の監視に重要な意味を持つことを伝える。提出の頻度はプロジェクトにより、毎週、隔週、毎月などと定める。
- **関係者名簿**：主要メンバーの名簿には、氏名、プロジェクトにおける役割（と役職）、連絡先（電話番号、所在地、Eメール・アドレス）を含む。

　バーチャル・チームについては、『PMBOK® ガイド』9.2.2.4を参照してください。

パート4 ▶ プロジェクト実行フェーズ

　プロジェクト計画書とは別に、仕事上の管理手順もチーム・メンバー全員に周知させる必要があります。各種の報告書、書式、法的書類などです。書類が多すぎてチーム・メンバーの動きがとれないのでは困ります。プロジェクト・マネジャーがメンバーに簡潔明瞭な報告書をタイムリーに提出すれば、メンバーも正確な報告書を期限通りに出してくれます。大規模プロジェクトでは、プロジェクト計画の関連書類とともに、提出書類や報告書、その他の書式の具体例をとりまとめ「プロジェクトマネジメント・ハンドブック」として提供することもあります。小規模プロジェクトでは、簡単な表と報告書の例で十分でしょう。

　プロジェクトに機密保持その他の契約上の同意が必要なら、ここで署名をもらいます。軍その他の行政当局との契約には、もっと厳格な規則があります。契約や報告書の書式をよく検討し、プロジェクト開始時には必要メンバーに要求事項を理解させなければなりません。

●グローバル・プロジェクトをマネジメントする

　グローバル・プロジェクトをマネジメントすることが珍しくなくなりました。「グローバル・プロジェクト」の私の定義は、プロジェクトが国境を越え、メンバーが異なる国から参加するものです。言語や文化が異なることが普通です。

　グローバル・プロジェクトでは、その特性から、プロジェクト・マネジャーには高いレベルの感受性と気づきが求められます。ある文化でごく当然のことが、別の文化ではまったく受け入れられないことがあります。グローバル・プロジェクトでは、こういう点を考慮する必要があります。

　プロジェクト・チームがいろいろな場所に散らばっているなら、各地の間の出張コストも必ず予算に計上します。プロジェクト・マネジャーがチーム・メンバーと良い人間関係を築く最上の方法は、最初に直接会うことです。

◎スケジュール

　チーム会議の日程を決める際は、各国の祝日を考慮する必要があります。国によってまったく違うからです。稼動日や稼動時間も異なることもあります。例えば、中東諸国の稼動日は土曜から木曜までですし、米国・日本などの1週の稼動時間は40時間ですが、フランスでは35時間です。

　さらに、時差を超えてコミュニケーションをとり、一緒に仕事をすることも簡単ではありません。地域によっては夏時間も考慮する必要があります。私の経験でも、ヒューストン（米国テキサス州）とインドネシアの間で12時間の時差の下で、プロジェクトを実施したことがあります。チーム全員で会議をするには、誰かが深夜（か早朝）に起きていることになります。

◎予算

　グローバルなチームでは、当然、出張費がかさみます。こちらから定期的にプロジェクト現場に出かけたり、現場からこちらに来てもらうこともあるからです。コストを予算に計上し、入念に追跡する必要があります。ビデオ会議を使えば、出張費を削減できますが、設備使用料を予算に計上します。

◎技術

　チーム・メンバーを結びつけるのには、最新技術が大きな助けになります。注意深く調整すれば、作業情報を保存できますし、他のメンバーが見ることも、上書きをすることもできます。しかし、機密情報（例えば、コントラクターの単価）には、情報セキュリティとアクセス権を考慮しなければなりません。さらに、「参照のみ」のメンバーと編集の権利を与えるメンバーを峻別する必要もあるかもしれません。最後に、プロジェクト進行中のファイル名の付け方やバージョン管理につき共通の取り決めをしておくことが、問題の予防に不可欠です。

◎品質

　グローバル・プロジェクトでは、プロジェクト・マネジャーがプロジェクトのある部分の作業の大半を現場で監督できないぶん、しっかりした品質計画（第23章で詳述）が必要です。パフォーマンスの測定方法は、チーム・メンバーに周知させなければなりません。またグローバル・プロジェクトでは、問題解決を含む、作業の進め方や追跡のやり方につき、チームでしっかりしたプロセスを確立しておく必要があります。チーム・メンバーが同じ場所で仕事をしているのなら、数歩移動すれば、面と向かって相談できますが、グローバル・プロジェクトではそうはいかないからです。こういういろいろなポイントにつき最初からしっかりコミュニケーションをとる必要があります。

◎人的資源

　外国で働くチーム・メンバーをマネジメントする際は、現地の法律を遵守する必要があります。例えば、現地に赴任してもらうには、労働ビザが必要です。こういう点については、人事部門や実績がある外部コンサルタントの助力を仰ぐのがよいでしょう。関連法規は最初のチーム会議から知っておく必要があります。

ご用心！

ある種のしきたりは事前に調べておこう。あるプロジェクト・マネジャーがキックオフの夕食会の会場に評判のステーキ・レストランを選んだ。ところが、プロジェクト・チームには数人のインド人がおり、ヒンズー教徒であるインド人には、牛肉のステーキを口にするのも、レストランに足を踏み入れるのもまかりならぬことだ。結局、かれらは夕食会への参加を拒否したのである。

◎調達

　プロジェクトに使用する原材料の調達では、一定割合を現地経済から購入を要求する国が少なくないので、この点も予算に組み入れる必要があります。しかし、この種の規制と現地の劣悪なインフラストラクチャーが重なるなら、リスク分析で考慮しておかなければなりません。一例ですが、エジプト人のプロジェクト・マネジャーがスーダン国内でプロジェクトを手掛けた時のことです。現地の内戦が続き、原材料の輸送がたびたび中断され、そのたびに現地のサプライヤーと対策を考える羽目になったのでした。こんな場合も、社内の専門家や実績のある外部コンサルタントのアドバイスを仰ぐのがよいでしょう。

●理解度チェック

☐プロジェクト計画を実行に移す準備はできたか？
☐プロジェクトのキックオフ・イベントはどこまで公式なものにすべきか？　そのための議題は作ったか？
☐プロジェクト・チーム以外にキックオフに出てもらうべき人は誰か？
☐チームの各人に何を期待しているかをはっきり伝えたか？
☐チームを調整するためのツールは整えたか？
☐チーム・メンバーはいろいろな場所に散らばっていないか？　散らばっているとしたら、作業や人をマネジメントする方法は考えたか？

◆これだけは憶えておこう◆

　†プロジェクトをスムーズに開始するのには、コミュニケーションが欠かせない。
　†すべてのプロジェクトで、開始イベントを行い、目標や責任、実行

手順を確認する必要がある。開始イベントは簡素なものから手の込んだものまであるが、プロジェクトの規模や重要性に見合うものとする。

† 第1回プロジェクト会議の前にチーム・メンバーにプロジェクト計画書を検討してもらい、埋めるべき穴を見つけてもらおう。

† プロジェクトが軌道上を動き出すためには、チームや個人の間で会議を開き、焦点を絞り、効果的に、活発に情報交換をするのが最善の方法である。

† グローバル・プロジェクトをマネジメントするには、プロジェクト・マネジャーは国内プロジェクトの場合よりも一歩進んで考え、努力する必要がある。

第17章

リーダーシップを発揮する

この章の内容
■リーダーとマネジャー
■変革を指揮する
■4つの力の 源(みなもと)
■専門知識のない技術プロジェクトをリードする
■プロジェクト・マネジャーの役割の変化

　プロジェクトが計画通りに進むかどうかはプロジェクト・チームにかかっています。そこで、プロジェクト・マネジャーはチームの動機づけや調整、ファシリテーション（促進）、管理をしなければなりません。それがないと、プロジェクトは前に進みません。プロジェクト・マネジャーはプロジェクトに合うリーダーシップのスタイルを確立し、発揮しなければならないのです。この章では、それについて学びます。

●リーダーの立場を確立することの大切さ

　大型ホテルの模様替えであれ、新ソフトウェアの社内への導入であれ、

パート4　プロジェクト実行フェーズ

　プロジェクトの成功には指揮が不可欠です。この本はプロジェクトマネジメント技法を満載していますが、いかに技法を駆使したとしてもリーダーシップ不在ではうまく行きません。プロジェクト・マネジャーはプロジェクトのマネジャーであると同時にリーダーにならなければならないのです。この2つの役割は明らかに違うものです。

　プロジェクト・マネジャーはリーダーとして、尊敬を勝ち取り、責任を引き受けなければなりません。尊敬を勝ち取るには信頼できる情報源となることがカギです。リーダーはチームから正直であること、有能であること、積極的に取り組むことを期待されます。

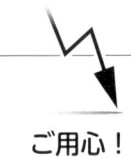

> **ご用心！**
>
> 専門知識のあるプロジェクト・マネジャーは、とかくチーム・メンバーの作業に口出しして邪魔をしがちである。肝に銘じておこう。プロジェクト・マネジャーの仕事はプロジェクトを指揮しマネジメントすることであり、作業のすべての詳細を承認することではない。

　一方、マネジャーとしては、各種の技法・手続きを駆使して、プロジェクトを監視・コントロールし、終了まで導きます。さらに、計画をレビューし、報告書を書き、予算を均衡させ、計画を更新し、スケジュールを修正し、計画を再度更新し、また更新する…という具合です。多くの管理業務もこなします。「上をマネジメント」することも継続し、プロジェクトの意思決定には主要ステークホルダーを巻き込みます。

　こんな中で、マネジメントで手一杯になり、リーダーシップのことを忘れてしまう人もいます。プロジェクトのマネジメントは何とかやり終えたけれど、リーダーとしての影響力は持ちえなかったということもあるのです。この章を設けた理由はそこにあります。プロジェクトマネジメントの能力がリーダーシップ・スキルへと進化を遂げるためです。

プロジェクト・マネジャーの役割については『PMBOK® ガイド』1.7.1

を参照してください。

◎大きく考える

　プロジェクト・マネジャーはリーダーとして強い指導力を発揮すると同時に、問題を抱えるメンバーに耳を傾けなければなりません。こちらの高い期待にメンバーがいつも応えてくれるとは限らないのです。「マーフィーの法則」にあるように、プロジェクトではどんな失敗も起こりうるのです。

　リーダーとしては、プロジェクトの裏側まで熟知し、優先課題についてはいら立ったりあわてたりせず、チームに説明しなければなりません。問題を抱えるメンバーが相談に来たら、いつでも手助けする存在でなければなりません。言ってもムダと思われてはいけません。

　マネジャーは会議に出席し事務処理をこなす役回りですが、リーダーはチームから信頼と尊敬を勝ち取り、指示に従ってもらわなければなりません。さもないと、メンバーは自分勝手に意思決定をします。マネジャーとしては、作業が期限通り予算内で完了するようにルールや管理手順を作らなければなりません（第18章でも詳述）。しかし、リーダーの立場を確立することは報告書や手順よりも大切なのです。

　リーダーシップとマネジメント手法は、相互に絡み合いながら、プロジェクト成功のカギになります。持ち味の異なる各メンバーにどんなリーダーシップとマネジメント手法を行使するかが、プロジェクトの成功には極めて重要なのです。リーダーシップについては多数の良書が出ていますが、私はシンプルでソフトな8つのヒントを勧めます。

- †相手の言うことに耳を傾け、多くの質問をし、コミュニケーションをとる。
- †プロジェクト・チームのニーズに合わせ、信頼できる情報源になる。
- †観察し、記録する。
- †自分の知識の限界を認識する。
- †チーム・メンバーが相談に来たらいつでも応対する。一定期間、席を離れる（例えば、休暇や出張）なら、所在をメンバーに知らせて

おく。
- †自分で意思決定をすべき時はそれをする。ただし、上位のステークホルダーに決定を委ねるべき時は、委ねる。
- †権限委譲を適切に行う。
- †細かな点にまで口を出す「マイクロマネジメント」はしない。プロジェクト・マネジャーはプロジェクトをマネジメントし、個々の作業のマネジメントはメンバーがする。

◎適切なリーダーシップのスタイル

　ビジネス書には効果的なリーダーシップのスタイルが、人や組織、プロジェクトのニーズに合わせて広い範囲で説かれています。プロジェクト・マネジャーがプロジェクトを指揮するには、次の3つの基本型から選ぶ必要があります。3つすべてを採用する場面もあるでしょう。

- †**作業志向リーダーシップ**
　　作業の完了を重視し、作業の分担と組織化、意思決定、パフォーマンス評価などに集中する。
- †**メンバー志向リーダーシップ**
　　開かれたコミュニケーションとチーム・メンバーとの信頼関係を重視し、部下のニーズに直接に関与を続ける。
- †**報酬志向リーダーシップ**
　　プラスのフィードバックや報酬を仕事の達成度に直結させる。仕事の成果を直に報酬に反映させることがパフォーマンスの維持につながるという前提に立つ。報酬には給与や昇進とともに、メンバーに与える支援や激励、安心感、尊敬なども含まれる。

　リーダーシップ・スタイルを具体的ニーズに合わせるやり方は、「状況対応マネジメント」とか「コンティンジェンシー理論」と呼ばれます。プロジェクト・マネジャーは、個々のメンバーのニーズに合わせ、3つの中から最適なスタイルを選ばなければなりません。

第 17 章　リーダーシップを発揮する

　リーダーシップのスタイルを選ぶ際には、プロジェクト・マネジャーの考えがメンバーと常に一致すると決めつけてはいけません。各人は経験や持ち味が異なります。仕事をどう進めるべきか、誰の功績とすべきか、貢献と報酬の関係をどうすべきかについての考え方は1人ひとり違います。ですから、プロジェクトごとに異なるリーダーシップ・スタイルやマネジメント手法が必要なのです。

　プロジェクト・マネジャーに求められる人間関係スキルについては、『PMBOK® ガイド』1.7.2 を参照してください。

現場の声

リーダーシップ関連の本をインターネットで検索すると、実にたくさんある。リーダーシップについて——とりわけ、ビジネスにおいて——関心の高さがうかがえる。プロジェクト・マネジャーの主要な役割の1つはリーダーシップを発揮することだ。とはいえ、「プロジェクト・マネジャーのリーダーシップ」をズバリ扱った本は多くはない。この本に説く論点を咀嚼し、プロジェクトにどう応用するのか、自分の頭で考えてほしい。リーダーシップの根底にあるのは影響力とその獲得・発揮のしかたである。だから、自分とプロジェクトに最適なものを慎重に選ぼう。

●プロジェクト・マネジャーの影響力——4つの源(みなもと)

　リーダーの影響力には4つの源があります。

1．専門知識

　専門知識の影響力は甚大——おそらく4つの中で最大——である。専門知識があれば、次の点で、リーダーとして尊敬が得られる。

†成功の実績があり、他人に認められている。
†特別の知見を持つ。
†洞察や知恵があり、他人に認められる。
†個人として誠実・正直である。

　専門知識の影響力の獲得には長い時間がかかりますが、いったん手に入れるととても強力です。
２．人間関係
　人間関係の影響力は影響力がある人との間で築くものだ。こちらを相手に知ってもらうことで、その人の影響力を活用する。プロジェクト・マネジャーとしては、人間関係を継続して維持することが大切である。人間関係が失われれば、影響力の源も失われるからだ。
３．情報発信
　情報発信とはコミュニケーションによって相手に影響を及ぼすことだ。複雑な課題をわかりやすく伝える能力も含まれる。自分の考えを他者に売り込んだり、交渉でめざす成果を上げることにもつながる。
４．論理
　論理とは、ある移動やアイデアがなぜ重要かを説明することだ。計画や課題を論理的に説得することで、意図を達成する妥当性と権威が生まれる。

　当然ながら、プロジェクト・マネジャーとしては、影響力の４つの源すべてを手に入れたいところでしょう。しかし、自分に正直になれば、何が重要かわかるはずです。主要ステークホルダーに対する影響力の源として自分に合ったものを見つけることが、プロジェクトの成功には不可欠なのです。

●変革を指揮する

　プロジェクトマネジメントの本で変革の指揮について触れるのは奇妙だと思うかもしれませんが、すべてのプロジェクトは定常業務に変革をもた

らします。新規施設の建設であれ、新技術システムの導入であれ、すべてのプロジェクトに変革をともないます。プロジェクト・マネジャーは変革を指揮しなければなりません。

プロジェクトはいろいろな形で変革をもたらします。典型例としては、次のようなところです。

† 作業プロセス
† 手順
† パフォーマンスの期待

経験豊富なプロジェクト・マネジャーの多くが経験していることですが、プロジェクト成果物を受け入れる立場の定常業務の部門が馬鹿げた前提を設定していて、それに足を引っ張られることがあります（しかも、責任が自分たちにあると認めようとはしません）。具体例を挙げましょう。

† 定常業務部門が心底、プロジェクトは不要だと考えている。すべてのプロジェクトはビジネス・ニーズの満足のために実施するという大前提を思い出そう。プロジェクトの発端となったビジネス・ニーズは定常業務部門が抱えている。かれらがプロジェクト成果物を引き受けなければ、プロジェクトの成功は至難である。
† 定常業務のメンバーは、プロジェクト成果物の受け入れに要する工数を低く見積もる傾向がある。定常部門マネジャーは「プロジェクト成果物を引き渡してくれたら、あとはこっちでうまくやる。優秀なメンバーがそろっているから、何とでもなる」などと言いがちだ。これが大失敗に結びつく。しかも、たとえうまくいかなくても、準備ができていなかった責任が自分たちにあると認めることはない。失敗の責任は、常に、プロジェクトとプロジェクト・マネジャーに押しつけられる（第21章で詳述）。
† 定常部門マネジャーの大半は、プロジェクト成果物がもたらす新たな現実を評価し、ビジネス・プロセスを適合するための時間と資金

が必要であることを理解しない。その作業を指揮し、常業部門のメンバーに協力してもらうためには、プロジェクト・マネジャーが尽力しなければならない。(第18章、作業委員会のところで詳述)

> **賢者の言葉**
>
> 「作業の効率を左右するのは、組織構造よりも、どれだけ上手に情報を交換するかというマネジャーの個人的スタイルである」──マーク・H・マコーミック(世界最大のスポーツイベント会社・IMGの創業者)

　ここまでの説明で、第7章の変革意書で取り上げた質問についての回答を定常業務部門に提供することの意義をわかってもらえたでしょう。これにより、プロジェクト成果物をいやいや受け入れてもらうのではなく、プロジェクトの可能性に期待とワクワク感を持ってもらえます。こういう状態でプロジェクト成果物を引き渡せば、受け取る側もそれを心待ちにしてくれます。引き渡しを早めてほしいとせっつかれ、「そう急がずに」と忠告する役回りになるかもしれません。これは大きな変化です。

　変革趣意書をしっかり作っておけば、「なぜやるのか?」の質問に答え、プロジェクト成果物を受け入れてもらえるだけでなく、支援してもらえます。

●他のプロジェクトとの競合

　プロジェクトに対立はつきものですが、プロジェクト・マネジャーはプロジェクトの成功に影響を与える他の重要案件を知っておかなければなりません。プロジェクト・マネジャーが留意すべき懸念事項を見てみましょう。

◎他のプロジェクト・マネジャーとのコミュニケーション

　プロジェクト・マネジャーは競合案件を指揮する、他のプロジェクト・マネジャーともコミュニケーションをとらなければなりません。こちらのプロジェクトで使う資源をあちらのプロジェクトでも使うかもしれないからです。このことは、あちらのプロジェクトの成果物がこちらのプロジェクトの成否のカギになるなら、特に重要です。コミュニケーションの形態としては、次のものがあります。

　　†定期会議でそれぞれのプロジェクトについて話し合う。
　　†現状報告書を交換する。
　　†定期的にランチを共にし、直近の進展につき情報を交換する。

　これ以外にもやり方はありますが、大切なのは何らかの公式プロセスを設定することです。成り行き任せの非公式なコミュニケーションでは、緊急時に対応できません。
　コミュニケーション計画の重要性は第19章で詳述しますが、コミュニケーションの目的からすれば、お互いを自分のプロジェクトのステークホルダーと位置づけるとよいでしょう。

◎各プロジェクトの位置づけ

　組織の大小を問わず、1つの案件だけが走っているということはありません。複数の案件が並行して走り、そのすべてが時間や関心、資源（資金を含む）で競合します。そして、自分のプロジェクトの成功に集中するあまり、他のプロジェクトとの関連をとかく忘れがちです。例えば、プロジェクトでマーケティング部門のユーザーを教育する必要があるなら、マーケティング部門が抱える他の重要案件を知っておかなければなりません。そちらでも教育が必要かもしれないからです。大半の組織で、マーケティング部門のメンバーが現場を離れて教育を受けることには——重要性や内容はさておき——いい顔をしません。

別の例ですが、あなたが顧客関係管理（CRM）ソフトの導入プロジェクトを実施するのと同じ時期に、会社が経理用ソフトの更新もやっているとしたら、あなたのプロジェクトの出力データが課金と会計処理のために経理ソフトの更新版に入力されることを見落としかねません。あちらの進捗をチェックし忘れると、その間にかれらがある技術的な決定をし、こちらのプロジェクトのデータの送信・検索がうまくいかない。そしてそのことに、あとになって気づく…ということもあるかもしれません。

　さらに、1つのプロジェクトのスケジュールの遅れが、他のプロジェクトの足を引っ張ることがないように、複数のプロジェクト間の依存関係や重なりも分析して対処する必要があります。

　最後に、組織内にはプロジェクトのような重要案件について定期的に相談できる人がいます。能力が高く、尊敬を集める、エース級の人です。しかし、逆にそれが問題になることがあります。いつも頼りにされるからです。かれらが別のプロジェクトのアドバイスをしていて、こちらの相談に乗ってもらえないことがよくあります。

　こういう状況は、プロジェクト・スポンサーに知っておいてもらいましょう。エース級の人を特定し、かれらの負荷が高い時を把握しておきましょう。こういうことを考慮しなければ、どんなにせっついても、必要な成果を得られません。ですから、エース級の人の日常業務の負荷を軽減する創造的な方法をスポンサーに提案し、あなたのプロジェクトに集中してもらう時間を作るのは、効果的なコミュニケーションなのです。

◎クリティカル・パスの対立

　クリティカル・パスは、あなたのプロジェクトにも、進行中の他のプロジェクトにもたいへん重要です。コミュニケーション計画を策定し、他のプロジェクト・マネジャーと情報を交換し、クリティカル・パスの対立が拡大しないようにしなければなりません。

　計画策定の初期段階では、複数のプロジェクト間で目に見える対立はなく、それぞれが実行フェーズに移ったとします。経験のあるプロジェクト・マネジャーなら心得ていることですが、作業が始まれば事態は変化します。

ですから、コミュニケーションがとても大切なのです。あるプロジェクトのスケジュール変更により、そのクリティカル・パスが他のプロジェクトとの間で、突然、新たな対立を引き起こすかもしれません。

◎スポンサーとのコミュニケーション

制約条件のところで触れたように、プロジェクトのリスクの１つに必要な資源が不足するということがあります。プロジェクトであらかじめ手当てしていたはずの資金が他のプロジェクトに回されるとか、削られる、定常業務を走らせる必要によりメンバーがそちらに回されるなどの危険は常にあります。

ですから、ステークホルダーの頭の中心にあなたのプロジェクトのことを置いてもらいましょう。そうするためには、あなたのプロジェクトの勢いと注目度を守るために、スポンサーと一緒に戦うという側面もあります。さらに、スポンサーとよくコミュニケーションをとり、いろいろな課題に効果的・効率的に対処してもらう必要もあります。

> **賢者の言葉**
>
> 「プロジェクトの成功には、やる気のあるプロジェクト・マネジャーとやる気のあるプロジェクト・チームの両方が不可欠である。プロジェクト・チームはリーダーから取り組む姿勢を学ぶ。そこで、プロジェクト・マネジャーがチームのやる気を高める最高の道具の１つは、熱意と前向きの姿勢、自信である」── V.K. バーマ , *Human Resource Skills for the Project Manager*

●専門知識のない技術プロジェクトをマネジメントする

技術プロジェクトを指揮したり、自分の知識が限られている分野のエンジニアを監督したりする際に、技術的知識が必要というわけではありませ

ん。その代わり、相手の言うことにしっかり耳を傾け、人間関係やビジネス上の課題を理解して解決する必要があります。技術に強い人が専門用語で「まくしたてる」ことがあるかもしれませんが、うまくさばいてプロジェクトを前進させましょう。そんな時に頼りになるのが、信頼がおけるチーム・リーダーの面々です。課題を理解するには、かれらの手助けを仰ぎましょう。

　技術力が抜群に高いプロジェクト・マネジャーが問題となることがあります。ある時、私はスケジュール・コントロールがうまくいっていないプロジェクトの手助けを依頼されました。そこでは、技術力抜群のプロジェクト・マネジャーが問題だったのです。その人がきわめて有能であるため、誰も彼の承認を得ずには、物事を決める自信を持てなかったのです。そこがボトルネックになっていたのです。彼がすべての作業に首を突っ込むことをやめ、本来のプロジェクトのマネジメントを始めると、プロジェクトはスムーズに動き出し、チームも自分たちの能力に自信を持つようになりました。

　技術チームの各メンバーと定期的に話をし、情報を定期的に更新してもらい、小さな成果もないがしろにしないよう（熱意を込めて）依頼します。同時に、1人のメンバーに重要データを独占させず、主要な技術領域については複数のメンバーがわかっている（少なくとも関わっている）ようにします。作業の関係書類はコピーをとるかディスクに保存し、バックアップを定期的にアーカイブして、不測の事態から守ります。

◉メンバーのためにできることはすべてやる

　プロジェクト・マネジャーの役割は日々変わります。ある日は現場のマネジャーとしてメンバーの生産性の向上や士気の高揚に注力する、次の日は事務処理や単調な約束事に忙殺される…といった具合です。

　また、それはプロジェクトの進行とともに変わります。定義フェーズや計画のフェーズでは、ビジョンを策定し、ステークホルダーと検討を進め、プロジェクト目標への合意を形成することに心血を注ぎます。計画フェー

ズでは、自分たちは紙きれを量産しているだけだとチーム・メンバーが不平を言うかもしれません。そんな時には、その計画が実行フェーズで大きな力を発揮すると言いましょう。実行フェーズに入ると、メンバーの支援やコーチングをしてプロジェクトを完成に導きます。プロジェクト成果物にステークホルダーが満足してくれるよう、コミュニケーションをとる必要もあります。

こうした役割のすべてにおいて、あなたはよい仕事を期待されています。すべての人をすべての面で満足させることはできないかもしれません。が、あなたはリーダーでもあるのです。メンバーのためにできることはすべてやりましょう。

現場の声

私の顧客であるグローバル・カンパニーでは、プロジェクトマネジメントに力点を置いている。プロジェクト・マネジャーには良いニュースだ。というのは、プロジェクトの成否が会社の業績に直結すると見られているからだ。そして同社にはプロジェクト・マネジャーを1年半〜2年ごとに異動させ、ビジネスを学んでもらうという方針がある。プロジェクト・マネジャーの立場からすると、自分の担当プロジェクトがそのたびにスポンサーを失い、「孤児」になってしまうことを意味する。この問題の裏にあるのは、プロジェクト・マネジャーの多くがスポンサーという「後ろ盾」に頼り切っており、担当プロジェクトが代われば、「後ろ盾」が不在となる…ということだ。その反面、社内でも有能と目されているプロジェクト・マネジャーは、新たなプロジェクトでもスポンサーとの間で良い関係を築き、「後ろ盾」を得る。その結果、新たなプロジェクトも成功に導く。

●理解度チェック

☐ プロジェクトをマネジメントする際、リーダーシップの重要性をわかったか？
☐ 4つの力の源（みなもと）と自分にどれが役立つか、または最適かを理解したか？

パート4 ▶ プロジェクト実行フェーズ

☐自分のプロジェクトが社内にどんな変革をもたらし、その変革はなぜ注意する必要があるかをわかっているか？
☐自分の担当プロジェクトに影響を及ぼしうる他の案件とその影響をわかっているか？

◆これだけは憶えておこう◆

†プロジェクト・マネジャーはプロジェクト・チームを指揮するとともに、組織の変革を指揮しなければならない。

†プロジェクトを指揮するにあたり、力の源(みなもと)を理解する必要がある。

†プロジェクトは単独では存在しない。自分の担当プロジェクトを中心に据えて、支援と勢いを保つと同時に、周りの状況にも目を光らせる。

第18章

実行指針

この章の内容
- プロジェクトの各フェーズ内のプロセス群
- PDCAサイクル
- 物事を成し遂げる
- 作業認可システムを確立する
- 管理手順を確立する
- プロジェクト日誌の重要性

　プロジェクトを立ち上げる際、権限や報告義務などの基本ルールはある程度は作りました（第7章参照）。ここで、それに肉づけし、実行指針としてプロジェクト・チーム全体に広げます。
　しかし、その前にプロジェクトのプロセス群を見ておきましょう。

●各フェーズ内のプロセス群

　プロジェクトの各フェーズ内には、プロジェクトマネジメントの基本的なプロセス群があり、プロジェクトの組織化に効果を発揮します。プロジ

ェクト・プロセス群は次のように分けられます。

† **立上げプロセス群**
プロジェクトのフェーズを開始させ、フェーズ内の作業を認可する。
† **計画プロセス群**
フェーズの目標を定義し、洗練し、いろいろな進め方の中から最善の進め方を選択する。
† **実行プロセス群**
人員その他の資源を調整し、フェーズ内の作業を実施する。
† **コントロール・プロセス群**
フェーズの目標達成を確認する。そのために、進捗を定期的に監視・測定し、プロジェクト計画書との差異を調べ、必要に応じて是正処置を講じる。
† **終結プロセス群**
フェーズを秩序あるまともな形で終わらせる。

　プロセス群の重要度はフェーズによって異なります。例えば、立上げプロセス群は、プロジェクト・ライフサイクルの4つのフェーズ——定義・計画・実行・終結——のどこにおいても、初期の段階で重要です。各フェーズの初期に立上げプロセス群に注力することにより、プロジェクトがめざすビジネス・ニーズに焦点を絞ることができます。実行フェーズでは、コントロール・プロセス群が重要になりますが、コントロール・プロセス群は、コストやスケジュールをコントロールするためにプロジェクトの最初から活用しなければなりません。さらに、各プロセス群は重なり合い、1つのフェーズ終結のアウトプットが次のフェーズのインプットになります。

　プロジェクトマネジメントのプロセス群については『PMBOK® ガイド』3.2と3.9を参照してください。

第18章 実行指針

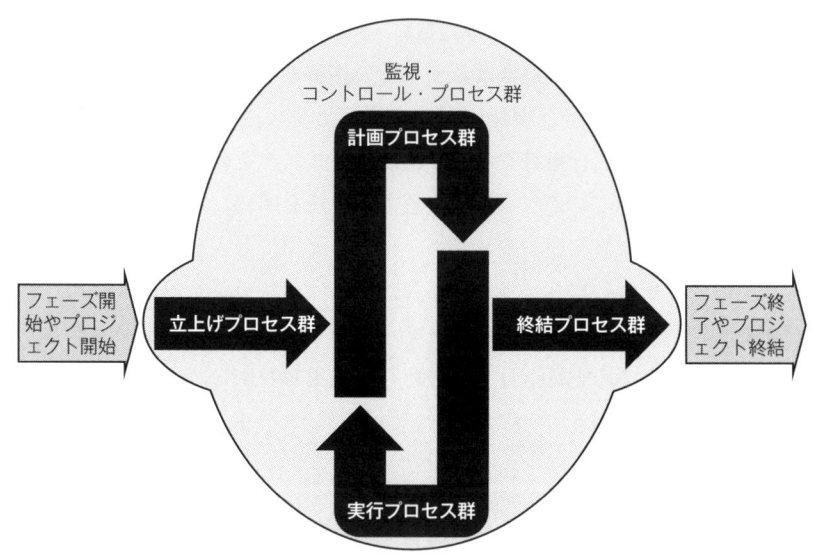

プロジェクトマネジメントでは統合がカギとなる。そのぶん、監視・コントロール・プロセス群が、他のすべてのプロセス群を継続して作成し、プロジェクトを成功に導く。

●プロジェクト・プロセス群と実行手順

　プロジェクト・プロセス群と実行手順は区別する必要があります。実行手順があることで、プロジェクト・マネジャーはメンバーを指揮し、正しい時期に正しい作業をしてもらうことができますし、現状とコストを把握することもできます。プロジェクト・マネジャーはチームに作業を委譲し情報を集めますが、管理のやりすぎや煩雑な書類、冗長なコミュニケーションでチームの士気を削いではいけません。実行手順は仕事をやりやすくするためのものであり、妨げとなってはならないのです。

　実行手順がしっかりしていれば、プロジェクト・マネジャーは、変更に必要な情報をタイムリーに収集し、スケジュールや資源、コストをコントロールし、ひいてはプロジェクトを期限通り予算内で完了させられるのです。

　こういう実行指針や報告のやり方を規定するのは厄介なことと思うかもしれません。しかし、定常業務を本業とするメンバーにプロジェクト作業

パート4　プロジェクト実行フェーズ

をパートタイムでやってもらう時には、本当の価値がわかるはずです。メンバーが報告してくれなければ、かれらの仕事をマネジメントするのは至難の業です――そして、場合によっては政治リスクが高まります。その点、しっかりした実行指針や報告があれば、リスクを緩和できるでしょう。RASICチャート（この章で後述）で各人の責任を明確に規定しておくことで、パートタイムで参加するメンバーやその上司にも正しい期待を設定することができます。しっかりした報告があれば、スケジュールの遅れもわかりますし、事態が悪化して手に負えなくなる前に、軌道修正ができるでしょう。要するに、実行指針を参考として活用しながら、プロジェクトを成功させるのです。

●プロジェクト・プロセス群とPDCAサイクル

　プロジェクト・プロセス群の基本原則の起源は1980年代のW.E.デミングらのTQ（Total Quality、トータル・クオリティ）や継続的改善、シックス・シグマ、リーン・シックス・シグマなどの活動にあります。プロジェクト・プロセス群をPDCA（計画―実行―評価―改善）サイクルと比べると、計画プロセス群がP（Plan＝計画）、実行プロセス群がD（Do＝実行）、コントロール・プロセス群がC（Check＝評価）とA（Act＝改善）にそれぞれ対応します。また、プロジェクトには明確な開始と終了があるので、立上げプロセス群と集結プロセス群はプロジェクトの有期性という特徴を反映しています。

　品質マネジメントについては、『PMBOK® ガイド』8.1.2を参照してください。

●忘れてならない作業

　プロジェクトでは常に作業の実施を最優先します。プロジェクト・マネジャーがメンバーにやってもらう作業は、しっかり委譲する必要がありま

```
        P(計画)      D(実行)


        A(改善)      C(評価)
```

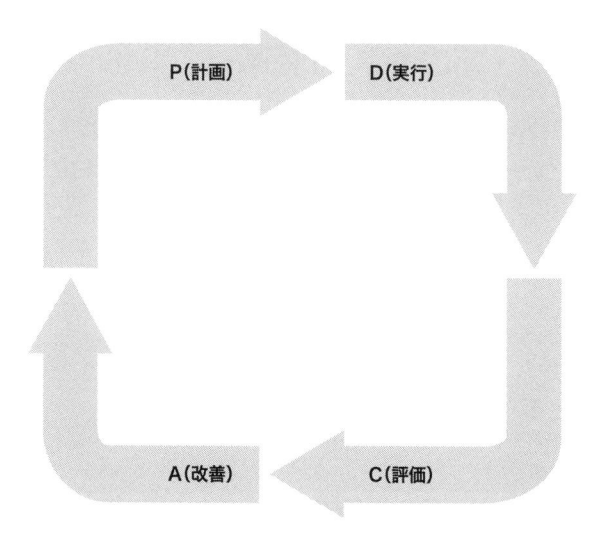

PDCA サイクルは製造業の改善活動の基本。このモデルは PMI の *OPM3（Organizational Project Management Maturing Model）* にも採用され、デザインやサービス、品質、テスト、販売の改善に貢献した。

す。権限の委譲は、会議や文書によるコミュニケーション、チーム・メンバーや作業委員会とのプロジェクト計画の検討などを通じて行います。しかし、プロジェクトの作業が開始すれば、作業計画書や作業リストに載せてなかった作業で、スケジュールに組み込まなければならないものも多く出てきます。

ご用心

プロジェクトがもたらすビジネス・プロセスの変革に注意していなければ、すぐに困ったことになる。これは、大勢を巻き込む大規模プロジェクトで起こりやすい。

●ビジネス・プロセスの変革

プロジェクト計画書を作成したら、次に重要なのは、プロジェクト・チームとユーザー・グループに変革を受け入れ、それに適応してもらうことです。

プロジェクト成果物が移管されれば、ビジネス・プロセスの変革が必要となるので、ビジネス側とよく協議し、どう対処するかを決めてもらうことが重要です。ここでは、意思決定プロセスについて考えてみましょう。

◎プロジェクト・チームと共に始める

プロセス変革のきっかけとなる課題は、ビジネス・アナリストを始め、新技術のサプライヤー、ビジネスそのものなど、さまざまなところから集まります。例えば、ビジネスの観点から、ビジネス方針や手順の変革には、プロジェクトが絶好のチャンスだと判断するかもしれません。

ビジネス・プロセス変革のプロセス

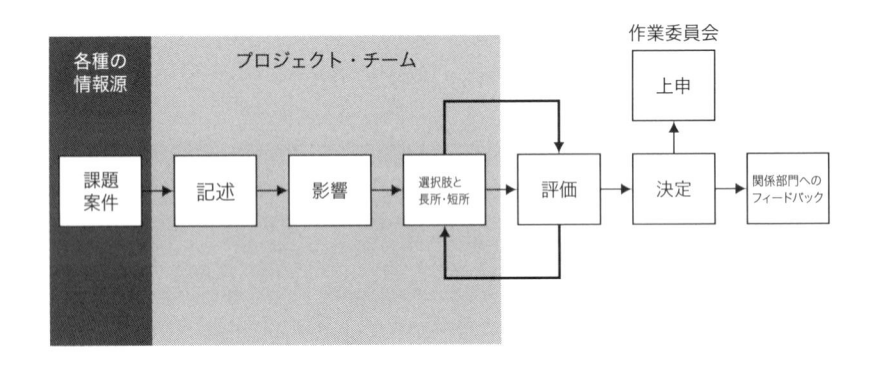

課題や案件はいろいろな情報源から集まり、左から右に流れる。プロジェクト・チーム、作業委員会を経て、最終的には経営陣か関係部門（課題や決定の影響を受ける部門）に至る。

プロセス変革の課題の出自にかかわらず、図に示したプロセスは有効であり、次のステップに大別されます。

† プロセス変革の提案内容をしっかり記述する。
† ビジネスへの影響を見たままに評価する。
† プロセス変革に対処する選択肢について、長所・短所とともにリスト・アップする。
† 各選択肢の費用対効果分析を行う。

この検討はまずプロジェクト・チームと共に始めることが大切であり、近道をしてはいけません。この種の意思決定を「白紙」の状態からできる人はほとんどいないでしょう。あらかじめたたき台を用意し、それをもとに検討を進めれば、手っ取り早く効果的に進みます。

◎作業委員会の出番

この時点で、作業委員会が引き継いで、プロジェクト・チームから提供された選択肢を詳細に評価します。プロジェクト・チームが予期していなかった選択肢で、作業委員会の独自のものがあれば、それも加えます。ビジネス・プロセスの選革を評価するには、下のリストを雛形として使うとよいでしょう。

☐ プロセス領域
☐ プロセス変更
☐ 背景情報
☐ 課題（何を意思決定するか？）
☐ 制約条件
☐ 選択肢
☐ 計画（どのように進めるか？）
☐ テスト（うまくいくかどうかをどのようにテストするか？）
☐ コミュニケーション（関係者は何を知る必要があるか？　誰がその情報

- □コミュニケーション（関係者は何を知る必要があるか？　誰がその情報を発信するか？）
- □トレーニング（トレーニング終了後、何ができていなければならないか？）
- □リーダーシップ（経営チームが成功のためにどんな支援を提供する必要があるのか？）
- □メリット
- □移管（プロジェクトが定常業務に完全に移管されるまで、どう対処するか？）

　作業委員会は評価を終了したら、どの選択肢を採用するかを決める必要があります。このことは、プロジェクト・チームが「技術的」に最良の方法を選ぶのではなく、ビジネス側がビジネスの要求事項に合致する最良の方法を選ぶという点で特に重要なことです。

◎意思決定する

　意思決定のプロセスでは、作業委員会のメンバーが自部門の他のメンバーと選択肢について長所・短所を含めてやり取りすることを組み入れておきます。これは2つの点で重要です。第1に、いずれ決定を支援し従う立場の人たちからインプットをもらうからです。意思決定のプロセスで意見を出した人は、決定を支援してくれます。第2に、大勢から意見をもらうことで、作業委員会の検討のヌケ・モレを防ぐことになります。ヌケ・モレはよくあります。作業委員会のメンバーがマネジャーであって、プロセスの詳細に精通していないため、重要ポイントを見落としたり、まったく無知だったりするかもしれません。

　意思決定を民主投票でせよとは言いませんが、多くの人に相談するにこしたことはありません。そうすることで、決定につながりますし、そのプロセスに大勢の人を巻き込むことで、プロジェクト成果物の受け入れもやりやすくなります。そして最終決定は、すべての決定に責任を負う作業委員会に委ねるべきです。

自動化プロジェクトの RASIC チャートの例

自動化サービス	統括マネジャー	現地チーム	自動化担当（定常業務）	自動化監督（事業部）	自動化監督（現場）	自動化支援マネジャー	自動化マネジャー（事業部）	自動化情報伝達担当	自動化調整担当	自動化サービス・マネジャー
新規作業										
影響大　ハードウエア		S	R	I	I	I			I	
ソフトウエア		S	R	I	S	I			I	
影響小　ハードウエア	I	S	R	I	S	S	S	I	S	
ソフトウエア	I	S	R	I	S	S	S	I	S	
既存作業										
強化										
影響大	A	S	R	I	C		A		C	
影響小	A	S	R	I	C		A		S	
プロジェクト										
スコープ　中～大	A	R	S	I	I		I	I	S	C
研修	A	R	S	I	C		I		S	I

R（実行責任）　A（承認）　S（支援）　I（情報提供）　C（相談対応）

●RASIC チャートを活用する

　RASIC チャートとは責任分担マトリックスの一種で、プロジェクトの意思決定に特に有効です。RASIC とはそれぞれ単語のイニシャルで、意味は次の通りです。

　　R（Responsible）：実行責任。作業を完了し、完了させる責任を負う。
　　A（Approve）：承認。作業の実行と成果物を承認する。

S（Support）：支援。資源の提供や実務を通じて、支援する。
I（Inform）：情報提供。作業の成果物について情報をもらう。意思決定や行動についての事前相談は不要。
C（Consult）：相談対応。作業の完了に必要な情報や能力を持ち、相談に乗る。

RASICチャートではステークホルダーと意思決定や成果物を図示する。

◎決定を上申する

プロジェクトが最初に「行き詰まる」前にあらかじめ「上申手順」を決めておく必要があります。上申手順がないと、個人間の力の勝負に発展し、プロジェクト・チームの作業を大幅に遅らせることにもなります。経験則から言えば、作業委員会は意思決定を3度やってみて、それでも結論が出なければ、スポンサーか運営委員会に上申して決めてもらうのがよいでしょう。もちろん、プロジェクト・マネジャーは、もめる兆しが見えたらスポンサーや運営委員会に警告を発しなければなりません。何の警告もしていなかった問題でサプライズ（不意討ち）を食らわせることがあってはなりません。かれらがあらかじめ状況を知っていれば、裏から手を回して解決策をさぐってくれるかもしれません。上申手順のもう1つの利点は大半の人が緊急度を理解して課題解決や意思決定を助けてくれることにあります。「何でもあり」と思われると、プロジェクトとはまったく無関係の心理ゲームや不毛なやり取りに発展しかねないのです。

> **プロジェクト用語**
>
> 「上申手順」とは、プロジェクトの運営委員会に決定を持ちあげるための所定のプロセス・手順のこと。

最後に、決定が出たら作業委員会はそれを組織に伝える必要があります。

●作業認可システムを確立する

プロジェクトの作業が始まると、プロジェクト・チームから必ず「私の担当作業はいつ開始すればいいのか？」という質問が出ます。これに答えるには、あらかじめ作業認可システム（WAS：Work Authorization System）を確立しておかなければなりません。

プロジェクト用語

「作業認可システム」とは、適切な作業が適切な順序で実行されることを認可する文書化された手法のこと。チーム・メンバーはそれに基づいて作業を開始できる。

作業認可システムがないとどんなことが起こるでしょう？　顧客がプロジェクト・チームのメンバーに接近して実施中の作業にちょっとした変更を依頼します。すると、メンバーは顧客に喜んでもらうために、「わかりました」と答え変更作業にとりかかります。プロジェクト・マネジャーは数日後に作業の進捗の報告を受けるまで、何も知りません。やがて進捗遅れの理由を調べる中で、追加の変更があったことに気づくのです。作業認可システムがあれば、メンバーも変更依頼を受けなかったはずです。顧客に「ノー」と言いやすかったでしょう。「プロジェクト・マネジャーの認可が必要です。認可を取っていただけませんか？　そうしたらすぐに変更にとりかかります」と言えるのですから。

大規模プロジェクトでは、作業認可システムを文書で確立し、プロジェクト監査で必要に応じて追跡できるようにします。小規模プロジェクトでは、Eメールで「OK」を出すなど、非公式なものでもよいでしょう。しかし、廊下の立ち話だけではいけません。口頭で認可したものは、必ず文書で確認します。

●役に立つ管理手順

　チーム・メンバーには、報告書を書くとか、経費を精算するといった管理業務もやってもらわなければなりません。こういうことが好きな人は少ないでしょうが、前向きな作業環境であれば、プロジェクト・マネジャーの指針に従ってもらえます（ただし、要求事項はあらかじめはっきりさせておかなければなりません）。

　情報の収集は実際に使うものに限定します。最初の段階では、必要以上の報告書や更新情報を集めがちです。データの集めすぎに気づいたらメンバーに伝え、報告書は簡潔で短いものにしてもらいます。本当に必要なデータはしっかり保管し、必要な時にいつでも取り出せるようにします。

　組織内で類似プロジェクトを数多く走らせていて、確立した管理手順があるなら、それを活用すればよいでしょう。具体的には、報告書の書式や進捗会議の開催の頻度、監視手順などです。

　進捗についての検討方法や報告書についてしっかりした体制ができていないのなら、作業を開始する前に基本的な管理手順を決める必要があります。

賢者の言葉

「その日にしたことを毎日記録をつけていない人が週ごとに実働報告を書くのは、フィクションを作り上げるのに等しい。そんなデータはないよりも始末が悪い」——J.P. ルイス，*Fundamentals of Project Management*

◎必要な報告書

　ステークホルダーや他のマネジャー、顧客には、プロジェクトの現状をタイムリーに知らせなければなりません。ステークホルダー向けの定期の現状報告書には、プロジェクトの進捗状況やスケジュール変更、予算など

を盛り込みます。チーム・メンバーへの報告とやる気の維持のために、別の報告書が必要だということもあります。大規模プロジェクトでは、プロジェクト・チーム（チーム内のサプライヤーを含む）向けの日報や週報を発行するのもよいでしょう。報告書を更新する際は優先順位や課題、締切期日を強調します。報告書を更新する目的は、そこで取り上げなければ見落とされがちな情報を知らしめることです（思わぬ事態に遭遇したとしても、プロジェクト・マネジャーが解決にあたるので、チームは担当作業に注力するようにと指示することもできます）。コスト差異報告書、要員負荷報告書、資材在庫報告書、その他の公式文書は、プロジェクトの特定分野の追跡に使います。

◎報告書の書式

　報告書をうまく活用すれば、プロジェクト・チームはプロジェクトの「ロードマップ」（道筋）に従い、軌道上を進めます。定期の情報収集にはプロジェクトマネジメント用ソフトウェアと簡潔な報告書の活用を勧めます。私がよく使う現状報告書の書式を紹介しましょう。

†スケジュールの更新

　プロジェクトの進捗・進化に合わせ、スケジュールを更新する必要がある。スケジュールに変更があるなら、理由のいかんにかかわらず、そのつどチーム・メンバーに知らせ、必要な調整をしてもらう。

†資材・装置の依頼

　当初は考えていなかった資材・装置が必要になることもある。チーム・メンバーには依頼のための書式をあらかじめ知らせておこう。調達チームに必要な情報を盛り込んでおけば、かれらを巻き込むきっかけにもなる。

†現状報告書

　ネット上に専用のサイトを整え、そこで関係者に現状報告書やその他の管理書類を提出してもらおう。現状報告書には次の情報を盛り込む。

- †前回の報告以降に完了した作業と期日
- †進行中の作業と完了見込み期日
- †予定している作業と完了見込み期日
- †予算の消化状況（妥当なら）
- †注意すべき課題
- †プロジェクトを改善・変更するための推奨案
- †質問や意思決定、その他の課題で他のメンバーからの承認や回答を要するもの

全員が書式を統一すれば、現状の要約や統合、分析が手っ取り早くでき、プロジェクト・マネジャーが公式な現状報告書を作成する際も便利です。

◎報告書には目的がある

プロジェクトで使う報告書（書式）には、次の点を決めておきます。

- †報告書発行の頻度は？　毎週、毎月、四半期（3カ月）ごと。
- †何を盛り込むか？
- †発行の責任者は？
- †報告書の目標は？
- †報告書に記載する行動項目は誰がフォロー・アップするか？
- †報告書の配布先は誰か？　例えば、現状報告書の配布先には、チーム・メンバー、経営陣、顧客・ステークホルダー（該当する場合）が考えられる。

プロジェクト・マネジャーが異なる配布先に別々の報告書を発行することは、公式・非公式に実施している監視活動を総合することになります。それにより、進捗の実績を当初の計画と比較し、リスクを把握することにもつながります。

> **時は金なり**
>
> 経営陣や顧客向けの報告書はチーム・メンバー向けよりも公式なものとなるが、詳細は盛り込まない。メンバーがプロジェクト・マネジャーに提出する報告書はより詳細なものとなる。そこにはプロジェクト・マネジャーのみに向けた情報も入れることがあり、他のメンバーやマネジャーに何を伝えるかは、取捨選択する。

◎2つの確認点

報告書や手順を使い始める前に、次の2点を自問してみましょう。

† この情報を知らせるのにはこの報告書が最善の方法か？
† 別の方法で、もっと手っ取り早く同じ効果を期待できる方法や打ち手はないか？

第19章「コミュニケーションをとる」から、上の2点への回答が得られるはずです。

●なぜプロジェクト日誌をつけるのか

会議で記録をとる、プロジェクトの参加者から情報を集める、報告書を作成する…などに加え、賢明なプロジェクト・マネジャーはプロジェクト日誌をつけることを習慣にしています。プロジェクト日誌には進捗の記録や問題点とともに、プロジェクトにプラスやマイナスの影響を及ぼす課題を盛り込みます。プロジェクト日誌は船長の航海日誌と同じです。1日1ページで、プロジェクトの進捗や課題を記録します。そこには、話し合いの論点や、決定事項、行動項目と期限を記録します。さらに、主要な会議の結果、達成事項、対立点やプロジェクトの健全さを脅かす出来事などを

盛り込みます。

　プロジェクト日誌は終結フェーズで教訓をまとめる際の基礎にもなります。時間が経ってすっかり頭から消えていたことを思い出させてくれます。

　プロジェクト日誌は定番の日記帳も使えますが、昨今では、iPad のようなタブレットを使うのもよいでしょう。タブレットには紙と鉛筆と同じように入力しやすさだけでなく、日付を自動的に記録する、各種ホルダーを作る、分類や検索がしやすいなどの利点もあります。

　プロジェクト日誌の目的は次の3つです。

† プロジェクトの進捗を記録し、事後のレビューの基礎とする。現状報告書の束を読んでも気づかない問題点が、プロジェクト日誌で特定できることもある。チームのあるメンバーがなかなか成果を上げられないといった長期的な問題は、プロジェクト日誌をめくれば見つけやすい。その人にチームから外れてもらう場合にも、詳細を記録してあればやりやすくなる。

† プロジェクトの予算オーバーや納期遅れについて経営陣に不平を言われても、プロジェクト日誌に細大漏らさず記録してあれば、正確な記録をもとに実態を説明できる。

† プロジェクト日誌は次のプロジェクトを改善するための最善のツールである。前回のプロジェクト日誌にときおり目を通し、うまくいったことやうまくいかなかったことを見直そう。うまくいったことは活用し、うまくいかなかったことは繰り返さないことだ。良く書かれているプロジェクト日誌は、数年後に読み返しても、笑顔を誘うだろう。

●リーダーシップが決め手

　実行指針や管理手順を実施する際に、憶えておいてほしいことがあります。それは、プロジェクトを成功に導くのは各種の書式やコンピュータ・プログラムではなく、マネジメントとリーダーシップだということです。プ

ロジェクト・マネジャーは単なる管理者ではなく、マネジャーおよびリーダーとして行動しなければなりません。このことを頭に入れておけば、細々とした管理手順をうまくさばき、効果的なコミュニケーションをとることができるのです。

●理解度チェック

☐ プロジェクトマネジメントのプロセス群を理解したか？
☐ なぜ実行手順が必要かを理解したか？
☐ 作業認可システム（WAS）の価値を理解したか？
☐ RASICチャートがプロジェクト作業と役割を明確にすることを理解したか？
☐ プロジェクトの進捗を把握するために、自信ある報告システムを持っているか？
☐ プロジェクト日誌をつける意義を理解したか？

◆これだけは憶えておこう◆

† プロジェクトにはプロセス群があり、それによって作業を監視し、進捗を報告し、1つのフェーズから次のフェーズへ移行する。だが、内容のない冗長な報告書や目標のない会議は不要である。
† ビジネス・プロセスの変革にはプロジェクト・チームと作業委員会を活用する。
† プロジェクト・チームの作業のマネジメントには、作業認可システム（WAS）を確立する。
† 報告書は意味のあるものとし、官僚的な手続にならないようにする。
† プロジェクトの最初の段階で、望ましい管理手順を確立する。
† プロジェクト日誌をつけて記録とアイデアを残す。

パート4 ▶ プロジェクト実行フェーズ

第19章

コミュニケーションをとる

この章の内容
■メッセージの受信者を知る
■コミュニケーション計画を作成し、実行する
■コミュニケーションとリーダーシップは車の両輪
■コミュニケーションを通じて、リスクを緩和する
■スコープ変更のコミュニケーション
■良い聞き手となる

　プロジェクトの成功というと、すぐに頭に浮かぶのは、スコープを正しく定義する、WBSで作業をしっかり洗い出す、リスク・マネジメントをする…などかもしれません。PMIでは最近、成功プロジェクトの研究をまとめた *Pulse of the Profession* という報告書を発行しました。この報告書は、フォーブスとプライスウォーターハウス・クーパーズ、タウン・ワトソンの調査に基づくもので、それによると、プロジェクトの成否のカギを握るのはステークホルダーとの効果的なコミュニケーションだとのことです。そして報告書は、コミュニケーションのまずさによって、プロジェクトに投下する資金の56%がムダになっていると結論づけています。

306

プロジェクト・マネジャーとしては、こういう問題にどう対処したらよいのか？　この章では、プロジェクトにおけるコミュニケーションについて見てみましょう。

●コミュニケーションの基礎:ものの見方がすべて

　物事の理解はものの見方に基づいています。ですから、プロジェクト・マネジャーがプロジェクトの関係者——チーム・メンバーやステークホルダー、あるいは他の誰か——とコミュニケーションをとるには、相手のものの見方を考慮しなければなりません。ここに挙げるコミュニケーション・モデルは、ものの見方がわれわれの理解にどう影響するかを示しています。相手と、コミュニケーションをとる前に分析しましょう。次のように自問してみます。

- †相手はどんな情報を必要としているか？
- †こちらが送るメッセージを相手はどう受け止めるか？（解答によっては、メッセージのトーンを変えなければならないこともある。）
- †情報伝達の最適の媒体は何か？（例えば、1対1の面接、説明会、Eメール）
- †情報の最適な送信者は誰か？
- †メッセージをどう伝達すべきか？
- †相手はいつ情報を受信するか？
- †相手の反応についてのフィードバックはどのようにして受け取るのか？

●コミュニケーション計画の概要

　プロジェクトを成功させるにはコミュニケーション計画の作成が不可欠です。プロジェクトのエンドユーザーにいつ何が起こるかを知らせるのに、広く使われる方法です。ここでコミュニケーション計画書の主要部分を見

パート4　プロジェクト実行フェーズ

現場の声

私はコンサルタントとして、世界中のいろいろな地域でプロジェクト・マネジャーに会い、プロジェクトマネジメント手法の改善のお手伝いをしている。そんな中で、かれらに何度も尋ねてみた。プロジェクトの成功を予測する拠り所は何か（？）と。私は、スコープ定義とか、しっかりしたプロジェクト計画…などの答えを期待していた。ところが、4人のうち3人までが異口同音に「コミュニケーション」と答えた。プロジェクト・チームの中は言うに及ばず、顧客やステークホルダーとのコミュニケーションをしっかりとっていれば、プロジェクトの成功は約束されたも同然。反対に、コミュニケーションがまずければ、プロジェクトは間違いなく問題にぶち当たるとのことだ。

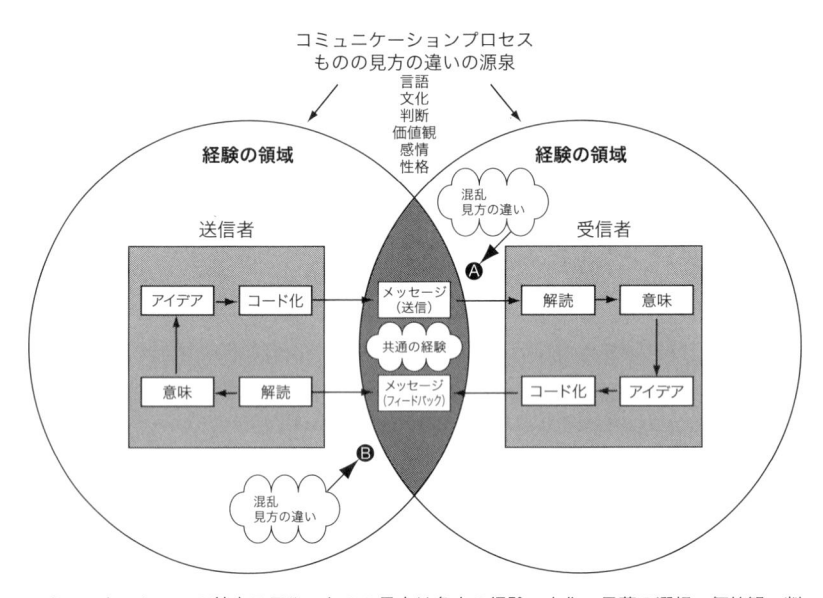

コミュニケーションプロセス
ものの見方の違いの源泉
言語
文化
判断
価値観
感情
性格

経験の領域　　　　経験の領域

混乱
見方の違い

送信者　　　　受信者

アイデア → コード化 → メッセージ（送信） → 解読 → 意味

共通の経験

意味 ← 解読 ← メッセージ（フィードバック） ← コード化 ← アイデア

混乱
見方の違い

コミュニケーションの基本モデル。ものの見方は各人の経験、文化、言葉の選択、価値観、判断などに基づくことを示す。われわれはこうした要素すべてを動員してメッセージを暗号化し、解読する。2つの円が重なる部分でコミュニケーションがとられる。重なりがなければ、誤解は避けられない。

出典：V. Verma, *Human Resource Skills for the Project Manager*

てみましょう。

- †ステークホルダー分析
- †感度分析
- †情報ニーズ
- †媒体の要件
- †送信者と権力
- †タイミング
- †共通の定義
- †フィードバック・ループ
- †大小の障壁
- †特殊用語や略語

◎ステークホルダー分析

　ステークホルダーのプロジェクトへの関心度はまちまちです。顧客情報データベースの新規構築プロジェクトでは、営業所やマーケティングのメンバーの関心が製造部門より高いでしょうが、誰にもそれなりの関心はあります。ステークホルダー分析の目的は各ステークホルダーの関心度を見極めることです。ポイントを具体的に見てみましょう。

- †営業部門はその情報が現有顧客への商品・サービスの売り上げ増にどう結びつくか、新規顧客の開拓に役立つかに関心がある。
- †マーケティング部門は購買動向の情報に関心がある。さらに、顧客が将来購入する新商品のトレンドを見たい。
- †研究開発部門はマーケティングが提供する情報を受け、新たな需要を満たしつつ利益が出る価格で製造できる商品の開発をする。
- †製造部門は営業部門からの注文情報の正確な入力に関心がある。それにより販売用の商品の十分な数量を確保しつつ、在庫を抑えながら生産するスケジュールを作る。
- †購買部門は購入代金の支払いが経理システムにスムーズに伝わり、さらに支払い記録を追跡できるシステムを望む。
- †経営陣は顧客の購買パターンを明らかにしたい。限りある人員と資金の投資先を合理的に決定し、会社を成長させるためだ。

　ステークホルダー分析については、『PMBOK® ガイド』13.1.2 を参照し

てください。

> **時は金なり**
>
> 肝に銘じておこう。すべてのコミュニケーションは、いま情報をやりとりしているステークホルダーから始まる。各ステークホルダーが必要とする情報の内容や詳細は、それぞれに異なる。一本のEメールを大勢の受信者に送信して事足れりということはない。コミュニケーションには時間がかかるが、一種の投資と考えよう。

◎感度分析

　プロジェクト・チームはコミュニケーション計画の作成において、ステークホルダーの感度の違いを考慮する必要があります。例えば、営業部門は商品・サービスの販売への官僚的な手順の導入には慎重で、不満をぶつけてきます。「営業にどっちをやってほしいんだい？　1日中、オフィスでコンピュータに入力するのと、外に出て顧客に商品を売るのと？」回答は明々白々ですが、プロジェクト・チームがこの点を考慮していないと、あとから顧客関係管理（CRM）システムの導入の際、深刻な抵抗に遭うことになります。

　経営チームやその他のグループにも、それぞれ異なる関心事があり、プロジェクト・チームの対応のしかたが重要です。

> **賢者の言葉**
>
> 「コミュニケーションで最も大切なのは、語られないことに耳を傾けることだ」
> ──ピーター・ドラッカー

◎情報ニーズ

　社内の部門によっても、必要とする情報が異なります。顧客情報の新型データベース導入プロジェクトを例にとると、営業部門は情報を入力する立場なので、入力の方法に関心を持つでしょう。会計やマーケティング部門は請求や支払いに必要な情報の報告機能や正確さに関心があります。システムからどんな種類の情報をどれだけ引き出せるかを知りたいからです。でも、注文情報の入力については、営業部門ほど詳しく知る必要はありません。

　このように、各部門に独自の情報ニーズがあります。こういう情報ニーズをコミュニケーション計画に織り込みます。その上で、プロジェクト・スポンサーの情報ニーズをカバーすることを忘れないでください。

◎情報媒体

　ステークホルダーの各グループに対する情報伝達では、相手に関心を持ってもらうためにも、有効な情報媒体を選ぶ必要があります。ここ数年間で、何百というプロジェクトに手傷を負わせた禁じ手があります。それは、Eメールを送ってこと足れりとすることです。Eメールだけではコミュニケーションにはなりません。

　最近のプロジェクトの例です。プロジェクトは1年半にわたり順調に進んでいましたが、残すところ数カ月で、暗礁に乗り上げたのです。詳細は省きますが、コミュニケーションに問題がありました。プロジェクト・マネジャーはステークホルダーとのコミュニケーションをもっぱらEメールでやっていたのです。われわれは毎日、おびただしい数のEメールを受信します。その大半は不要なものですし、そこには「迷惑メール」も含まれているので、やがてEメールは無視されます。まさに、これでした。プロジェクト・マネジャーは基本に立ち帰り、より強力なコミュニケーション計画を新たに作り、それにより、メンバーの努力に見合う形でプロジェクトを終結させたのでした。

　Eメールは全体計画の1要素ですが、二次的な位置づけとします。Eメー

パート4 プロジェクト実行フェーズ

ル以外の媒体を考えましょう。

† 説明会
† プレゼンテーション
† スタッフ会議
† メモ文書
† 壁への掲示
† ウェブ・ポータル

よく使われるコミュニケーション媒体を表にまとめました。それぞれ最も効果的なところにチェック（✓）をしています。

コミュニケーション媒体の特徴

コミュニケーション媒体	グループ	個人	文書	口頭	公式	非公式
電話会議	✓			✓	✓	
Eメール		✓	✓			✓
ビジネスレター		✓	✓		✓	
報告書		✓	✓		✓	
会議	✓			✓		✓
プレゼンテーション	✓			✓	✓	
電話		✓		✓		✓

　コミュニケーションの技術と方法については、『PMBOK® ガイド』10.1.2.2 と 10.1.2.4 を参照してください。

◎メッセージの送信者と権限

　誰がメッセージの送信者としてふさわしいかは、力の源泉から考えます。次の表にあるように、力の源泉が異なれば、結果も違ったものになります。例えば、専門知識は説得力が最強の力の源泉です。説得を目的とするメッセージは（社内外で）専門家として認められている人から送信してもらいましょう（成果が+3）。もし経営陣に頼んで法令順守の命令を発してもらったとしても、あまり成果は期待できません（成果が−1）。つまりコミュニケーションをとらない方がましということになります。

　経験則としては、期待する成果に合わせて力の源泉を選ぶことです。

力の源泉	行動	成果
専門知識	説得質問	+3
賞賛	依頼	+2
報酬	約束	+1
地位の権威	命令	-1
強制	威圧	-2

　表からわかるように、目的によって適切な力の源泉を選ぶ必要があります。ステークホルダーのグループを説得する必要があるのなら、専門知識を力の源泉にするのがよいでしょう。では、プロジェクト・チームはそれ

を顧客データベースの導入にどのように活用するのでしょう？

　営業担当者の顧客情報の追跡方法を変える必要がある、と考えたとします。このメッセージは誰から送信してもらうのがよいでしょう？　営業担当副社長のような上層部にやり方はこうだと宣言してもらおうとするかもしれませんが、表を見ると、それでは成果が得られそうにありません。でも、もしプロジェクト・チームが営業部門の本当の「スター」（営業部門からそろって業績を高く評価されている人）の１人にデモ用サンプルや新ツールを提供し、販売力強化にどう役立つかを尋ね、その上で、その人から仲間にメリットを話してもらえば、違いは大きなものになるでしょう。営業のメンバーは真剣に聞いてくれます。地位（例えば、営業担当副社長）ではなく、実績で専門家としての尊敬を受けているからです。そして実績こそが、営業担当者に本当に大切なことです。

◎タイミング

　メッセージの送信にはタイミングも重要です。情報提供が早すぎれば、質問を受けたが、まだ答えはないことにもなります。与えられた以上の詳細を知りたいということもあるでしょう——特にプロジェクトの初期段階において。情報提供が遅すぎると、プロジェクトが先に進んでいてチームが対応できず、自分たちを交えずに意思決定をしていると思われるかもしれません。たとえ、かれらの同意が必要ではないとしても、タイミング良く情報提供をすれば、かれらは承認を求められ、それを与えたと感じてくれます。それがエンド・ユーザーからの承認につながるのです。ですから、コミュニケーション計画を作る際は、コミュニケーション活動のタイミングも明記しておきましょう。

◎共通の定義

　業界や企業には独特の用語があります。プロジェクト・マネジャーはそれを知っておくことが大切です。外から入った場合はなおさらです。ここでも、内部にいる当該分野の専門家（例えば作業委員会）に助けてもらうとよいでしょう。

簡単な例ですが、私はプロジェクトのフェーズを示すのに、一貫して、「定義」「計画」「実行」「終結」を使ってきましたが、ある顧客は、「設計」「構築」「実施」「稼働」を使っていました。そこで、いつもの作業が顧客の定義ではどういう表現になるのか、チームのために対照表を作りました。複数の定義をゴチャゴチャに使うことのリスクを考えると、これには意味があったと思います。

> **ご用心！**
> プロジェクト・チームの主要メンバー全員が、プロジェクトで使う用語の共通の定義を理解していることを確認しよう。

◎フィードバック・ループ

　コミュニケーション計画では、情報がどう伝わったかを評価するフィードバック・ループの構築が必要です。コミュニケーションではときに予期せぬ解釈や反応が起こるものです。こういう誤解を防ぐには、関係者全員の共通の定義を確認するのも一法です。さらに、解釈が異なれば、予期せぬ結論に至ることもあります。ですから、誤解が生じたことを知る唯一の方法は、フィードバック・ループで確認することです。

　フィードバック・ループを構築する1つの方法は、プロジェクト・マネジャー（やチーム・メンバー）がステークホルダーと良い関係を作り、重要なメッセージの送信後にかれらに連絡をとることです。そして反応——どんな受け止め方をしているか——を聞いてみます。それにより、メッセージの送信がうまくいったか、あるいは次回には洗練・修正をする必要があるかがわかります。

　フィードバック・ループのもう1つのメリットは、プロジェクトについてどんな噂が流れているかを把握できることです。こういう噂には、すぐにしっかりした手を打たねばなりません。数時間か数日前に生まれたばか

りの噂に対しても適切なメッセージを発すれば、信頼構築の効果はてきめんです。ステークホルダーは、プロジェクト・マネジャーが自分たちの言うことに耳を傾けていると考え、プロジェクトへの懸念を大幅に減らしてくれます。

◎コミュニケーションに対する大小の障壁

　コミュニケーション計画の作成には、大小2種類の障壁を念頭におきましょう。障壁には明々白々なものもありますが、目立たないものもあります。コミュニケーションを成功させるにはどちらも考えておくことが重要です。

　大きな障壁とはコミュニケーションを明らかに阻害する要因となるものです。その代表格が地理的条件です。見込み顧客の所在地があちこちに散らばっていれば、コミュニケーションはそれだけ難しくなるので、どう対処するかを考える必要があります。もう1つの大きな障壁は言語の違いです。文化を含む言語の違いは、コミュニケーション計画でよく考えなければなりません。該当する言語・文化圏の人をプロジェクト・チームに入れて、コミュニケーションの手助けをしてもらうことが不可欠です。

　小さな障壁ははるかに微妙なものです。端的な例は、プロジェクト成果物の受けとめ方です。2年ほど前に類似プロジェクトを手掛け、それが完全な失敗に終わっていて、誰もがビジネス・コンセプトに欠陥があり、今回も成功するはずがないと考えているといったケースです。これ以外にも小さな障壁がプロジェクトを取り巻いていることがあるので、コミュニケーションのとり方を決める際に考えておかなければなりません。

◎専門用語と略語

　専門用語と略語はコミュニケーション計画のステークホルダーが使っているものに限定します。機能グループ間の会話では、その分野では共通だが他の分野の人たちはちんぷんかんぷんの専門用語や略語を使いがちなので注意しましょう。対処法としては、その言葉を最初に使う際にしっかり定義を示すか、まったく使わないことです。

> **現場の声**
>
> どの会社にも独自の用語があります。新顔にとっては、最大の難問かもしれません。部門内でも独自の用語を使っています。プロジェクトの現場で専門用語や略語に出くわしたら、その都度、意味を確認しよう。

●プロジェクトチームのことを忘れない

　コミュニケーション計画の作成では、プロジェクト・チームにコミュニケーションをとることも忘れてはなりません。プロジェクト・チームが大勢で構成されたり、いろいろな場所に散らばったりするなら、ステークホルダー向けとプロジェクト・チーム向けの並行するコミュニケーション計画を考える必要があるかもしれません。

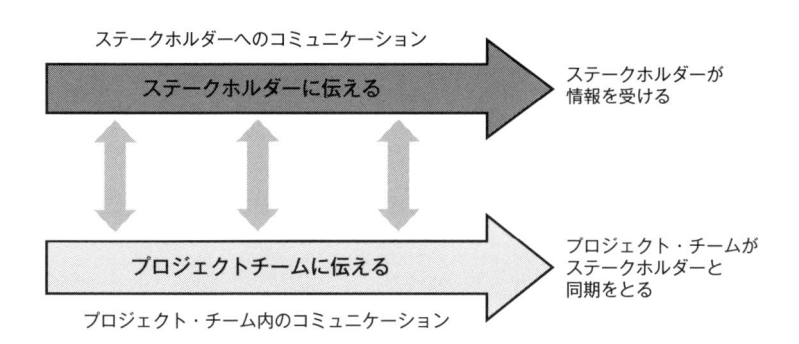

　コミュニケーション計画については、『PMBOK® ガイド』10.1 を参照してください。

並行するコミュニケーション

ステークホルダーへのコミュニケーション
ステークホルダーに伝える → ステークホルダーが情報を受ける

プロジェクトチームに伝える → プロジェクト・チームがステークホルダーと同期をとる
プロジェクト・チーム内のコミュニケーション

317

●コミュニケーション計画を実行する

どんなに素晴らしい計画も、実行できなければ意味がありません。時間をかけて作ったコミュニケーション計画を、棚ざらしにしてはいけません。コミュニケーションの作業も他の作業と同じようにプロジェクト計画に織り込んで、実行します（その一部をチーム・メンバーに委譲するのもよいでしょう）。作業の一部を作業委員会のメンバーに分担することも忘れないでください。コミュニケーションの原案作成では、プロジェクト・マネジャーがかれらをコーチングしたり手助けしたりする必要があるかもしれませんが、かれらの代わりをしてはいけません。繰り返しますが、すべてのプロジェクトはビジネスの成果を上げるために実施します。ですから、ビジネス側のリーダーが送信すべきメッセージからビジネス・リーダーが外れてはまずいのです。また、他のプロジェクト計画書と同様、状況が変わったら、作業をレビューし更新します。

●コミュニケーションとリーダーシップ

良いコミュニケーションと強いリーダーシップは車の両輪です。プロジェクトを期限通りに予算内でいつも成功させられるプロジェクト・マネジャーは、人と組織の間のコミュニケーションを効果的にマネジメントしています。プロジェクト・マネジャーはチーム・メンバーや関係者にいつでも気持ちよく相談に来てもらわなければなりません。これはあなたの直属の部下にも、かれらの上司にも、あなたの上司にもあてはまることです。

プロジェクトを効果的にマネジメントするには、3種類のコミュニケーションをとらなければなりません。

1. **垂直コミュニケーション**：組織図の上下関係に基づく縦方向のコミュニケーション。
2. **水平コミュニケーション**：同じ職階での横方向のコミュニケーション。
3. **斜めのコミュニケーション**：組織図に示されることは少ないが、プロ

ジェクトの成功には重要なコミュニケーション。他部門のマネジャーや役員との斜め上方向のコミュニケーションと、第三者（例えば、コントラクターやサプライヤー、コンサルタント）との斜め下方向のものがある。

あらかじめ3つの方向でのコミュニケーションを確立していれば、組織間やスタイル、手順、優先順位などで対立でも解決の力になります。

コミュニケーション・マネジメントについては、『PMBOK® ガイド』10.2を参照してください。

●コミュニケーションの目的

常にコミュニケーションの目的を考えましょう。受信者に何かをしてほしいのか？　ある考え方や感じ方をしてほしいのか？　相手にどんな反応をしてほしいのかを判断するには、「私のメッセージの目的は…」という文章を完成させてみましょう。この文章を完成させられないとしたら、相手がわかってくれることはないのです。

ご用心！

現状報告書やプロジェクトの関係情報の更新にはグループウェア（メンバーがコンピュータ上で話し合う場を提供するソフトウェア）を使える。大型プロジェクトの情報共有にはプロジェクト専用のウェブサイトの立ち上げもできる。ツイッターやブログを通じて、ステークホルダーに情報を流すのもよいかもしれない。しかし、ステークホルダー分析を思い出し、ツールの見当違いな使用はしないようにしよう。どのツールを選んだとしても、常識を働かせることが大切である。こちらが発したメッセージに予期せぬ影響があったら、無視してはいけない。チーム・メンバーに軽い気持ちで送ったメッセージに対して、あとからしっぺ返しを喰らうこともないとは言えない。

●メッセージを効果的に組み立てる

　コミュニケーションは一種の「アート」です。コミュニケーションがうまくなれば、プロジェクトは終始スムーズに進みます。ステークホルダーには情報を十分に周知させなければなりません。一語一語が大切です。ですからメッセージは簡潔にしましょう。誰に、何を、いつ伝えるかはよく考える必要があります。メッセージの送信に迷うことがあったら、時間をおきましょう。しかし、送信する必要があると判断したら、メッセージの組み立てには（媒体を問わず）、次の指針を参考にしてください。

　　†あらかじめ原稿を作り、入念に手直しする。これにより、メッセージをより簡潔にし、伝えたい点を網羅できる。
　　†受信者の期待、メッセージの結果必要となる行動、メッセージ送信後のプロジェクト・マネジャーの期待を考える。
　　†メッセージの特性に合わせてコミュニケーション媒体と送信のタイミングを選ぶ。
　　†冒頭に要約を設け、課題、背景、関心領域を特定する。
　　†何らかの行動をとる必要があるのなら、メッセージの最初ではっきりと具体的に伝える。
　　†できるだけ簡潔にまとめる。ただし、無神経・無礼にならないように。
　　†情報にサプライズ（不意討ち）があってはいけない。例えば、会議で重要な事柄を話し合うなら、あらかじめ内容を主要メンバーに伝えておく。

●聞くことは重要なコミュニケーション

　よく聞く能力は、プロジェクト・マネジャーが身につけるべき最重要の能力の1つです。送信したメッセージが相手に理解されかどうかは、よく聞くことでわかります。神経を集中して聞けば、どんな報告書を読むよりも正確にプロジェクトの進捗を把握できます。さらに、注意して聞けば、社

内政治の問題も、それが大きくなってプロジェクトの足が引っ張られる前に、察知できるのです。

ここに聞き手としての能力を高めるヒントを挙げておきます。

†自分は発言を控え、相手に言いたいことを言ってもらう。
†相手の話は途中で遮らず終わりまで聞く。相手の話を遮ったのでは真意を把握できない。相手の話がちょっと途絶えたからといって、すぐに割り込まない。こちらが話を始める前に、相手が話を終えたことを確認する。
†電話や人の出入りで邪魔されることがないように配慮する。相手の話に全神経を集中する。
†目的意識を持って聞く。相手の言うことの行間に耳を傾け、メッセージの根底に横たわる意味を聞きとる。相手のボディ・ランゲージや顔の表情にも注意する。そこから口に出さない不満や課題の手掛かりが見て取れることも少なくない。相手の表情から何かまずいことがありそうだと感じたら、遠まわしに質問をして真意を引き出す。
†相手の話を自分の言葉で言い換え、理解が正しいかどうかを確認する。良いコミュニケーションのためには、メッセージをしっかり受けとめ、理解しなければならない。

◎リスク・マネジメントのためのコミュニケーション

プロジェクトにリスクはつきものです(第8章を参照)。想定したリスクの多くは、実際には起こらないかもしれません。すると、リスクの緩和策は計画だけのものになります。しかし、リスクが実際に発生したら、有能なプロジェクト・マネジャーは、リスク・マネジメントの一環としてコミュニケーションを活用します。つまり、コミュニケーションはリスクの緩和策の一部にはほかならないのです。問題を解決するためには、まず問題の所在を認識しなければなりません。リスク・マネジメントのためのコミュニケーションには、3つのポイントがあります。

1. リスクについてステークホルダーに不意打ち（サプライズ）を喰らわせない。リスクの兆候があれば、すぐステークホルダーに知らせる。
2. 課題に適切な「枠組み」を設定することで、ステークホルダーの反応に影響を与える。
3. できるだけ、前向きな姿勢をつらぬく。

> **プロジェクト用語**
>
> 「枠組み」とは、心理学の考え方をコミュニケーションに適用するもので、ある状況につき、一定の見方をするように促し、それ以外の見方を排除する形で描写すること。典型的な例としては、「グラスのワインはあと半分しかない」と「グラスのワインはまだ半分ある」。

◎スコープ変更のコミュニケーション

　プロジェクトではスコープ変更が必ず起こると言ってよいでしょう。変更の大小はともかく、主要ステークホルダーにはしっかりコミュニケーションをとる必要があります。第7章で見たように、スコープ変更について明確なマネジメント・プロセスを確立しておくことは、変更の可否を関係者に連絡するのに役立ちます。

　この章の前半で、メッセージの送信者について触れましたが、スコープ変更のメッセージはプロジェクト・チームではなく、ビジネス側の人が発信するべきです。ビジネス側の人なら、変更がもたらす影響や変更の決定に至る選択肢についても、主要ステークホルダーがわかる言葉で説明できます。

　最後に、変更の承認の可否にかかわらず、変更の起案者やグループには、判断の理由を説明する必要があります。ここでも説明するのは、ビジネス側の人がよいでしょう。

●コミュニケーション計画を結合する

　プロジェクトマネジメントの本ではWBSで作業を洗い出すことが強調されています——そして、それは重要なことです。しかし、私の顧客が言っているように、プロジェクトの成功にはしっかりしたコミュニケーションが不可欠です。この章を読み終えたら、プロジェクト計画書に目を通し、コミュニケーション関連の作業を追加してください。所要期間の見積りやスケジュールの作成と同じ厳格さをコミュニケーション計画にも当てはめましょう。コミュニケーションの作業をプロジェクト計画書に盛り込み、いつやるかも決めます。現状報告書の作成のような繰り返し行う作業なら、計画書にそのように明記します。作業と同様、依存関係があるかもしれません。例えば、ユーザーの受け入れテストについてのコミュニケーションは、受け入れテストが終了し、その結果の詳細な分析を入手する前には、とることができません。

　コミュニケーション計画を単なる後知恵ではなく、プロジェクト計画の中心部分と考えましょう。

●理解度チェック

☐コミュニケーション計画の作成にステークホルダー分析を活用したか？
☐各ステークホルダーの感度と情報ニーズを理解しているか？
☐プロジェクト・チームは共通の定義を使っているか？
☐大小のコミュニケーション障害を分析し、いかに克服するかを考えたか？
☐コミュニケーション関連の作業はコミュニケーション計画に盛り込んだか？

◆これだけは憶えておこう◆

† プロジェクト成果物のための作業を計画するように、コミュニケーションをしっかり計画する。
† コミュニケーション計画で検討すべきすべての要素を盛り込む。
† コミュニケーションに経営陣を必ず巻き込む。
† 重要なメッセージは慎重に作成し、送信前に他の人からフィードバックをもらう。
† リスクの処理とスコープ変更には、よくコミュニケーションをとる。
† 良いコミュニケーションをとるには、良い聞き手になることが重要である。
† コミュニケーション計画は、常に更新し実行する。

パート5
監視・コントロール・フェーズ

　プロジェクトを指揮するには、監視・コントロールが欠かせません。自動車レースの運転手と同様、カーブでスピードを調節したり、道路の状態に合わせたりします。プロジェクトのコントロールは、詳細計画を策定し、十分なコミュニケーションをとり、明確な管理手順を構築することから始まります。

　しかし、実際にプロジェクトをコントロールするには、状況の変化や問題の発生、不測の事態などを監視し、対処する必要があります。プロジェクトの要所要所で、時間、コスト、品質について、計画と実績を比較し、作業や資源、計画を調整します。事故を防ぐために減速する必要もあれば、状況の変化に合わせてアクセルを踏み込む必要もあります。

　最後に、定常業務部門がプロジェクト成果物を受け入れる態勢を整える必要があります。

第20章

プロジェクト計画を監視・コントロールする

この章の内容
- ■プロジェクトを監視する目的
- ■アーンド・バリュー分析（EVA）とガント・チャートを理解する
- ■プロジェクト・レビュー会議
- ■プロジェクト監査によりコントロールする
- ■予算を監視する

　プロジェクトの作業が開始したら、プロジェクト・マネジャーの責任の重点は、プロジェクトを期限通り予算内で進めることに移ります。プロジェクト計画書を入念に策定したことから、チーム・メンバーは計画通りに作業を進め、仕様通りに完了してくれると思うかもしれません。残念ながら、そううまくはいきません。場合によっては、プロジェクト・マネジャーが入り込む必要があります。

　この章では、プロジェクトの監視・コントロールの基本を学びます。

パート5　　監視・コントロール・フェーズ

●責任を持ってコントロールする

　プロジェクトの作業の開始とともに、プロジェクトは独り歩きを始めます。そしてプロジェクト・マネジャーの仕事は、プロジェクトを期限内に予算内で仕上げることです。仕事も評価もそこにかかってきます。でも、メンバーの仕事ぶりはどうしたら把握できるのか？　どのようにして目標を達成し、さらに他のもろもろのことをやり遂げればいいのか？　たいへんな仕事だと思うかもしれません。

　プロジェクト・コントロールの目的は、スケジュール通りに予算内で、品質基準を満たす形で進めることです。この内、どれか1つでもうまくいかなければ、ビジネス・ケースは成り立たなくなり、パフォーマンス向上が会社に価値をもたらすという前提も成り立たなくなります。プロジェクトをコントロールすることにより、プロジェクト・チームから運営委員会に至る、主要ステークホルダー全員が、プロジェクト終了に向けて進捗を監視し、マイルストーンへの到達状況を把握し、問題にも対処できるのです。

　プロジェクトの舵をとるのは、実は、そんなに難しくはありません。すでに計画があるのですから、それを活用する番です。計画に基づいてプロジェクトをコントロールすればよいのです。それには、計画と資源——特に要員——を注意深くマネジメントして、すべての要素を連動させ、ス

ご用心！

「コントロール」という言葉は官僚主義や権威・権力の集中を連想させることもある。こういうマイナスのイメージから、不慣れな人には、プロジェクトをコントロールすることを躊躇する向きもあるかもしれない。しかし、ここで言うコントロールは支配とは異なる。情報を集めて進捗を監視・測定し、プロジェクト目標に合わせて進捗を調整することだ。これは必要なことだ。これをしなければ、プロジェクトが軌道上を進んでいるかどうかを把握できないからだ。

ムーズに進める必要があります。これを怠ると、所期の目標を達成できなくなります。ここまでにまとめたスケジュールや予算、実行手順に基づいて、いつでもプロジェクトの現状を評価できるのです。

◎プロジェクト・コントロールの成功基準

　ここではまず、監視とコントロールがなぜ重要かを論じ、次に、その対象について見てみます。プロジェクト・マネジャーが報告書や実行手順（第18章で詳述）をどう活用するかは、プロジェクトの最終結果に直接影響します。プロジェクト・コントロールで、報告書や実行手順を活用する指針を挙げましょう。

- †まず、プロジェクトの調整には、プロジェクト計画書を基礎とする。この本の相当部分を計画策定に割いているのも、計画が重要だからだ。ここまでに紹介したステップに忠実に従えば、しっかりした計画ができる。実行はその計画に基づいて行えばよい。
- †常に進捗を監視し、計画書やその他の文書（場合によっては、SOW、仕様書、図面、機能仕様書など）を更新する。せっかく作成した計画書や関連書類も、実行フェーズで活用しなければ、役に立たない。さらに、計画は定期的に更新する。プロジェクトの現状とともに、新情報に基づく変更、予算の制約、スケジュールや成果物の変更などを反映させる。
- †これまでも強調してきたように、プロジェクトの計画と実績を定期的に比較し、進捗を監視する。やり方は思いつきや恣意的なものではなく、統合した形で定期的に行う。スケジュールや予算に重大な差異がある場合は、すぐに報告しなければならない。プロジェクトの成否に直結するからだ。
- †プロジェクト・マネジャーは現場に徹する。コンピュータの前にすわっている時間はないはずだ。逆に、腕まくりして、チームと一緒に現場に立たなければならない。それにより、プロジェクトの最新情報を把握し、チーム・メンバーの負担の軽減にも一役買うことに

なる。
- † プロジェクトが軌道上を進むように、スケジュールや予算、作業計画は必要に応じて調整する。プロジェクトの進捗につれ、いろいろな理由で、当初の計画を変更する必要が出てくる（変更の理由の主なものは第22章で取り上げる）。変更が適切、有効で関係者の承認を得たものとするのは、プロジェクト・マネジャーの責任である。
- † 最後に、プロジェクトの進捗と変更点は文書化し、チーム・メンバーに周知する。プロジェクト・マネジャーが発行する報告書や情報の品質や詳細さは一定で、信頼でき、チームの階層に合ったものとする。

◎何を監視するか

プロジェクトをスムーズに進めるには、プロジェクトの規模や複雑さにかかわらず、次の点を監視しなければなりません。

- † ワーク・パッケージの完了状況（計画と比較し、スケジュール通りか）。WBSがコントロールに最適
- † 実行中の作業のスコープ（スコープ・クリープが起きていないか）
- † 実行中の作業の品質（プロジェクトの要求事項と比較する。第23章を参照）
- † コストの消化状況（予算と比較する）
- † プロジェクトの参加メンバーや関係者（主要ステークホルダーや経営陣を含む）の姿勢
- † チームのまとまりや協力関係

コストの監視・コントロールについては、『PMBOK® ガイド』7.4.2を参照してください。

　監視の対象は作業やスケジュール、予算に限らないことに注意しましょう。チーム・メンバー同士のコミュニケーションや協力関係、作業の品質も重要です。さらに、装置の稼動状況も監視しなければなりません。例え

> **時は金なり**
>
> プロジェクトマネジメントにおけるコントロールの対象は、時間、コスト、品質、スコープである。

ば、大型プロジェクトでは、コンピュータの使用状況についてプロジェクト・マネジャーが責任を負うこともあります。誰も注意していない間に突然、装置が消えてもいけません。

複雑な大規模プロジェクトのプロジェクト・マネジャーは、プロジェクト作業そのものより長い時間を監視・コントロールに割く場合もあります。それはそれでよいのです。プロジェクト・マネジャーの仕事は、プロジェクトの各要素を統合しプロジェクトを成功に導くことだからです。プロジェクト・マネジャーが作業そのものに長い時間を割いているとしたら、赤信号です。予算をひねり出して事務処理をする人を採用し、プロジェクト計画書の更新などの作業をやってもらうべきかもしれません。小規模プロジェクトでは、監視・コントロールの程度はずっと少なくて済むはずです。

プロジェクトの現状を、信号機と同じく、緑、黄、赤に色分けする方法もあります。すぐに赤と黄に目が向くはずです。この場合、色盲の人のことも考え、文字や記号を併用するのがよいでしょう。

プロジェクトの規模の大小を問わず、監視の時間を抑えたいのなら、報告書を適切なレベルにすることです。報告書は単純明快なものにしましょう。さらに、プロジェクトマネジメント用ソフトウェアを使えば、現状や変更を加えた場合の影響の把握も手っ取り早く行うことができます。

◎監視の目的

作業やマイルストーン、予算をプロジェクト計画書にとりまとめることがプロジェクトの調整・コントロールの出発点です。作業やマイルストーンは進捗監視のチェックポイントとして使えます。監視の目的には、公式・

プロジェクト・スコアカード	
コスト	黄 顧客 GUI の部門でコスト・オーバーの危険がある。
スケジュール	緑 スケジュールに大きな問題はない。
	黄 リモコン製作のサプライヤーは若干遅れているが、追い着けると考えている。
品質	緑 インターフェースの技術検証のため5月にピア・レビューを行う予定。
ベスト・プラクティス機能	緑 「プロジェクトの重要成功要因」をメンバーで見直した。
機能的な問題	赤 課金の構造について経理部門と検討する会議が取り止めとなり、再設定されていない。
	緑 新規顧客のクレジット・カードによる支払いの入力情報について来週決定の予定。
	緑 ロンがデータベース作業部会を主催する。
	黄 リサが画像情報の要求内容についての検討会を主催することになっているが、出張の予定が入り、懸念がある。
	緑 アンドレアが情報のとりまとめについてマーケティング部門と検討する予定。
コミュニケーション	緑 プロジェクト・チームがマーケティング部門からの問い合わせにつき検討し、回答する。
	緑 プロジェクト・チームが GUI の承認前に運営委員会が検討する書類を提出する。
	緑 プロジェクト・チームが現在わかっている課題管理表を運営委員会に提出する。
	緑 チャールズがサプライヤーから品質保証計画の詳細情報を入手する。
リスク	緑 なし

赤：リスクが高い　黄：中間　緑：リスクが低い

非公式を問わず、次のものがあります。

† プロジェクトの現状と変更点をメンバーに周知させる。
† プロジェクトの現状についてステークホルダー（クライアントや顧客）の期待をマネジメントする。
† プロジェクトに変更を加える理由を説明する。
† 当初のプロジェクト計画（「ベースライン」と呼ぶ）と現行の計画を対比する。

　監視・コントロールは一貫して行うことが重要です。問題はどこででも起こり得るので、監視はプロジェクトの開始から終了まで継続して行わな

ければなりません。

　未熟なプロジェクト・マネジャーの中には、最初の数週間、やる気満々であらゆることを監視しようとする人がいます。そして、うまく進んでいると思うと手を抜きます。やがて問題を見過ごし、プロジェクト終了時には混乱の山を築くことになります。これではいけません。プロジェクトでは首尾一貫して熱意を高く保ちましょう。

現場の声

ここまでで、明らかなように、プロジェクト・マネジャーは詳細について追跡することが求められる。世の中には詳細志向の人がいて、かれらは細かな点をしっかり処理できる。それに向いている人だ。私はそういう幸運には恵まれていないので、しっかりした計画に基づき、地道にフォローする必要がある。計画に沿うことで、詳細に目を向けることができる。私の場合、しっかりした計画がなければ、細かな点を見落として、ストレスを背負い込むのは目に見えている。

●アーンド・バリュー分析でプロジェクトの現状を把握する

　アーンド・バリュー分析（EVA：Earned Value Analysis）は産業界の標準手法で、3つのことを行います。

　　†プロジェクトの進捗を測定する。
　　†プロジェクトの完了日と最終コストを予測する。
　　†プロジェクトの進捗にともない、スケジュールの差異と予算の差異を把握する。

　アーンド・バリューの基本的考え方は、プロジェクト作業が完了すれば

それに見合う「価値が生まれる」("earned value"、「出来高を獲得する」) ということです。EVAでは3つの数値を統合し、プロジェクトのあるべき姿と現状を一貫した数値指標で示します。

1. **プランド・バリュー（Planned Value）**
   測定日までに遂行すべき作業の予算総額

2. **実コスト（AC：Actual Cost）**
   測定日までに実際に発生したコストの総額

3. **アーンド・バリュー（EV：Earned Value）**
   測定日までに実施した作業に割り当てられた予算総額（実績ではない）

　EVAの算出には、あらかじめプロジェクト計画書で備えておく条件があります。まず、WBSをしっかり作成し、すべてのワーク・パッケージとその成果物を洗い出します。さらに、各ワーク・パッケージにコストを割り当てなければなりません。
　一例として、あるプロジェクトを、8週間かけて、予約 $200,000 で行うとしましょう。6週間（全体の時間の75％）経過したところで、作業の50％が完了し、$180,000 を支払いました。すると、次の数式で、スケジュールと予算を把握できます。

> †スケジュール差異（SV:Schedule Variance、EV − PV）はアーンド・バリューとプランド・バリューを比較する。数値がプラスなら、プロジェクトは予定より先に進んでおり、マイナスなら遅れていることを意味する。上の例では、
>
> $$SV = EV - PV$$
> $$= \$200{,}000 \times 0.5 - \$200{,}000 \times 0.75$$
> $$= \$100{,}000 - \$150{,}000$$
> $$= -\$50{,}000$$

となり、プロジェクトは遅れている。

†コスト差異（CV：Cost Variance、EV － AC）はアーンド・バリューと実コストを比較する。数値がプラスならプロジェクトは予算内で進んでおり、マイナスなら予算オーバーの状態にあることを意味する。上の例では、未定の50％を完了するのに＄100,000で済ませるはずのところを＄180,000を支払っている。すなわち、

CV = EV － AC
　 = ＄200,000 × 0.5 － ＄180,000
　 = ＄100,000 － ＄180,000
　 = － ＄80,000

となり、プロジェクトは予算オーバーの状態にある。

2つの数式から、プロジェクトがうまくいっていないことがわかります。ここで問題になるのが、プロジェクトを完了させるのにあとどれだけの時間と資金が必要か、ということです。プロジェクトマネジメント用ソフトウェアの多くでは、そういう計数ができます。

アーンド・バリューの詳細は『PMBOK® ガイド』7.1.2を参照してください。

EVAのデータの入力や扱いには人手がかかり、作業の数値化も容易ではないにもかかわらず、プロジェクト・コントロールにEVAを使うことの意義は明白です。パフォーマンスの測定と予測が推測を排した形でできるので、「曖昧さ」を相当、排除できるからです。業界によっては、アーンド・バリューによる報告を求めるところもあります。

●ガント・チャートを使ってプロジェクトをコントロールする

ガント・チャート（第10章を参照）では、左側にプロジェクトの作業を

リストし、右側にそれを図示します。左側のリストに作業の番号、開始日、終了日、所要期間、担当者などを書き添えることもあります。右側には作業の開始日、終了日をプロットし、所要期間を横線の長さで表わし、依存関係も図示します。

　ガント・チャートの最大の強みは各作業の進捗が一覧でわかることです。プロジェクトを監視するには、各作業の開始・終了の計画と実績を比較し、完了の割合を見ればよいのです。ガント・チャートの横線を色分けすることもできます（ここの例ではしてはいません）。例えば、当初の計画は黒、フロートは青、作業の遅れは赤とするなどです。

時は金なり

サプライヤーや代理店を使う時は、先方に誰か親しい人を作ろう。プロジェクトがうまく進まない時には、軌道から外れる前に、その人から警告してもらえる。

●「90％完了」症候群

　多くの人が時間のロスは取り戻せると楽観的に考えており、単に自分を良く見せたいと思う人もいます。ですから、実績報告書に「90％完了」という記述があったら、要注意です。未完了の10％の裏にとんでもない事実が隠されているかもしれません。プロジェクトの総時間の30％で作業の90％を終えたにもかかわらず、残りの10％に当初予定の200％の時間がかかる——その理由は何かということです。

　複雑な作業の90％（あるいは相当大きな部分が）かなり早く完了した。だが、その後の報告書では、91％、92％…など、遅々として進まない。こんな時には、実状を確認する必要があります。

　「90％完了」症候群の原因解明の指針を示しましょう。

†チームの主要メンバーとの会議や1：1の面談で残りの10％の作業のスコープを調べる。外部に知られたくないような技術的問題があるのか？　作業をより細かく分解するべきか？
†残りの10％の作業は本当に予測できるかを考える。創造性を要する作業（例えば、発明や新しいアイデアを生むなど）のスケジュール作りには難しい面がある。新技術の開発や高度に創造的な作業では、必要なブレークスルーが予定通りには起こらないこともある。創造的作業はより現実的に評価する必要がある。さらに、自然発生的な事象も予定はできない。創造性を要する作業は率直に対処し、適宜、スケジュールを変更する。
†プロジェクトの現状の評価には、チームに率直さを求める。そのため、開かれたコミュニケーションを促し、危険をともなう作業には過度に楽観的にならないように諫める。チーム・メンバーが上げてくる見積りは希望的な数字かもしれない。自分もチームも率直さと地道な努力を奨励し、ウソの報告や見果てぬ夢は排除する。

●進捗会議を通じてプロジェクトをコントロールする

　プロジェクトを成功させるには、机上で報告書を分析するだけでは不十分です。報告書だけを頼りに対立や問題、人員配置の課題などを解決するのはまず不可能であり、プロジェクト・コントロールでは人と会うことが常に必要なのです。
　プロジェクト進捗会議は、マネジャーや監督者と、主要メンバーが一堂に会して課題解決に取り組む機会です。プロジェクトの現状を話し合い、将来のマイルストーン到達に向けたパフォーマンスも検討します。進捗会議はマイルストーンの到達後や重要フェーズの前後などの節目に開きます。報告書の提出を求める代わりに進捗会議を定例で行うこともあります。例えば、顧客関係管理（CRM）の新システムのユーザー教育のようなサブプロジェクトは期間も短いので、簡単な報告書と定例会議の2本立てにするのがよいでしょう。プロジェクトによっては、会議の回数はあるところま

では少なくし、調整作業が増加する局面では増やすという方法もあります。

課題の解決にプロジェクト会議を開く必要があるのなら、すぐに開きます。問題を発見したら、定例会議まで待たず、すばやく手を打ちましょう。会議は短時間に集中して行い、懸案について話し合いを終えたら散会します。焦点が定まらない会議を長々と続けるのは、熱意を弱め判断を曇らせます。会議が3時間も続いたら、誰も集中できません。

●プロジェクト監査

プロジェクトの監視で、プロジェクト・マネジャーに最も恐れられているのがプロジェクト監査です。プロジェクト監査が契約上求められていることもあれば、プロジェクトが軌道から外れ原因が不明なので、監査が必要になることもあります。プロジェクト監査の目的は作業の質やスケジュールの進捗、予算消化の状況を正確に把握することです（これは監視の目的と同じであり、監査とは大規模な現状報告書をまとめることと変わらないのです）。

監査は外部の客観的な立場の人が実施し、進捗やコスト、現行計画を検討します。監査人は、チームのメンバーと話し合ったり、報告書に目を通したり、実地に現場を観察したあとで、プロジェクト・マネジャーや経営陣に自分たちの結論を報告します。大規模プロジェクトでやり方を改善すべきだという強い提案が出されることも少なくないのです。

プロジェクト監査を受けることになったとしても、この章に紹介した監視と追跡の方法に従っていれば問題はないでしょう。コミュニケーションと監視をしっかりやっていれば、サプライズ（不意討ち）はないはずです。しかし、もしあったら、しっかり受け止めて手を打ちましょう。自分が発見した問題ではないからといって、提案を無視してよいわけではありません。

●予算を監視・コントロールする

スケジュールやパフォーマンスの追跡には報告書と会議が有効ですが、

予算には特別の技法が必要です。予算監視の方法は、社内に既存の会計システムに基づいて決めます。サプライヤーに支払いをしたり契約を結んだりする際は、監視方法をしっかり決め、それに基づいて実績を測定しなければなりません。

大半の会社では、プロジェクトの経理状況を把握するのに経理部門から上がってくる経費報告書だけに頼っているので、予算オーバーになったり、まだ余裕があると思ったりしがちです。社内の請求・支払いのサイクルよりもずっと前の時点で、契約とか合意により資金が「支払い済み」ということが少なくないのです。経理報告書に記載されるのは「報告書作成時点で支払い済み」のものだけで、未払いや未請求の請求書は記載されません。このことは、クレジット・カードでの支払いを考えればよいでしょう。銀行口座の残高は、クレジット・カードによる支払い額を考慮しなければ、本当のところはわからないのです。

ですから、経費報告書に目を通すとともに、当日までに発生した経費も監視の対象にしなければなりません。プロジェクト・マネジャーの経費の計算と経理部門の経費報告書は、最終的には一致するはずですが、確認までに90日もかかることがあるのです。

外部に支払いの約束をする全員が、経費に関するすべての約束事を、そのつど、報告しなければなりません。少なくとも、全経費を現状報告書に載せなければならないのです。大規模プロジェクトでは、会計の専門家にスタッフとして入ってもらい経費の追跡や監査をしてもらうのもよいでしょう。

こうしておけば、経理部門から上がってきた経費報告書の数字がこちらの数字と一致しない時でも、差異の調査に必要な資料が手元にあります。もし資料が手元にないとしたら、経理担当者の言いなりになってしまいます（これは望ましいことではありません）。

時は金なり

チームからデータを出してもらう時は、すべてのデータ（作業、予算、品質、課題）を一括して出してもらう。五月雨式に追加情報の提出を求めると、メンバーはイライラし、生産性は下がる。

●ひとつにまとめる

　プロジェクトを軌道に沿って進めるには、プロジェクト・チームが最上の情報源です。チームから情報を収集したら、プロジェクトの現状を分析し、(必要なら)新たな打ち手を決めます。ここには2つのステップがあります。第1のステップは、――ご想像の通り――現状を反映してプロジェクト計画書を更新することです。第2のステップは、ステークホルダーやチームと共に計画書の修正点を検討し、合意を得ることです。第2のステップについては第22章で詳述します。ここでは、プロジェクト計画書や関連文書の更新を取り上げましょう。

　プロジェクト計画書（プロジェクト憲章、仕様書、図面、スケジュール、予算を含む）は、プロジェクト・マネジャーが使える最重要のコントロール・ツールです。承認済みの作業を明らかにすることもできれば、必要な変更についてコミュニケーションをとることもできるからです。

プロジェクト作業の監視・コントロールについては、『PMBOK® ガイド』4.4.2を参照してください。

　プロジェクトの現状についてデータを収集し、各作業やスケジュール、予算をクロス・チェックしたら、現状を計画と比較する番です（例えば、プロジェクト憲章と現実の成果物の仕様を比べ、今後を予測する）。大規模プ

ロジェクトでも、この作業はプロジェクトマネジメント用ソフトウェアで簡単にできます。現状のデータをあてはめると、スケジュールや予算、クリティカル・パスに変更が必要になることもあります（プロジェクトマネジメント用ソフトウェアでは、新旧を比較し、経路や期日、作業の変更点、予算の差異などを示すことができます）。

データを更新して新しいスケジュールや予算を見れば、差異を引き起こしている問題を特定できます。突然、クリティカル・パス上に遅れが出たら、経路をたどり、どの作業が遅れており、原因は何なのか調べられます。クリティカル・パスに変化があったとしても、ことの重大さは場合によります。経路をたどって、どこに問題があるかを検討しましょう。

予算の監視は、しっかりした会計システムのもとで、支払関連の数字をタイムリーに入手することに尽きます。計画と実績を比較する方法は、基本的に、スケジュールの場合と同じです。差異や予測はグラフや表にすればわかりやすくなります。よくできたプロジェクトマネジメント用ソフトウェアには、グラフを数種類用意しており、予算を時間軸上に可視化して示せるものもあります。

●理解度チェック

☐ プロジェクト計画書は、なぜ更新する必要があるか、プロジェクトの監視になぜ活用する必要があるかがわかったか？
☐ プロジェクト追跡の詳細を理解したか？
☐ 私の担当プロジェクトに、アーンド・バリュー分析（EVA）は使えるか？
☐ プロジェクトマネジメント用ソフトウェアの使い方について研修を受ける必要があるか？　それとも、スプレッドシートで十分か？
☐ 「90％完了」症候群の問題点と対処策がわかったか？

◆これだけは憶えておこう◆

† プロジェクトをコントロールをするには、現状をしっかり把握する必要がある。状況は常に変化しているので、プロジェクト・マネジャーは定期的にプロジェクトを監視し、実績と計画を比較しなければならない。

† プロジェクト計画書や主要関連文書を常に更新し、変更や調整を反映させておけば、現状把握はそれだけ正確になる。

† アーンド・バリュー分析（EVA）を使えば、プロジェクトの現状が把握しやすい。

† プロジェクトが90％完了しているにもかかわらず、残り10％に時間がかかりすぎるとしたら、原因を究明し、チームとしてどんな手を打つかを検討する。

† プロジェクト・コントロールには、プロジェクト監査を活用するとよい。

† 予算の監視には時間と労力がかかるが、プロジェクトマネジメントでは重要なことである。

第21章

プロジェクト成果物を定常業務に移管する

この章の内容
- ■定常業務に移管する5つの要件
- ■ユーザー教育を計画する
- ■定常業務部門の受け入れ態勢の注意信号
- ■変化への抵抗に対処する
- ■経営陣を活用する

　プロジェクト・マネジャーは、プロジェクト成果物が最終的に定常業務に移管されるということをとかく忘れがちですが、成果物はプロジェクトから離れ、定常業務の中に組み込まれて、手順やルール、装置として機能することになります。移管の前には数多くの作業が必要ですが、特に重要なのが担当部門の受け入れ態勢を整えることです。

　この章では、受け入れ態勢を整えることの重要性とプロジェクト・マネジャーが準備を始めるべき時期について解説します。

●定常業務に移管する５つの要件

　この本の冒頭で触れたように、プロジェクトのそもそもの目的はビジネスのパフォーマンスを向上させることです。しかし、プロジェクトがめざしていた成果物を生み出したにもかかわらず、失敗と見なされてしまう例は後を絶ちません。一体なぜ、こんなことになるのか？　こういうプロジェクトを分析すれば、失敗の根本原因がプロジェクト成果物の受け入れ準備ができていなかったためということが少なくないのです。ユーザーからみれば、プロジェクトが解決すべき問題を解決していないということです。

　プロジェクト成果物を定常業務にスムーズに移管するには、次の５つの要件を満たさなければなりません。

1．ビジョンを示す。
2．プロジェクト成果物を活用するスキルを確保する。
3．インセンティブを与える。
4．ユーザーの移行を手助けする。
5．移管スケジュールをステークホルダーに知らせる。

プロジェクト用語

「定常業務への統合」とは、プロジェクトから受け入れた製品・サービスがビジネス・ケースで意図した形で活用されること。

　次ページの表に５つの要件のそれぞれが不十分である時にどんなことが起こるかを要約しておきます。
　各要件の重要性と整備のしかたを見てみましょう。

　ステークホルダーの変革マネジメント計画については、『PMBOK® ガイド』13.4.1.1 を参照してください。

第21章 ▶ プロジェクト成果物を定常業務に移管する

要件	➡	不十分である時の結末
1. ビジョンを示す		混乱、無関心。
2. プロジェクト成果物を活用するスキルを確保する。		従来のやり方の踏襲。
3. インセンティブを与える。		成果物の無視、消極的な取り組み。
4. ユーザーの移行を手助けする。		恐れ、落胆。
5. 移管スケジュールをステークホルダーに知らせる。		努力のムダ、無秩序。

◎ビジョンを示す

　プロジェクト・マネジャーは、成果物の移管後の職場の未来図をビジョンとして示さなければなりません。成果物の移管は「何とかなる」と考える人もいますし、それで済むこともあるでしょう。しかし、ここで本当にやらなければならないのは、日々の業務で成果物をどう使うことになるかをユーザーに明確に示すことです。単に「仕事が速く進む」と言うだけでなく、なぜ、どのようにして速く進むのかを説明します。それには、「なぜやるのか？」を盛り込んだ「変革趣意書」（第7章を参照）を活用するとよいでしょう。これができなければ、担当部門の混乱や無関心を招くことになります。

◎プロジェクト成果物を活用するスキルを確保する

　プロジェクト・マネジャーは、成果物の使い方を担当者にどう身につけ

てもらうか説明する必要があります。スキル研修では、「知る」ではなく「できる」に焦点を絞ります。成果物を移管する際は多くの抵抗が予想されますが、その根底には、準備不足のためにマヌケとか能力不足と見られたくないという、担当者の心理があります。自分がマヌケと思われることには、誰もが強く抵抗します。ですから、ユーザー教育（この章で後から触れます）の詳細を説明し、準備を十分するので心配には及ばないということを繰り返して確認します。これを怠ると、従来のやり方が踏襲されることになります。

◎インセンティブを与える

　ユーザーが使ってみようと思うようなインセンティブを与えるのもよいでしょう。新製品や新サービスの発売時の大幅値引きや無料サンプルと同じです。例えば、営業用の新ソフトウエア導入プロジェクトで営業担当者に使ってもらうために営業・マーケティング部門の経営陣と相談して、クルーズ旅行つきのコンテストを実施するなどです。どのプロジェクトでも使えるわけではありませんが、一考の価値はあります。

　マーケティングには、「アーリー・アダプター」（早期採用者）という語があります。消費者の中で、最先端の商品を好み、新しいものを進んで試すグループのことです。成果物の移管では、定常業務の側でこれにあたる人を探し、一役買ってもらうのもよいでしょう。かれらにはインセンティブは不要です。新たなものを試したくてウズウズしていますから。IT（情報技術）の世界では、「ユーザー受け入れテスト」と呼んでいますが、他の分野でも適用できる戦術です。

　多くのプロジェクト・マネジャーが経験していることですが、お昼休みに新商品のデモをする際、インセンティブとして、無料のドリンクとクッキーを提供するのも有効です。驚くほど大勢の人がそういうものに惹きつけられます。予算に余裕があるなら、導入を支援するユーザーやオペレーターにランチ（もちろん無料）を振る舞う手もあります、これも、見に来てもらうためのインセンティブです。インセンティブが十分でなければ、成果物を無視されたり、消極的な取り組みにつながることになります。

チーム・メンバーや作業委員会のビジネス側の人と話し合い、参加を促し、移管に合意してもらうための面白いインセンティブを考えてください。

インセンティブについては、『PMBOK® ガイド』13.3.2.2 を参照してください。

> **時は金なり**
>
> ナポレオン・ボナパルトは、軍事作戦を準備する際、部下の将軍たちを 3 つに大別していたという。第 1 のグループは、いつでもどこにでも彼についてくる。第 2 のグループは必ず作戦に反対する。第 3 のグループは、まずこちらの言うことに耳を傾け、そのあとで賛成・反対を表明する。ナポレオンが重視したのは、言うまでもなく、第 3 のグループの将軍たちだ。プロジェクト・マネジャーが変化への抵抗に対処するのにも、同じ姿勢が求められる。

◎ユーザーの移行を手助けする

成果物を移管する際にはユーザーの移行を手助けすることが重要です。その 1 つがユーザー教育の実施です。この章であとから説明する方法でユーザー教育をすれば、ユーザーが自信を持ってプロジェクト成果物を現場で使えるようになるはずです。

導入直後の一定期間、ヘルプ・デスクのような特別の支援をするのもよいでしょう。ユーザーが操作方法を忘れてしまうこともあるからです。専門家に一定期間、ユーザーの現場を巡回してもらい、質問に即答する体制をとるという手もあります。移行への手助けが不十分だと、怒りや落胆といった望ましくない事態を招きかねません。

◎移管スケジュールをステークホルダーに知らせる

大勢の人が、成果物の移管により影響を受けると認識しています。その

時期を周知させることは、ある程度の安心材料になります。ポイントは次の通りです。

† いつユーザー教育を受けるのか
† いつプロジェクト成果物を使い始めるのか
† いつ旧方式から新方式に切り替わるのか

　いつ何が起こるかを詳細にステークホルダーに知らせることは、サプライズ（不意討ち）がないという安心感につながります。この要件を満たさなければ、せっかくの努力もムダになってしまうかもしれません。

●ユーザー教育を計画する

　プロジェクト・マネジャーはとかく、ユーザー教育について表面的な見方をし、「成果物を使うのにユーザーは何を"知る"必要があるか？」だけを考える傾向があります。社内の教育担当者からも似たような答えが返ってきます。かれらのバックグラウンドが教育だからです。しかし、ユーザー教育の焦点は「成果物を使うのに、ユーザーは何を"できる"必要があるか？」です。"知る"と"できる"の間には、天と地ほどの違いがあります。学習から仕事へ発想の転換をしなければなりません。"知る"だけでよいなら、コミュニケーション計画に含めれば十分であり、わざわざユーザー教育を計画する必要はないことになります。

　基本的に、人が"働く"のですから、"知る"ではなく"する"に集中すべきです。そこにはプロセス変更もあれば、装置やツール、システムの新規導入もあるでしょう。ですからユーザー教育には、プロセス変更の情報から——アプリケーション・ソフトの使い方のような——成果物の技術研修までを網羅する必要があります。

　作業委員会の主要ステークホルダーは、製品研修と作業研修の2種類を承認しなければなりません。

†製品研修：プロジェクト成果物の技術な機能・特徴が中心
†作業研修：プロジェクト成果物の"使い方"が中心

　一例として、顧客情報データベースの新規構築プロジェクトでのカスタマー・サービスの部門への研修を見てみましょう。製品研修では、担当者に次の能力を身につけてもらう必要があります。

†スクリーン上で、顧客の氏名と住所を検索・表示する。
†受注時にデータを正確に入力する。
†請求について顧客から質問がある際、請求情報を検索する。
†請求書を表示し、印刷する。

　こういう能力が役に立つことは確かですが、だからといって、会社が期待するように、将来、担当者の顧客志向が強まるわけでもなければ、会社のビジネス・ケースの実現に結びつくわけでもありません。
　ですから、作業研修が必要なのです。作業研修ではユーザーの次の能力開発に注力します。

†顧客に必要な情報をスクリーン上で検索し、問題解決を手助けする。
†受注情報を優先順位に基づいて正確に入力し、正しい値引きやインセンティブを反映させる。
†情報検索機能を整備し、マーケティングや営業、商品開発部門が顧客の購買傾向を評価・予測するのに役立てる。
†カスタマー・サービスの担当者が、特定の顧客が興味を持つ商品・サービスを推奨できるよう、報告書を表示・印刷する。

　しっかりとしたユーザー教育を実施すれば、担当者は自分がしていることを理解して、自信を持ちます。その結果、変化への抵抗は劇的に減少します。

●定常業務部門の受け入れ態勢の注意信号

　プロジェクト成果物を受け入れる態勢が定常業務部門にできていない時はいくつかの注意信号があります。プロジェクト・チームは準備ができているが、受け入れ側に準備ができていないというケースです。次のような注意信号に気づいたら、是正策を講じる必要があります。

　　† 主要メンバーや主要グループがプロジェクトのことを知らない。または、プロジェクトを支援しようという言動がない。
　　† ユーザー教育を受けていないグループがある。この場合、必要となる支援を経営層が提供していない恐れがある。
　　† 提供するインセンティブが、成果に結びつかず、調整が必要である。
　　† 主要メンバーや主要グループが移管スケジュールを知らない。

　注意信号のどれかに気づいたら、作業委員会と協議し、対策を講じる必要があります。問題から目をそむけてはいけません。早急に、受け入れ態勢不備の理由を突き止め、是正策を講じましょう。この場合、作業委員会が最善の情報源になります。関係グループのニーズや懸念事項を代表するメンバーが構成するからです。自分たちの懸念や心配事を話すには、プロジェクト・マネジャーやプロジェクト・チームに対するより、委員会のメンバー同士の方がはるかに話しやすいものです。

●変化への抵抗を克服する

　人間が変化に抵抗するのはごく自然のことです。これは、新居への引越しや転職など、既知から未知への移行に広く当てはまります。プロジェクト成果物がもたらす変化にも、次のようなさまざまな理由で、抵抗が考えられます。

　　† 恐怖

第 21 章　プロジェクト成果物を定常業務に移管する

現場の声

私は作業委員会を巻き込むことの大切さを確信している。プロジェクト成果物を定常業務に受け入れてもらう際には、なおさらである。そして、作業委員会の中でのコミュニケーションは、一部のメンバーだけにかたよらず、万遍なくとられているかについても目を向けよう。これは、ユーザー教育を計画する際、特に重要である。変化に抵抗するグループは、自分たちが相談されなかったことで、ヘソを曲げてしまうことになる。そんな時、槍玉にあげられるのは作業委員会ではなく、プロジェクト・チームである。

† 無力感
† 単に気にいらない
† 無関心

　どれをとっても、変化の受け入れ拒否につながる可能性があります。しかるべき手を打ち、適切なコミュニケーションをとることで、根本原因に対処し、徐々にでも変化を受け入れる気持ちになってもらう必要があります。

◎恐怖

　プロジェクトが変化をもたらすと聞いただけで、すぐに最悪のシナリオを考える人がいます。失敗プロジェクトの経験者ならなおさらでしょう。かれらは今回は大丈夫という確証がない限り、考えを変えません。
　プロジェクト成果物の移管にともなう人員削減を恐れている人もいるかもしれません。「移管後にわれわれ全員が必要というわけではない。自分は外されるのでは？」という恐れです。現実に、プロジェクトの結果、人員削減があるかもしれません。もしそうなら、そのことは明確に伝えなければなりません。人員削減の計画があるのなら、経営陣としっかり打ち合わせして、適切なメッセージを出しましょう。人員削減の計画がないのなら、そのことを、繰り返し伝える必要があります。最初は信じてもらえないか

もしれないからです。経営陣が「真意」を隠していると思われるかもしれないので、この点は驚かないことです。そして、あきらめないことです。

　移管後の職場で自分は使いものにならないと恐れている人もいるかもしれません。移管の際、各メンバーが担当業務に自信を持ってあたれるためのステップをはっきりわからせなければなりません。ユーザー教育が中心になるのは明らかですが、作業の支援やヘルプデスクでの即応体制も重要です。新たな環境については、全員に周知させましょう。

　もう1つのよくあるのが、会社が大金を投じたプロジェクトなので、問題を起こしたら罰せられるのではないかという恐怖です。最初にミスした人は解雇されるのではと心配するかもしれません。そんなことはないと望みたいところです。しかし、組織によっては、そういう例がないわけではありません。この本で論じている、しっかりした計画を準備すれば、大丈夫でしょう。移行期のミスにどう対処するかやどこまで許容されるかもよく伝えておく必要があります。そしてあなたが伝えたことは、経営陣にも従業員にも守ってもらわなければなりません。

◎無力感

　自分の考えが重視されていないと感じると、それは抵抗という形で現れることがあります。「最初の段階で問題点を指摘した。どうすべきかも伝えてある。だが、聞いてもらえなかった」というわけです。ここでも、作業委員会の助力を仰ぎましょう。かれらに依頼して、意思決定の前にエンド・ユーザーのフィードバックを聞いてもらい、意思決定の後にはフォローアップをしてもらいます。この場合、作業委員会が伝えるメッセージは明確で一貫したものになるよう配慮する必要があるかもしれません。

　経営陣は一部のメンバーだけを気にかけていて、自分は部外者だと感じる人もいないわけではありません。こういう状況への最善の対処法は計画を説明し、いつ何が起こるかを、周知させることです。通常は、自分だけではなく全員が影響を受けることや、計画がしっかりした総合的なものであることを理解してくれます。そうすれば、プロジェクト成果物が定常業務に移管される際、心配は減りますし、経営陣が「えこひいき」していな

いと信頼してもらえます。

> **ご用心！**
>
> プロジェクトは会社の屋台骨を背負う社員に「よけいな変化」を強いるものだと考える人から「フェアじゃない！」との叫びが寄せられるかもしれない。この種の懸念には、作業委員会のメンバーと打ち合わせ、変革趣意書とコミュニケーション計画に基づいて対処する。私の経験では、こういう懸念は単なる思い込みにすぎないことが多い。

◎単に気にいらない

　現状に満足している人もいます。「壊れていない物を直すことはない！」というわけです。これは、別に異常なことではありません。多くの人は現状をよしとして受け入れ、急いで変える必要はないと考えています。この問題にもしっかり向き合いましょう。明確な未来図を示し、将来の仕事がどうなるかをはっきり説明します。それにより、変化は大したことではないと知り、むしろ変化を心待ちにしてくれるかもしれません。

◎無関心

　適常、自分の利害に動かされる人（ある程度は、われわれ全員に当てはまりますね！）は、プロジェクト成果物が定常業務に移管される時、そのメリットを理解したがらないものです。かれらは「自分にどんなメリットがあるのか？」と問い、「得る物より失う物が大きい」と考えます。移管のメリットを繰り返し強調しなければなりません。自分の利害に目を向けるあまり、会社のメリットを納得しない人もいるかもしれません。プロジェクトがもたらすメリットは長期的なもので、自分が恩恵を受けるのはずっと後になると考える人がいるかもしれません。「将来"あるかどうかわからない"メリットのために、煮え湯を飲まされる」という不平も、そういう

353

人から聞かれます。

　このプロジェクトのメリットが長期・短期の両方であること、さらにかれらにもたらされるメリットを伝える必要があります。その揚合、多くの情報はビジネス・ケースから得られますので、日常語でわかりやく説明しましょう。効果的にやるには、コミュニケション計画書の作成前に、聴衆分析を行い、作業委員会を巻き込んで、メリットを積極的に説明してもらうことです。

　プロジェクト成果物の移管にともなう変化への抵抗に対処する際、定常業務の側からもリーダーショップを発揮してもらう必要があります。変化への抵抗を分析する際は、第19章で触れたメッセージの力の源泉を肝に銘じておきましょう。ある時は副杜長のような権限を持つ人から、またある時はビジネスに精通し一目おかれている人から、プロジェクトの位置づけや進捗状況を説明してもらう必要があるでしょう。メッセージの送信者は慎重に選び、変化が近づいており、準備が必要であることを伝えてもらいます。とはいえ、プロジェクト成果物が定常業務に移管されるのですから、メッセージの中味はプロジェクト・マネジャーが作る必要があります。副社長や作業委員会の議長がメッセージを作ってくれると期待してはいけません。

●経営陣を活用する

　時と場合によっては、経営陣でなければ変化への抵抗についてコミュニケーションをとることも、それを克服することもできないこともあります。例えば、仕事の新たな方向性を受け入れることに選択の余地がないというケースでは、そういうメッセージを発するのは経営陣でなければなりません。突きつめると、誰もが上司には従うべきだと考えているので、そういうメッセージは上司の口から聞くようにしむける必要があります。ユーザー教育と同様、メッセージの中味はプロジェクト・マネジャーが作り、経営陣に発信してもらいます。経営陣に依頼する際は、事前に十分な時間をとって内容を確認しましょう。私の経験でも、経営陣はそういう機会には

リーダーシップを発揮してくれます。こういう活動もプロジェクト計画に盛り込みましょう。

賢者の言葉

「経営者はジョギングをする人に似ている。ジョギング中の人を呼び止めても、その人はその場で足踏みでジョギングを続ける。経営者はビジネスから引き離されても、足踏みでジョギングを続け、前進や意思決定、実行をやめることはない」──J.ボードリラード（哲学者＆ハイパーリアリティ理論開発者）

●理解度チェック

- □ 定常業務に移管する5つの要件を理解したか？
- □ ユーザー教育にはユーザーができなければならないこと、知らなければならないことが含まれているか？
- □ 定常業務部門の受け入れ態勢不備の注意信号を察知できるか？
- □ 変化の抵抗を克服する方法を理解したか？
- □ 経営陣にしかできないことがわかっており、それをプロジェクト計画書に盛り込んだか？

◆これだけは憶えておこう◆

† 定常業務に移管する5つの要件を満たさなければ、変化への抵抗が起こる。

† プロジェクト・マネジャーはプロジェクト成果物につきユーザー教育を計画する必要がある。

- 変化への抵抗に気づいたら、早急に対処する。
- プロジェクト成果物の移管には、定常業務部門の受け入れ態勢の注意信号に目を光らせる。
- 経営陣でなければできない活動や発信できないメッセージについては、経営陣を活用する計画を作る。

第22章

変更を取り込む

この章の内容
- 変更管理プロセスを確立する
- 変更の影響を見積もる
- プロジェクトのバランスをとる
- 変更に関するトレードオフと選択肢を把握する
- 問題につきステークホルダーとコミュニケーションをとる
- 課題管理表をつける

　プロジェクト・マネジャーのたいへんな挑戦の1つは、スコープの変更に対処することです。変更を引き起こす要因にはいろいろありますが、中でも2つが代表格です。プロジェクト・スコープの原案作成時に予測していなかった技術問題の発生と、プロジェクトを支えるビジネス上の原動力の変化です。

　第1章で触れたように、そもそもプロジェクトを実施する理由は、ビジネス上の問題解決と、組織のより高いレベルでの活動を可能にすることです。ですから1年半から2年もかかるような大規模プロジェクトでは、より高いレベルの活動という要求そのものも変化すると考えるのが理にかな

っています。それにともなって、スコープも変化するわけです。

　変更にはプロジェクト・マネジャーがコントロールできるものもあります。例えば、作業を早める方法が見つかり、スケジュールを短縮できるというケースです。反対に、部品の供給メーカーでストライキが発生したら、好むと好まざるとにかかわらず、スケジュールを変更しなければなりません。どちらの場合にも、変更の影響を判断して計画を修正する必要があります。変更が避けられないなら、変更の影響をマネジメントすることがカギとなります。

　よくある例ですが、プロジェクトがすでに実行フェーズに入っているにもかかわらず要求事項が変更されることがあります。プロジェクト・マネジャーはその影響をスケジュール、コスト、品質の面から見極め、変更管理をしてバランスをとらなければなりません。

●統合変更管理のプロセスを確立する

　プロジェクトの計画フェーズで、スコープについて「変更管理システム」を確立する必要があります。変更要求は、あらかじめ決めたプロセスに基づいて処理することが重要です。利害が異なるさまざまなステークホルダーのグループの期待をマネジメントするには、一定のプロセスに基づく必要があるからです。

> **プロジェクト用語**
>
> PMIでは「変更管理システム」を「成果物や文書への修正をどうマネジメントし、コントロールするかを記述した手順」と定義している。

◎変更プロセスとはどんなものか？

　この問いへの答えは単純ではありません。プロジェクト・マネジャーが

変更の影響を評価する際、最初に考えなければならないのは、変更がどれだけの困難をともなうかです。コンピュータ画面の色の変更ならすぐにできるかもしれませんが、プロジェクトのスコープを大幅に変更するとなると、そうはいきません。そして、どちらも、公式の変更要求から始めることになります。

まず、変更要求のプロジェクトへの影響——スケジュール、コスト、品質について——の第1次評価をします。その結果に基づいて、誰に評価に加わってもらうかを決めます。プロジェクト全体のスケジュールに影響を与えずに評価に加わってもらえる人を選びましょう。ただし、十分な知識と経験があり、正確な評価ができる人でなければなりません。変更が技術的なものなら、技術的リスクも考慮しなければなりません。

次に行うのは、ハイレベルの費用対効果分析です。対象は当初のスコープと仕様についてです。思い出してください。組織がプロジェクトに投資する理由は、パフォーマンスの向上です。

最後に、その変更要求の可否の決定がプロジェクト・チームの権限を越えるものかどうかを判断します。スコープ変更はそれに該当すると考えるべきでしょう。変更によりプロジェクトのコストやスケジュール、品質に重大な影響が出るのなら、運営委員会に上申しなければなりません。しかし、運営委員会にサプライズ（不意討ち）があってはなりません。ここで大切なのが、ステークホルダーの期待をマネジメントすることです。運営委員会に上申する必要があるのなら、すぐにプロジェクト・スポンサーに状況を知らせ、意思決定のために改めて訪ねる旨を連絡します。スポンサーには変更要求の概要と上層部の承認が必要である理由を伝えます。その上で、スポンサーから運営委員会のメンバーに状況を説明してくれるよう依頼します。ここでカギとなるのは、プロジェクト・チームが変更要求を提出してくるとかれらに認識してもらうことを、複数の選択肢を提示することです。

このプロセスで物事を進めることで、プロジェクト・マネジャーは適切な人を巻き込んで意思決定を行うことができます。仮にその決定がステークホルダーの意に沿わないものであったとしても、決定を受け入れてもら

> **ご用心！**
>
> プロジェクト・マネジャーの仕事は変更を阻止することではない。変更の影響を評価し、その分析に基づいて意思決定する（あるいは、運営委員会に意思決定を依頼する）ことだ。

いやすくなるのです。

　プロジェクトのスコープ変更と監視・コントロールは、車の両輪です。プロジェクトを監視していくと、課題や問題点、その他の要素についてフィードバックが得られ、その1つひとつがプロジェクトの進捗に（プラスもしくはマイナスの）影響を与えるかもしれません。プロジェクトが進捗すると多くのことが起こります。望ましいことも、予測できないこともあります。壊滅的な出来事も起きないとは限りません（9.11の同時多発テロの発生時、私はある大型空港のプロジェクトに従事し、プロジェクトは完成間近でした。テロの発生は誰にも予測できなかったことでしたし、プロジェクトに甚大な影響がありました）。良いアイデアも予測できない問題も、行き着くところは同じです。プロジェクト計画に何らかの変更が必要になるのです。

◎変更管理のルール

　プロジェクトには変更がつきものですが、変更を予測するには4つのルールがあります。

1. 計画フェーズで、変更要求に対する意思決定プロセスを確立した。実行フェーズでは、それに従おう。
2. 運営委員会の中に「変更管理委員会」を発足させる。そこを活用してステークホルダーやプロジェクトに影響を及ぼす変更を処理する。変更にまつわる社内政治もそこで処理してもらう。
3. 緊急事態で変更管理委員会の招集が間に合わない時の意思決定の権限

を決めておく。これは大勢の人が休暇をとる時期にはとりわけ重要である。
4．すべての変更要求は所定の書式で起案し、変更管理台帳に記録する。重要な情報は終結フェーズで教訓として抽出できるようにしておく。

ここで、変更管理要求の書式を紹介します。記録は紙ではなく、スプレ

<table>
<tr><td colspan="2" align="center">プロジェクト変更要求</td></tr>
<tr><td>☐ 承認
(日付:__月__日)</td><td>変更管理番号_____ 1)　　　　☐ 非認
　　　　　　　　　　　　　　(日付:__月__日)</td></tr>
<tr><td colspan="2">決定期限:__月__日__時</td></tr>
<tr><td>プロジェクト名:</td><td>変更の分類:</td></tr>
<tr><td>顧客名:</td><td>意思決定者:</td></tr>
<tr><td>プロジェクト・スポンサー:</td><td>プロジェクト・マネジャー:</td></tr>
<tr><td colspan="2">変更の内容:(必要情報を添付する)</td></tr>
<tr><td colspan="2">変更の理由:(非認された場合の影響も含む)</td></tr>
<tr><td>コストへの影響:</td><td>スケジュールへの影響:</td></tr>
<tr><td colspan="2">その他の影響:(必要情報を添付する)</td></tr>
<tr><td>起案者名:</td><td>起案者署名:　　　　　　　起案日:__月__日</td></tr>
<tr><td>プロジェクト・スポンサー:_____:__月__日
　　　　　　　　　　　承認の署名</td><td>プロジェクト・マネジャー:_____:__月__日
　　　　　　　　　　　承認の署名</td></tr>
</table>

1）変更管理番号は、変更管理台帳を参照。

プロジェクト変更要求に変更の影響を記入することで、あとから評価の精度の見直しができる。さらに、承認者を明らかにしておくことで、あとからの質問に答えられる。

ッドシートかデータベースに保管するとよいでしょう。

●変更の影響を理解し予測する

　プロジェクトをコントロールして正しい方向に進化させるには、しっかりしたプロジェクト計画書が変更管理の基礎となります。結果を成り行きまかせにせず、意に沿うものにしたいのなら、計画書の更新を怠ってはいけません。更新した計画書が手元にあれば、1つの変更がプロジェクトの予算、スケジュール、資源に及ぼす影響をすぐに評価できます。計画書と現状分析をもとに、なぜユーザーの新規の要求や変更がプロジェクトの最終結果にマイナスの影響を与えるかも説明できます。つまり、期限の延長や予算の追加ということです。

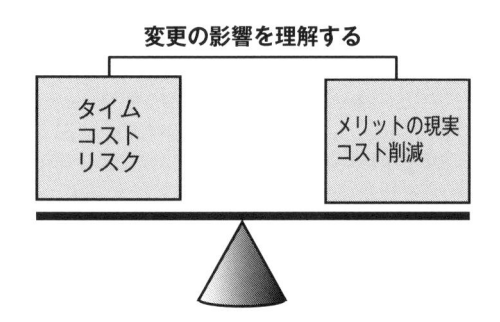

変更の影響を理解する

```
┌─────────┐         ┌─────────┐
│ タイム   │         │メリットの現実│
│ コスト   │         │コスト削減  │
│ リスク   │         │          │
└─────────┘         └─────────┘
```

プロジェクトへの変更では、タイムやコストやリスクと、メリットの現実やコスト削減との間でバランスをとる必要がある。

　プロジェクトに変更が生じる領域は、次の6つに集約されます。

　　† そもそもプロジェクトを立ち上げる原因となった事柄で、プロジェクト目標としてビジネス・ケースの中に文書化したもの
　　† プロジェクトに参画する要員
　　† プロジェクトに投入する資金（予算）
　　† プロジェクトを支援するために投入可能な物品や技術資源

†プロジェクトの完成までに与えられる時間
　†最終成果物に要求される品質レベル

　プロジェクト計画に何らかの変更を加えると、上のどれかに必ず影響します。大半の変更が6つ全部に影響を与えると言ってもよいでしょう。

●バランスのとり方

　プロジェクトのバランスをとること――あるいは、プロジェクト計画書に変更を加えること――は、変更の重大さや緊急度に応じて、3つの権限レベルに大別できます。

　　†プロジェクトのレベル：期限通り予算内で所定の品質を生み出すためにプロジェクトのレベルでバランスをとる。このレベルの意思決定には、プロジェクト・マネジャーや中核チーム・メンバーが十分な権限を与えられなければならない。
　　†ビジネス・ケースのレベル：プロジェクトが期限、予算、品質の目標を達成できない場合、ビジネス・ケースのレベルでバランスをとる。プロジェクトの監視を通じてこういう事態が明らかになったら、プロジェクトのビジネス・ケースを再評価する。期限を守らなければ無意味になるプロジェクトもある。コストがかかりすぎるとか利益が小さすぎるという理由で、続ける価値がないと判断されることもある。ビジネス・ケースの変更はプロジェクト・マネジャーの権限を越えるので、スポンサーや運営委員会に検討してもらい、承認を得なければならない。
　　†企業レベル：ビジネス環境や法的要件の変化に対応して全社が意思決定をする時には、企業レベルでバランスをとる必要がある。その結果、プロジェクトが取りやめ（中止）や延期になることもある。これは全社のビジネス判断であり、決定プロセスにチームの主要メンバーが参加することがあるとしても、プロジェクト・チームの権

限をはるかに越えたものである。

> **ご用心！**
>
> プロジェクト計画書に変更を加える際は、権限を持つ人からそのつど公式な承認を取り付けることが重要だ。どんなに小さな変更点も、ステークホルダーに周知しておこう。変更が期限や予算に影響するときは、文書でやり取りしなければならない。文書化されていない合意は簡単に忘れ去られるということを頭に入れておこう。

　変更が承認されたら、文書化し、日付をつけ、新しい計画書としてコミュニケーションをとります。大規模プロジェクトでは、変更を文書化することを「コンフィギュレーション・マネジメント」と言い、「プロジェクト・オフィス」に専任の担当者をおいて、プロジェクト計画書の版（バージョン）をコントロールすることもあります。

　新しい計画が承認されたら、担当作業や納期への変更点をチーム全員に周知をさせます。チーム全員に自分に何が期待され、変更点がプロジェクトにどう影響するかを、明確に理解してもらうことが大切です。変更の影響の測定方法もメンバーに周知させ、作業が従来の延長で進むことがないようにします。こうした手順は、監視や各種の報告書、コミュニケーションを通じて継続的に行います（さらに、状況が変われば、必要な新情報が入手できるように、報告書や手続きを変える必要もあります）。

　プロジェクトに進捗遅れや予算オーバー、品質不良などの問題が発生したら、バランスの回復には次の方法があります。

†**作業スコープを削減する**
　　プロジェクトを完成させる最善の方法は、やることを減らすことだという場合がある。それにより、実現不可能な作業リストが実現可能なものになる。この決定をする前に、作業を削減してもプロジェ

クトに価値があるかどうかを確認しよう。スコープ削減にはステークホルダーからも合意を取り付けなければならない。ステークホルダーが合意しなければ、プロジェクト成功のために本当に必要なもの——期限の延長、資源の増加、予算の増額——について交渉する必要がある。

† **社内の専門家を活用して生産性を向上させる**

　生産性には個人差がある。担当者を入れ替えることで、当初のスケジュールやコストを守れることもある。メンバーのトレーニングや新技術の導入で、常に生産性の向上を図ることが大切だ。

† **外部資源を活用する**

　プロジェクトのある部分を外注（アウトソーシング）し、こちらの指針に基づいて完了してもらう。つまり、より生産性の高い外部の専門家に作業を移転する。しかし、社内からのコントロールが利かなくなるというリスクがあるし、外部専門家の力量は実際にやらせてみなければわからない。

† **スケジュールを短縮（クラッシング）する**

　納期に合わせるためにクリティカル・パス上の作業の期間を短縮（クラッシング）する。コストとスケジュールの間のトレードオフ分析をすれば、スケジュール短縮に必要なコストが明らかになる。作業を早めるのに必要なコストが効果よりも高くつくこともある。

† **プロジェクトの利益目標を変える**

　利益目標を下げてでも、プロジェクトを実施しようというもの。利益が低すぎてビジネス・ケースが満たされないなら、この案は使えない。利益率を下げるという決定は、会社の経営陣が行うべきであり、プロジェクト・マネジャーの権限外である。

† **プロジェクト目標を調整する**

　きわどい判断である。例えば、プロジェクトの最終成果物の機能やスコープを一部削減するのが適切だということがあるかもしれない。しかし、製品の性能（品質）を落とすということは通常は受け入れられない。機能の一部を削減するとしても、製品の全体的な性

能に影響しない範囲とする。

> **ご用心！**
>
> 細々とした変更を際限なく繰り返すと、誰もが辟易するものだ。これを避けるには、プロジェクト・チーム内から上がってくる変更は本当に必要で重要なものに限定しよう。

●トレードオフ分析で変更案を比較する

　トレードオフ分析は変更を処理する方法の１つであり、複数の選択肢の影響を評価できます。「あれをやめればこれができる。どちらがより重要か？」を判断するわけです。トレードオフ分析では、変更の緊急度も把握できます。どの変更が、下流の作業やマイルストーンにどんな影響を及ぼすかもわかります。トレードオフ分析の注意点を列挙します。

- † 変更の根本理由を明らかにする。変更は合理的に考えた結果か、それとも政治的理由によるのか？　変更には本当に意味があるのか？
- † 変更したとしても、プロジェクト目標は依然として適切か？　最終成果物が変わることはないか？
- † 各選択肢がプロジェクトの成功にどう影響するか？　スケジュールや予算、メンバーの可用性への影響はすでに検討を終えているはずである。変更によって失敗のリスクが高まるのなら、慎重に分析し、関係者に明確に周知させる必要がある。
- † 選択肢はすべてのレベルで分析する。プロジェクト目標と予算を一定として、変更をどう取り込めるかを評価しよう。どんな選択肢があるか探ってみることだ。取りやめられる作業、期間を短縮できる作業、プロジェクト内での予算の移し替えなどだ。この検討はチー

ムでするとよい。忍耐強く選択肢を洗い出してみよう。最初に出たアイデアに飛びつくのがよいとは限らない。予算の増額や期限延長の提案は、すべての選択肢を検討した後に行う。

●変更が承認されたら、プロジェクト憲章を修正する

第7章でプロジェクト憲章について触れました。プロジェクト・スコープの変更が承認されたら、プロジェクト憲章を修正しなければなりません。注目したいのは、次のポイントです。

† プロジェクト目標
† 承認の要件
† メリットとリスク

成果物の変更にともなって、スコープも書き替える必要があるかもしれません。

修正後のプロジェクト憲章には、最初のプロジェクト憲章に署名してくれた人から、改めて署名してもらうことを勧めます。変更が承認をしたものであることを、はっきりさせておきましょう。

●スコープ変更を伝える

スコープが変更されたら、その情報は、多くの人が——本人が承認したかどうかは別として——必要とします。ステークホルダー分析を見直して、力の源泉からメッセージ発信の適任者を判断しましょう。誰がメッセージを発信するとしても、変更の決定に至ったプロセスと変更の意味を説明する必要があります。

スコープ変更を適切に伝えるには、次の3つのステップに従います。

1．**プロジェクト・チームに伝える**：プロジェクトに変更はつきものであ

り、チーム・メンバー全員に理解と支援をしてもらう必要がある。メンバーが公然と、またはこっそり、変更についてぶつぶつ言うことほど、プロジェクトの評判を落とすものはない。
2. **コミュニケーション計画書を検討し、スコープ変更がどのステークホルダーに影響するかを確認する**：そして、スコープ変更のコミュニケーションと同じステップに従う。まず、かれらがどんな情報をいつ必要とするかから始める。次に、誰がどの媒体でメッセージを発信するかを決める。最初にプロジェクト・スポンサー、次に作業委員会の順とするのが妥当かもしれない。かれらはすでに変更については知っているかもしれないが、公式に伝えよう。小さな変更はEメールや定例のプロジェクト会議で伝えればよいが、大きな変更は説明会を開いて説明する。
3. **変更を台帳に記録する**：この章で紹介した「プロジェクト変更要求」で起案された変更要求は、変更の可否とともに台帳に記録する。後日、プロジェクトとの振り返りをする際は、それをもとに最終報告書を作成できる。

●対立が生まれる時

変更要求が出されると、承認・否認の判断が出る前に、対立が生まれることがあります。変更の意味については誰もが一家言あり、見解が違います。ですから、プロジェクト・マネジャーは、見解の相違への対処法をわきまえておかなければなりません。

対立とその解消の方策については多くの研究がありますが、対立解消の方策は次の5つに集約されます。状況に応じて使い分けるとよいでしょう。

† 撤退

プロジェクト・マネジャーがもめごとから退去（撤退）する。小さな対立で影響も取るに足らず、時間を割くに値しない場合に採用されることが多い。

† **鎮静**

　一致点を強調し、もめごとを抑え込むか、または避ける。一致点がわかっており、比較的軽微の対立で好まれるが、強力な解決策とは言えない。当事者同士が一度は握手をしても、対立が再燃する可能性が残る。より良い方策が見つかるまでの経過措置として使う。

† **妥協**

　交渉を通じ、両当事者にある程度の満足をもたらそうとする。対立がエスカレートし、怒りや悪意にまで発展しているのなら、冷却期間を置くことで当事者間に妥協が成立することも少なくない。うまくすれば、両当事者ともに自分が「勝った」と感じる。しっかりした妥協が成立すれば、プロジェクトの結束の強化につながる。いい加減な妥協はあとから崩れることがあるので、その備えをしておかなければならない。妥協が崩れたら、さらに妥協を重ねることになるのが普通である。妥協という方策は当事者にギブ・アンド・テイクの姿勢があり、お互いがプロジェクトの優先課題に集中している時にうまくいく。

† **強制**

　地位にともなう権力を行使して対立を解消する。通常、誰かに犠牲をしいることになるので、すべての方策をやってみたが、効果がなかったという時以外には勧められない。

† **対決**

　強制ほど強力ではないが、対立の解消に広く使われる方策。対決で目標とするのは――適切に行われた場合――両当事者が対立に直接向き合い、問題解決の精神で対立解消を模索することである。

　こういう方策のすべては、プロジェクト計画書（憲章を含む）が更新されていることを前提としています。何度も強調してきたように、計画書の更新とは、目標や作業、仕事の流れ、スケジュール、予算、人員などに変更を加え、それについて適切なステークホルダーから承認を取り付けることです。プロジェクトに変更はつきものなので、準備をしておきましょう。

大切なのは、「もし」変更があったらどうするかではなく、変更があった「時に」どうするかなのです。

●問題をスポンサーに知らせる

　プロジェクト・スコープの変更によって問題が起きることがあります。プロジェクト・マネジャーがスポンサーと問題について話し合うのは簡単ではありません。ですが、次のやり方に従えば、自信を持って話し合うことができるはずです。

1. スポンサーに問題で不意打ち（サプライズ）を喰らわせない。第6章で経営陣の政治的関心について触れました——スポンサーは立場上、いつもあわてず、事態をしっかり把握している、と思われたい。問題があるならすぐに警告し、時間をとって説明する。
2. 前述の上申プロセスがあるなら、それに従う。例えば、上申プロセスで、上申前に作業委員会が解決策を3回講じてみるということになっているのなら、3回やってもうまくいかなかったことを伝える。
3. 問題を説明する「枠組み」を工夫する。「枠組み」とは、ある状況を描写する際、特定の認識をしてもらうようにしむけることだ。これは、問題の定義と解決策にともなうリスクについても当てはまる。スポンサーが他の経営陣に問題を説明する必要があるなら、プロジェクト・マネジャーがメッセージの原案を作る提案をするのもよい。
4. 会社にとり妥当で、ビジネス・ケースに合致する解決策を提案する。
5. 意思決定をするなら（例えば、複数の機能部門が合意しなければならないような課題なら）、意思決定までにどれだけ時間の猶予があるかスポンサーにわかってもらおう。こういう状況では、政治的配慮に時間がかかりがちである。しかし、意思決定に期限があり、プロジェクトの全体スケジュールに影響が出るのなら、スポンサーにはそれを知らしめておく。

私は多くのプロジェクトで上記のやり方を使い、効果を上げてきました。ですから、自信を持って勧めます。

> **現場の声**
>
> 「すべての人を満足させることはできない」とか、「八方美人はダメ」という言葉は、プロジェクトの意思決定のためにある。では、どうすべきか？　主要ステークホルダーに重点を置くことに尽きる。自分の意向が反映されなかったスポンサーがヘソを曲げるリスクがあるが、それにはリスク・マネジメントの原則を適用しよう。そして、スポンサーからは必ず意見を聞こう。そうすれば、たとえ対立が起きても、スポンサーや主要ステークホルダーに強力な「後ろ盾」になってもらえる。

●課題管理表に記録する

対立や課題は、そのつど課題管理表に記録します。課題は、技術的問題の解決方法についての見解の相違かもしれません。問題の解決方法について、頭脳明晰で立派な人たちの間に、見解の相違があるかもしれません。その意味で、誰もが客観的になるという点で、課題管理表の効果は絶大です。課題管理表には対立や課題を詳細に記入します。内容は次のようなものです。

† 課題や対立の説明
† フォローアップする担当者
† プロジェクトへの影響
† 解決方法の承認者
† 課題が解決した時期

プロジェクトで発生した課題は、細大漏らさず記録しておくことが大切

です。課題管理表に記録していれば、すべての対立に手を打っていること（全員が満足したというわけではないことに注意）が確認できます。さらに終結フェーズではプロジェクトの教訓としてとりまとめられます。ここに課題管理表の例を示します。

課題管理表

課題	影響	担当	期限	現状
コーディング言語	大	ボブ・ブレイブハート	4/15	ABOPを選択
労働組合よりの要求	中	ジュリア・ロビンス	5/02	進行中
ソフトウエアの受け入れ	大	ベン・サミュエルズ	5/10	テストにより受け入れ完了

課題管理表については、『PMBOK® ガイド』13.3.3.1 を参照してください。

　プロジェクトに変更はつきものであり、変更を取り込むのは容易ではありません。そして、プロジェクト・マネジャーの仕事は変更を阻止することではなく、変更をしっかりコントロールすることです。この章で説明したように、変更をしっかり分析し、関係者に正しい情報を伝えなければ、通常、誰もが合理的な判断をします（あえて「通常」と言うのは、結局のところ、相手が人間だからです）。変更を冷静に総合的に取り込むことで、関係者に信頼してもらえます。

●理解度チェック

☐変更要求の処理プロセスがわかったか？

第22章 変更を取り込む

- ☐ 予算やスケジュール、品質に変更が及ぼす影響を評価できる人はいるか？
- ☐ 変更要求を承認する意思決定プロセスはあるか？
- ☐ 変更要求について——承認の可否は別として——どうコミュニケーションをとるべきか、わかったか？
- ☐ 課題管理表はあるか？　それを使うのは誰か？

◆これだけは憶えておこう◆

- † プロジェクトに変更はつきものであり、変更は起こると予測しておく必要があるが、しっかりとした変更管理プロセスがあれば、コントロールしやすい。
- † 変更によって作業負荷とスケジュールに影響が出るなら、プロジェクトのバランスを確保する。
- † 変更について考える必要がある時は——理由が何であれ——影響を分析し、トレードオフと選択肢を理解しよう。
- † 変更要求や変更のニーズからは摩擦が生まれがちである。しっかり準備し、対立マネジメントの方策を活用して、マイナスの影響を抑えよう。
- † 課題管理表を作成し、すべての課題と解決実績の記録しよう。あとになって役立つところが大きい。

パート5 ▶ 監視・コントロール・フェーズ

第23章

品質をマネジメントする

この章の内容
■プロジェクトにおける品質の意味
■品質を計画する
■ピアレビューと技術レビュー
■プロジェクト品質を確保するためのツールと技法
■プロジェクトの品質コントロール

　プロジェクトの4大要素（時間、コスト、品質、スコープ）のバランスをとろうとすれば、品質が課題として浮かび上がってきます。スケジュールとコストの監視・コントロールについてはここまでに多くの時間を割いてきましたが、今度はプロジェクトの成果物の品質を評価し確保する番です。ちなみにプロジェクトの「成果物」とは、商品とサービスの両方を指します。

●プロジェクトの品質とは？

　「品質」とは、端的に言えば、要求事項を満たすことです。第1章で要求

事項を明確にするということを取り上げました。そこが品質計画の出発点です。プロジェクトに適用される品質基準を見定め、どのようにしてそれを満たすかを決めます。

「品質」と「等級」という2つの語は混同されることが多いので要注意です。それがプロジェクトの足を引っ張ることもあります。例えば、欠陥がほとんどないという高品質のソフトウェア製品が、実は、魅力的な機能が皆無の、等級の低い製品ということがあります。一方、各種の機能を満載したソフトウェアを手に入れたが、バグが多すぎて放り出したくなるということもあります。その製品は等級は高い（各種機能を満載）が、品質は低い（問題が多発）ということになります。

> **プロジェクト用語**
>
> PMIの定義では、「品質」とは「最終商品の特性が要求事項を満たしている度合い」のこと。一方「等級」とは「区分や階級」のことであり、「用途は同じでも、品質に対する要求事項が異なるものを区別するために用いられる」。例えば、金づちは強度によっていくつかの等級に分けられる。

品質と等級の間のバランスを決めるのは、プロジェクト・マネジャーとプロジェクト・チームの仕事です。

●品質計画が出発点

プロジェクト成果物の品質について計画するには、まずプロジェクト憲章でスコープを確認します。品質はスコープから始まるからです。顧客データベースの新規導入プロジェクトのスコープについて、プロジェクト・マネジャーと作業委員会の間に解釈の違いがあったという例を紹介します。

プロジェクト・マネジャーと作業委員会では、プロジェクトに何が含ま

れるかについて、お互いに見解が違うようだと感じていました。プロジェクト・マネジャーは顧客からの返品（例えば、配送商品や数量の間違い）の記録はプロジェクト・スコープに含まれないと思い込んでいました。社内に別のシステムがあるからです。一方、作業委員会では、それは重要な情報として把握するべきであり、プロジェクト憲章に含まれると考えていたのです。かれらは3回の会議を開いて見解の統一を図りましたが、うまくいきません。そこで、スポンサーを交えて検討しました。スポンサーは議論をいったん預かり、他の経営陣の意向も聞いた上で、返品の記録はプロジェクト・スコープに含まれると決断したのです。

仮に両者の溝を放置したまま、数カ月が経過したとしたら、どんな事態になったでしょう。プロジェクトの前提が間違っていたことで、何人かのステークホルダーを怒らせていたことでしょう。

プロジェクト品質の計画のカギは、最終成果物の受け入れに主要ステークホルダーがどんな基準を使うかです。身近な例を挙げましょう。

- **おもな機能**：データベースにすべての必要な機能が組み込まれているか？
- **親和性**：当社が提供する他のソフトウェアと親和性が保たれるか？
- **情報の正確さ**：顧客への請求書は顧客情報と課金情報に一致するか？
- **信頼性**：営業のメンバーが注文を入力すると、システムは毎回、間違いなく作動するか？
- **情報セキュリティ**：情報やセキュリティは十分か？　例えば、第三者が許可なく、システムに入り込めないようになっているか？

これ以外にもたくさんのことがありますが、カギとなるのはプロジェクト・チームの仕事の品質の判断基準として、定常業務のチームが何を使うかを理解することです。

品質について計画する際は、そのための作業を洗い出し、計画書に盛り込んでおきましょう。計画書に盛り込むことで、忘れるのを防ぐことがで

きます。

　プロジェクトの他の面も検討し、品質への影響を計測する必要もあります。例えば、商品・サービスを提供するサプライヤーの選考プロセスを検討し、サプライヤーに対する品質の要求基準がプロジェクトの要求基準に合致していることを確認します。これにより、サプライヤーの品質管理がやりやすくなります。

　品質計画の作成については、『PMBOK® ガイド』8.1.1.1 を参照してください。

●ピア・レビューをする

　品質をマネジメントするには、社内外の衆知を（多くとも 10 人程度まで）集めて行うピア・レビューも有効です。複雑な大規模プロジェクトでは 1 日から 1 週間ほどかけて行います。ピア・レビューの目的は、知見を持った人にプロジェクトの品質について技術とビジネスの両面から検討してもらい、見落としていたリスクや問題点を指摘してもらうことです。チームが一定期間、プロジェクトに没頭していると、とかく視野が固定化して、見落としてしまうこともあるからです。

　ピア・レビューでは、最終製品のユーザーに意見を聞くのもよいでしょう。これにはユーザーをプロジェクトに巻き込む効果もあります。信頼の置けるユーザーにピア・レビューに入ってもらい、プロジェクト成果物について良い評価をしてもらえれば、プロジェクトの価値についてお墨付きをもらったも同然でしょう。サプライヤー側の人や外部コンサルタントに（機密保持契約を結んだ上で）ピア・レビューに出席してもらう手もあります。その場合、かれらには売り込みの場ではないことをわかってもらいましょう。

　ピア・レビューで得た知見を反映して、プロジェクト計画を調整します。

●技術レビューをする

　技術レビューはピア・レビューに似たところがありますが、こちらは当該分野の専門家（SME）や技術のエキスパートに出席してもらい、プロジェクトの技術面に集中します。小グループに分かれ、分科会にするのもよいでしょう。例えば、工場の設計や建設の技術面を見るグループ、設備の稼働状況やデータを見るグループ…などです。

　技術レビューは主要マイルストーンで設定し、最終成果物の品質を確保し、あとあとの手直しの発生を防ぎましょう。

●品質計画のツールと技法

　プロジェクトの成果物の品質計画には、有効なツールと技法がいくつかあります。よく使われるものを見てみましょう。

◎費用対効果分析

　プロジェクト計画で使われる最重要の技法の1つが費用対効果分析です。時間、コスト、スコープ、品質のバランスをとるには、各要素の重みづけを調整し、ステークホルダーが満足する選択肢を提示する必要があります。例えば、顧客関係管理（CRM）の画面のメニューにどんな機能を盛り込むかを決めるには、各機能について費用対効果分析をすればよいでしょう。

　機能によっては、必須ではなく、採否をこちらで決められるものもあります。例えば、顧客情報のバックアップを毎日とるか、毎週1回とするか、です。プロジェクト・マネジャーはそれぞれのケースで予算にどんな影響が出るかを運営委員会に説明する際、費用対効果分析を示して、決めてもらえばよいでしょう。

◎ベンチマーキング

　ベンチマーキングも有効なツールです。ベンチマーキングとは、プロジェクトの計画やパフォーマンスを別のプロジェクトと比較し、改善点を見

> **プロジェクト用語**
>
> 「費用対効果分析」とは、複数の選択肢について、コストと便益を見積もる手法である。投資効率（ROI：Return on Investment）や償還期間などの経理指標によって、どの選択肢が最善かを判断する。

つけたり、パフォーマンス測定の基準としたりするものです。組織内の別のプロジェクトと比較するのもよいでしょうし、米国PMIの基準を使うのもよいでしょう。どちらも、品質プロセスの計画や実行にプラスの効果が期待できます。

◎特性要因図

特性要因図は石川馨が考案した図で、イシカワ・ダイアグラムとかフィッシュ・ボーン・ダイアグラム（魚の骨図）と呼ばれます。問題と要因の関係を系統的に線で結んで図示し、問題解決の糸口を見つけるのに役立ちます。基本的な考え方は、問題の原因を見つけ出し、その結果と切り離そうというものです（医者が患者の高熱――結果もしくは症状――と、その原因――感染もしくはウイルス――を切り離して考えるのと同じです）。プロジェクトの進捗を測定する中で品質問題になりそうな事柄があれば、是正策を講じる必要があります。特性要因図では各要素の結びつきを視覚的に把握できるので、問題が製造、人間、技術使用などのどこにあるかがわかります。収集する情報は、次のような活動に役立つものでなければなりません。

　†問題を定義する。観察・報告の具体的内容
　†問題の発生箇所を特定する。
　†問題の発生パターンを観察する。
　†問題の発生頻度を把握する。

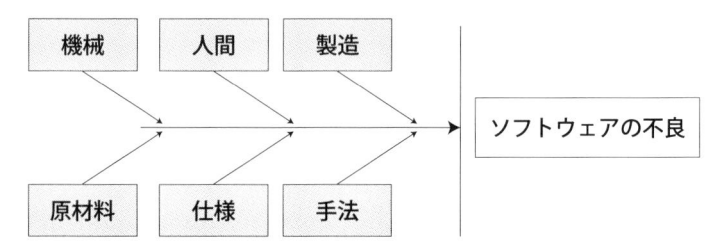

```
機械    人間    製造
   ↘    ↓    ↙
    ──────────→ ソフトウェアの不良
   ↗    ↑    ↖
原材料   仕様    手法
```

特性要因図は、プロジェクト・チームが複数の要員の関係を調べ、問題を発見するのに役立てる。

◎フロー・チャート

　プロセスや組織の中の情報の流れを示すには、フロー・チャート（流れ図）を使うとよいでしょう。品質問題が起こる可能性のある箇所をフロー・チャート上に表し、予防対策を策定することもできます。フロー・チャートで視覚化すれば、いつ何が起こるかがわかりやすくなり、問題の原因究明や想定がやりやすくなります。

　プロジェクト・チームは、ここに挙げたツールを使い、品質マネジメント計画を策定し、その中で次の点を明確にしなければなりません。

　†どのようにして計画を実行するか？
　†品質測定にどんな実行指針を使うのか？
　†計画を実行に移したことの確認は、どんなチェックリストに基づいて行うのか？

品質ツールについては、『PMBOK® ガイド』8.1.2.3 を参照してください。

　プロジェクトが品質要求を満たすことを確認するには、いくつかの方法がありますし、ここに紹介した品質管理のツールも有効です。成功したプロジェクトのやり方をベンチマーキングで理解すれば、成功のヒントが手に入ります。プロジェクトの品質レベルを保つには、品質のツールのすべてが役に立ちます。

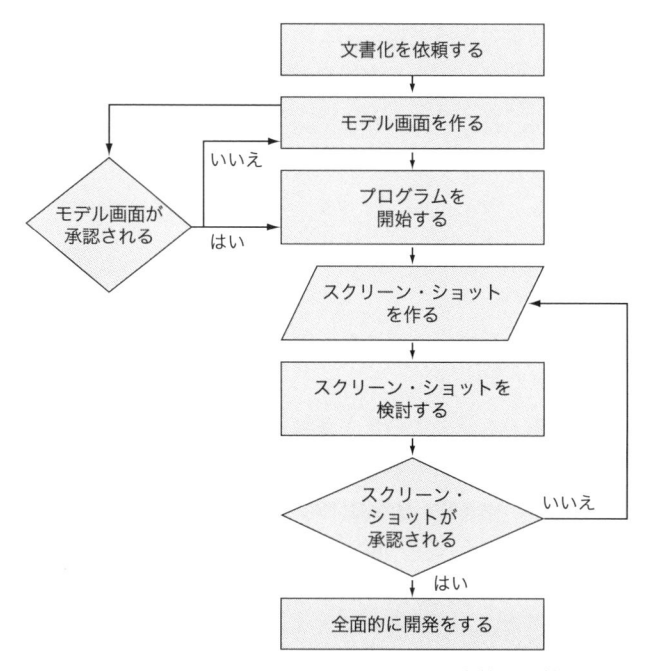

```
                  ┌──────────────┐
                  │ 文書化を依頼する │
                  └──────┬───────┘
                         ↓
              ┌──────────────────┐
         ┌──→ │  モデル画面を作る  │
         │    └──────┬───────────┘
         │ いいえ     ↓
    ╱─────────╲     ┌──────────────┐
   ╱ モデル画面が ╲   │  プログラムを  │
   ╲ 承認される  ╱→  │   開始する    │
    ╲─────────╱ はい └──────┬───────┘
                             ↓
                    ╱─────────────╲
                   ╱ スクリーン・ショット ╲
                   ╲    を作る       ╱ ←──┐
                    ╲─────────────╱      │
                             ↓            │
                   ┌──────────────┐      │
                   │スクリーン・ショットを│      │
                   │    検討する     │      │
                   └──────┬───────┘      │
                          ↓               │
                   ╱─────────╲            │
                  ╱ スクリーン・ ╲  いいえ    │
                  ╲ ショットが   ╱ ─────────┘
                   ╲ 承認される ╱
                    ╲─────────╱
                        ↓ はい
                   ┌──────────────┐
                   │ 全面的に開発をする │
                   └──────────────┘
```

フローチャートでは問題の発生箇所を特定しやすい。

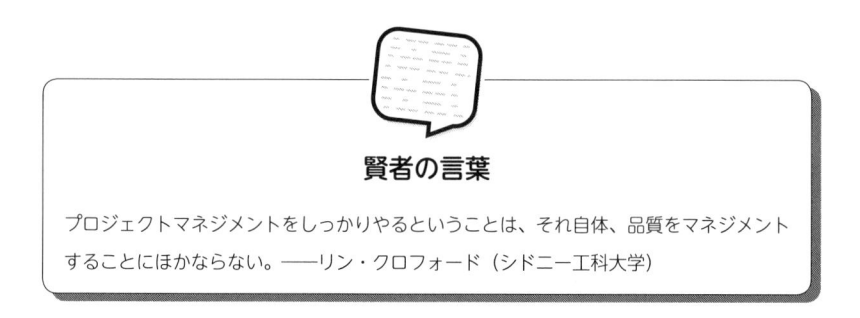

賢者の言葉

プロジェクトマネジメントをしっかりやるということは、それ自体、品質をマネジメントすることにほかならない。──リン・クロフォード（シドニー工科大学）

●品質管理：対象は成果物

　品質管理では、プロジェクト成果物を監視し、プロジェクトの要求事項を満たしていることを確認します。品質管理の部門を置いている組織では、早期にそこからプロジェクトに参加してもらい、品質計画で力を発揮して

もらいましょう。品質の専門家がチーム内にいるなら、その人に計画プロセスに参加してもらいましょう。専門家がいないからといって、頭を抱える必要はありません。打つ手はあります。

　品質管理で広く行われているのは検査です。例えば、ケーブルの製造メーカーのプロジェクト・マネジャーは、メンバーに命じて、サプライヤーが製造するケーブル・ボックスを目視で検査させることができます。目的は品質マネジメント計画に規定する要求事項をケーブル・ボックスが満たすのを確認することです。不良は顧客への配達前に発見されるにこしたことはありません。

　検査するケーブル・ボックスの数が多すぎるとか、十分な時間がない場合は、統計サンプリングという手もあります。つまり、全数ではなく、一定割合を検査します。例えば、10台につき1台とか、25台入りのコンテナ1つにつき3台という具合です。サンプリングの手法と進め方については、多くの解説書が出ています。サンプリングは、全数検査よりコストを低く抑えられるので、コスト重視のプロジェクトでは大きな意味を持ちます。

　検査を終えたら、収集した情報をパレート図にまとめます。パレート図は度数分布図の一種で、不良の発生状況を、原因ごとに、発生件数の多い順に並べたものです。これにより、対処する際の優先順位づけができます。

　ここに示すパレート図では、不良の原因は、画像信号、音声信号、リモコン、電源ケーブル、ケーブル接続、その他の6つに分けられています。パレート図は、「80：20の法則」の理論的根拠にもなっています。問題の80％は20％の原因から引き起こされるというものです。この例では、画像信号の不良件数が最多なので、そこを最優先に是正策を講じることになります。

　チェックリストと各種の品質管理のツールを活用すれば、ステークホルダーが要求する成果物を生み出す上で、大きな効果があります。

　品質コントロールとチェックリストに着いては、『PMBOK® ガイド』8.2.1.4 と 8.3.1.3 を参照してください。

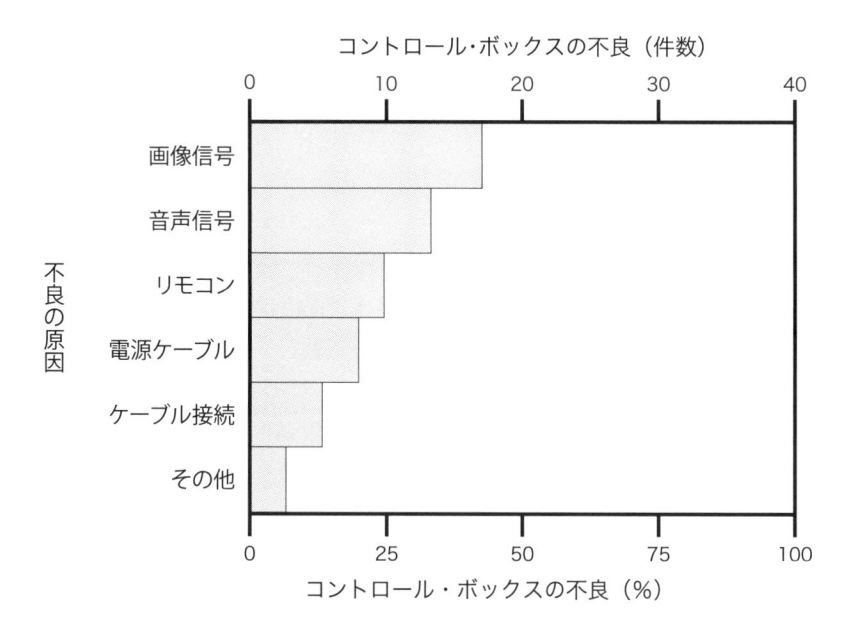

第 23 章　品質をマネジメントする

```
           コントロール・ボックスの不良（件数）
      0        10        20        30        40
画像信号  ┃━━━━━━━━━━━━━━━━━┃
音声信号  ┃━━━━━━━━━━━┃
リモコン  ┃━━━━━━━┃
電源ケーブル┃━━━━━┃
ケーブル接続┃━━━┃
その他   ┃━┃
      0        25        50        75       100
           コントロール・ボックスの不良（％）
```

パレート図で問題の優先順位づけができる。

●寓話：最後の手段

　プロジェクト・マネジャーは、組織の上からも下からもプレッシャーを受けます。役割が多すぎてあれもこれもやらねばならず、到底不可能と思うこともあります。そんなときに、思い出してほしい話があります。その話とは…。

　新任のプロジェクト・マネジャーが意気揚々と着任すると、前任者が部屋から出て行くのに出くわした。前任者が言うには、「3通の手紙を机の引き出しに入れてある。1, 2, 3と番号をつけておいた。プロジェクトがどうしようもない事態になったら、手紙を1通ずつ開いて中に書いてあるアドバイスに従え」とのことだ。

383

パート5　監視・コントロール・フェーズ

　数週間後、プロジェクトの状況が悪化し、手に負えそうにない。スケジュールが大幅に遅れ、プロジェクト・マネジャーは経営会議で釈明しなければならない。困った彼は、机の引き出しから1通目の手紙を取り出して開けてみた。そこには、
「すべて前任者のせいにしろ！」
と書いてある。彼は会議で前任者を槍玉にあげ、「あいつのやり方がまずかったから」と説明した。経営会議の面々はその説明を受け入れ、期限の延長をしぶしぶ承認してくれた。
　さらに数週間が経って、プロジェクトはまた泥沼にはまった。プロジェクト・マネジャーは経営会議で予算の増額を懇願しなければならない。途方に暮れた彼は、2通目の手紙を開けた。すると、
「すべてプロジェクト・チームのせいにしろ！」
とある。これも功を奏して、経営会議は予算の増額を承認してくれた。しかし、「もうこんなことは繰り返さないように」としっかりクギをさされた。
　それから6カ月後、プロジェクトは二進も三進もいかない状態に陥った。スケジュールはいよいよ遅れ、予算も大幅にオーバーし、品質レベルは惨たんたるものだ。もう失敗は目に見えている。プロジェクト・マネジャーはため息をついて、3通目の手紙を開けた。そこに書いてあったアドバイスとは、
「そろそろ3通の手紙を用意しろ！」

　プロジェクトが難局を迎えた時、このジョークを思い出すとよいでしょう。しかし、3通の手紙を用意する前に思い起こしましょう。問題の大半は解決できるのです。ただし、原因を究明し、しっかり対処すればの話です。プロジェクト・マネジャーは、リーダーとして、スコープの設定と計画の策定を最初にしっかりやり、進捗の監視を入念に行い、開かれたコミュニケーションをとり続けましょう。そうすれば、3通の手紙を用意する必要はないでしょう。プロジェクトに問題はつきものですが、解決は可能であり、少なくとも致命傷にはならないはずです。

第 23 章　品質をマネジメントする

> **時は金なり**
>
> プロジェクトの品質の大切さは、誰もが賛同するところだ。品質マネジメントは慎重にやらなければならない。品質は、スケジュールや予算とは異なり、把握しにくいぶん、マネジメントがしにくいからだ。データを集め、各種のツールで分析し、具体的行動に結びつけよう。チームが品質を意識する意味でも、ピア・レビューや技術レビューの意味は大きい。しかし、品質問題が発生したら、すみやかに手を打ち、影響を顧客にまで及ぼさないようにしたい。それはまず、プロジェクト計画書の中に品質を作り込む、それを着実に実行することだ。そうすれば、ステークホルダーにも満足してもらえる。

●理解度チェック

☐ プロジェクトのスコープと品質の関係がわかったか？
☐ プロジェクト計画書に品質マネジメントの活動を織り込むことの意味がわかったか？
☐ ピア・レビューと技術レビューがプロジェクトの品質にもたらす意味がわかったか？
☐ プロジェクトの品質を確保するために、各種のツールの活用方法がわかったか？

◆これだけは憶えておこう◆

　† 品質マネジメントでは、等級ではなく品質に注力する。
　† 品質計画は最初の段階から行う。
　† 品質保証を確実に行うために、ピア・レビューと技術レビューを活

用する。
†品質マネジメントには費用対効果分析やベンチマーキング、特性要因図などのツールを活用する。
†品質管理は成果物を対象に行う。

パート6
プロジェクト終結フェーズ

　朝に昇った太陽も夕べには必ず沈みますし、楽しい時にも必ず終わりが訪れます。同様に、プロジェクトが終結フェーズを迎えたら、プロジェクト・マネジャーやメンバーは詳細を記録に残し、請求書に支払い、教訓を吸い上げ、満足感を持って次のプロジェクトに移ることになります。パート6の2つの章ではプロジェクトの終結を取り上げます。プロジェクトをスムーズに終わらせるためのステップです。プロジェクトの立ち上げと同様、慎重にやらなければなりません。

　多くの会社で──プロジェクトマネジメントがきわめて得意という会社も含みます──終結フェーズに重きを置いていません。そして、全員が急いで次のプロジェクトに異動したり、日常業務に復帰したりしています。しかし、プロジェクト終結フェーズで、プロジェクトから学んだことを話し合い、記録することには、個人にも会社にも大きな意味があります。継続的改善の一助になりますし、プロジェクト・マネジャーとして得られることは計り知れないのです。

第24章

プロジェクトを終わらせる

この章の内容
- プロジェクト終了後の日々
- プロジェクトをきっちり終わらせる理由
- プロジェクト終結のステップ
- 教訓を評価する
- 事後の振り返りをする
- メンバーを解放する

　プロジェクトが成功したら、終結フェーズはお祝いをして達成感を味わう時です。すべてのプロジェクトが優雅に終わるわけではありませんが、どのプロジェクトにも明確な終わりが必要です。プロジェクトによっては、適切な終わりを迎えることもなく、使命(ミッション)を達成したという公式の認定もないまま、ずるずると定常業務に流れ込むものもあるようです。

　この章では、成功したプロジェクトの終わらせ方を学びます。しかし、途中で中断したプロジェクトや、メンバーがいつまでも作業をやめない面倒なプロジェクトの終わらせ方も学習します。終結は重要です。安堵の気持ちで、額の汗をふき、「やった！」と叫ぶ時です（そして、結果のいかんに

かかわらず、冷えたシャンパンを開けましょう。あなたは十分それに値します！）。

●プロジェクト終了後はどうなるのか？

プロジェクトが終わりに近づくと、チーム・メンバーにはゴールが見えて喜ぶ人もいますが、不安になる人もいます。次にどんな仕事が待っているのか？ 契約社員の場合、次の仕事はあるのか？ 不幸なことに、こういう士気の問題はプロジェクトがほぼ終了という最悪のタイミングで出てきます。問題は、次の仕事が心配だということ以外にもあるのです。うまくいっているプロジェクトでも、メンバーが一緒に仕事をし、交流し、楽しく付き合う時間に終わりが来るということです。

●終結フェーズはなぜ必要か？

プロジェクトをきっちり終わらせるのには、いくつかの理由があります。人間関係の理由もあれば、教訓を学び取って記録に残すという理由もあります。プロジェクト・マネジャーは、メンバーが目標を達成したらそれを

現場の声

さまざまな理由から、プロジェクト終結フェーズがそっくり抜けることが少なくない。実行フェーズが終わり、成果物が定常業務部に引き渡されれば、皆が——プロジェクト・マネジャーも含み——次のプロジェクトに異動しようとか、日常業務に復帰しようと考えるのは理解できる。だが、その落とし穴を避けて、この章の指針に従ってほしい。
継続的改善の観点からも、終結フェーズで振り返りをする意味は大きい。「うまくいったこと」「うまくいかなかったこと」を振り返るだけで、さほどの手間をかけずに、教訓・体験訓の宝庫とすることができるからだ。そこで得た情報で、次回はさらにうまくできるに違いない！

認め、仕事をやり遂げたと感じてもらうことが必要です。また、プロジェクトマネジメントのスキルを進化させ、プロジェクトで使った技法やプロセス、手順を分析し、将来に向け再利用したり改善したりする必要があります。ここに、プロジェクトを公式に終結させる意味があります。大規模プロジェクトでは、マイルストーンやフェーズの終わりに、振り返り会議を開いて、終結を確認し、成果を認知し、フェーズの見直しをするのもよいでしょう。

●最後にやるべきこと

プロジェクト終結フェーズでは、次のことをして公式な終結とします。

- †**ステークホルダーに会い、成果物に最終承認をもらう**：プロジェクトの存在意義はステークホルダーにあるので、ステークホルダーから承認を得ることでプロジェクトは完成となる。大規模プロジェクトでは、スポンサーか顧客から完成を確認する文書を発行してもらうこともある。
- †**次の人に責任を引き継ぐ**：プロジェクトの最終成果物が定常業務や別の新規プロジェクトのインプットになることもある。顧客データベース構築プロジェクトの事例を考えてみよう。プロジェクトの終了とともに、データベース運用の主体は、営業・マーケティング部隊に移る。課金データベースの構築チームは役割を終え、運用・保守の責任は情報システム部門に移管される。パイロット・テストで顧客の質問に対応していたチームは、責任を顧客サービス部門に引き継ぐ。こういう活動のすべてはプロジェクトから定常業務への移管に含まれる。
- †**人事部門と連動して、チーム・メンバーを新たな役割に異動させる**：もとの機能部門に復帰する人もいれば、新規プロジェクトに配属される人も出てくる。
- †**会計処理を完了させる**：コストの集計や請求の支払い、会計帳簿を

閉じることを含む。
† **プロジェクトの結果を文書化し、将来に向けた推奨事項をまとめる**：プロジェクト日誌（第 18 章を参照）に記録をつけていれば、それほど負担にはならないはずである。こういう情報は最終報告書の作成（第 25 章で詳述）で活用する。

時は金なり

プロジェクト憲章やスコープ記述書の通りにすべてやり終えたと確信したら、スポンサーにレビュー会議を申し込もう。情報を要約し、スポンサーの目から見てもプロジェクトが完了しているという確証をもらおう。スポンサーのあとには、主要ステークホルダーとレビュー会議をし、プロジェクト憲章やスコープ記述書の通りに完了したという確認をもらう。確認を留保する向きがあれば、その理由を特定し、チームを解散する前に、調整・是正の対策を打つ。

チーム・メンバーのパフォーマンス評価については、『PMBOK® ガイド』9.4.2.2 を参照してください。

公式に終了しないプロジェクトがズルズルと続き、ほかで必要な資源を喰いつぶすかもしれません。プロジェクト目標を達成した時と、成功の望みが絶たれた時には、すぐにプロジェクトを終わりにしなければなりません。

◎大小のプロジェクトを終結させる

小規模プロジェクトを公式に終結させるには、プロジェクト・マネジャーとメンバー、ステークホルダーが振り返り会議を開き、プロジェクト目標の達成を確認し、手短かに最終報告書をまとめれば十分でしょう。会議ではプロジェクトの達成事項に焦点を絞り、全員が満足感を味わえるよう配慮します。

第 24 章 ▶ プロジェクトを終わらせる

　大規模プロジェクトの終結フェーズは、ストレスと不安に満ちたものとなることもあります。長期にわたったプロジェクトではメンバー間の絆も強く、終結に困難がともないます。しかし、不安を鎮めるには、プロジェクトでの各人の貢献を認め、できるだけ早く新たな役割に就けることです。終結にあたり、公式なお祝いの会を開くのもよいでしょう。

　大型プロジェクトの最終報告書の作成には、別の役割に移る不安から、メンバーが協力してくれないことも多く、難しい面があります。すでに完成したプロジェクトの関連作業をいつまでもやり続けるメンバーもいるかもしれません。作業認可システムを思い出しましょう。認可していない作業はストップさせなければなりません。

> **ご用心**
>
> プロジェクトを終結させる前に、すべてのプロジェクト成果物を、スポンサーの要求事項の通りに納入し、スポンサーの承認を得たことを確認する。こういう打ち合わせは、プロジェクトの公式な終結より前に、非公式に始めておこう。プロジェクト成果物を主要ステークホルダーが受け入れてくれず、こちらがサプライズ（不意討ち）を喰らうことがないように。

　プロジェクトの終わりを見届けるのは、プロジェクト・マネジャーの責任です。それには、参加メンバーが次の挑戦に向けて異動するのを支援しなければなりません。プロジェクト終結にともなうストレスを鎮めるには、プロジェクトの全体目標が達成され、プロジェクトが完了したとステークホルダーが認めていることを伝えましょう。プロジェクトのビジネス上の重要性とそれに対する各人の貢献を強調します。各人の次の役割と新たな目標についても語りましょう。

　振り返り会議や打ち上げパーティ以外にも、公式の終結作業としてやるべきことがあります。そのいくつかについては、すでに触れました。

　大規模プロジェクトの終結は、いつもすっきりいくわけではありません。細かな案件が残ることがあります。プロジェクト・マネジャーはこうした残務にどこかで見切りをつけ、プロジェクトの「終了」を判断しなければなりません。残務整理を引き延ばしてはいけません。しっかりケリをつけ

393

て、詳細を定常業務に引き継ぎます。

　残務作業の一覧表を「パンチ・リスト」と呼びます。そこに載せるのは小さな案件で、プロジェクト・チームをわずらわせるまでもないものです。そういう案件は、定業部門の責任です。パンチ・リストの中味の詳細をスポンサーとレビューする必要はないでしょうが、パンチ・リストが存在し、その責任が定常部門にあるということは、スポンサーに知っておいてもらいましょう。

　プロジェクトの規模の大小を問わず、終結プロセスでやるべきことの洗い出しにはチェックリストが有効です。大型プロジェクトの終結チェックリストの例をのちほど示します。基本的なことだけを載せてありますので、プロジェクトに応じて追加して使ってください。

●教訓を書き出す

　プロジェクト終結時に、経営陣はプロジェクト目標の達成度とともに、プロジェクト・マネジャーの力量も評価します。プロジェクトマネジメントでは「教訓」と呼ばれるプロセスです。プロジェクトは大成功か？　もっとうまくやれたと思うのは？　今回学んだことで今後に活かせるのは？　具体的に書き留めておけば、プロジェクト終了後の振り返りで、教訓を抽出するのに役立ちます。教訓を洗い出す分野と、質問項目を紹介します。質問項目はすべての分野に共通です。

```
注力する分野：プロジェクトマネジメント
              コミュニケーション
              スケジュールと予算
              トレーニング
              品質
              課題
              人的資源
              使用した書式
```

質問項目
　† どんなやり方をしたか？
　_____

　† うまくいったことは何か？
　_____

　† うまくいかなかったことは何か？
　_____

　† 改善すべきところは？
　_____

　† 改善方法は？
　_____

　† 他に学んだことは？
　_____

　† 推奨案は？
　_____

　プロジェクト・マネジャーとチームは、プロジェクトから学んだことを書き出します。「うまくいったこと」「うまくいかなかったことで、次回にはやり方を変えたいこと」などです。この報告書はプロジェクト・マネジャーとチーム・メンバーが将来に役立てるだけでなく、今後の類似プロジェクトでも活用してもらいます。そうすれば、同じ失敗を繰り返すことはなくなります。

　ここでの情報は最終報告書（第25章）に盛り込みます。

　教訓とステークホルダーについては、『PMBOK® ガイド』13.3.3.5を参照してください。

●終結フェーズの留意点

　プロジェクトがきっちり終結するのは、すべての作業が終わり、チーム・

メンバーが次の仕事に任命されたり、元の職場に復帰したりした時です。小規模プロジェクトでは、具体的な（目に見える）結果が出た時に、手っ取り早く終結となります。

　一方、例えば、ヒューストン（米テキサス州）の大規模製油所建設プロジェクトの終結ははるかに複雑です。サブプロジェクトが多数存在するので、経験の少ないプロジェクト・マネジャーには、終結に漕ぎ着くのは不可能と思われるほどです。プラント建設はできたとしても、それ以外の詳細な作業が延々と続くように思えます。中には長びく作業も出てくるでしょう。終了後は、修繕作業がプロジェクト・マネジャーの肩にかかることもあります。ある意味で、プロジェクトが本来の終結プロセスに行き着かず、継続するわけです。99.8%の作業が完了したにもかかわらず、残りの0.2%に残留メンバーを投入するか、外部の人を雇い入れることになります。

　プロジェクトを秩序立てて終結させるには、いくつかの留意点があります。主なものを解説します。

1. **終結の決定**：定常業務部門がプロジェクト成果物を受け入れ、プロジェクト・マネジャーの仕事が終了したことを確認する。
2. **作業リスト**：小さな残務作業を表にまとめ、実施の手配をする。前述の「パンチ・リスト」
3. **面談**：プロジェクト・マネジャーの指揮下にあったメンバーやマネジャーと個別に面談する。各人の貢献に謝意を示す。プロジェクトでうまくいった点、うまくいかなかった点や、プロジェクト・マネジャーのリーダーシップのとり方、その人が将来どんなことをやりたいのかについて、各人の見解を聞き記録に残す。私は通常、よくやってくれたポイントを何点か取り上げ、その後に、改善してほしい点を話すことにしている。各人の評価については、次の章で詳述する。
4. **チーム内のコミュニケーション**：プロジェクトの終了期日をチーム全員に文書で知らせる。これにより、作業が遅れがちなメンバーにはプレッシャーがかかる。もっと時間が必要と判断したら、終了期日に余裕をもたせて数週間あとに設定し、メンバーには、必ず守るべき期日

を毎週、繰り返し連絡する。本当に問題があるメンバーには毎日こちらから出向いて進捗を把握し、期限を確認する。
5. **サプライヤーとのコミュニケーション**：プロジェクトの終了期日はサプライヤーにも知らせる。プロジェクトが終わりに近づいたら、終了期日の30日以内に届かない請求書には支払いをしない旨を伝える（この点は、硬く考えず、請求書の発行が遅れがちなサプライヤーが発行を早める呼び水とする）。こうすることで、金利負担の軽減につながるだけでなく、早めの支払いには割引が適用されることもある。可能なら、注文書に目を通し、未払い案件を把握する。
6. **その他のコミュニケーション**：プロジェクトの終了期日が近づいていることを、「借用している」メンバーの上司や派遣会社、コントラクターに、文書で知らせる。そして、メンバーが別の仕事の機会を探すか、定常業務に戻るかを検討する時間を与える。
7. **会計書類の締め**：経理部門と連携して仕事を進めているなら、プロジェクト終了とともに会計書類を締めてもらい、すでに存在しない予算に請求がされるのは食い止めなければならない。プロジェクトの経理上のコード番号は無効にしてもらう。そして、その後の支払いの判断はプロジェクト・マネジャーが行うものとする。
8. **お祝い**：プロジェクトが（成功のうちに）完了したら、打ち上げパーティを開く。際立った貢献をしてくれたメンバーには、賞を出すのもよい。これは楽しい会になるだけではなく、プロジェクト終了の節目ともなる。プロジェクトが失敗に終わった場合でも、その原因がチームにあるというのでない限り、控え目に打ち上げをやろう。
9. **資源の処分**：残存の装置や原材料を棚卸しする。借用したりレンタルした装置は返却し、未使用の原材料は可能なら返品して返金してもらい、リサイクルできない廃棄物は埋め立てに回す。大規模プロジェクトで過剰設備が多く残っているなら、オークションで処分する手もある。オークションの売り上げは、組織の雑収入とするとか、慈善団体に寄付するなどの方法がある。
10. **権限の引き渡し**：定常業務チームに権限を引き渡す。

パート6 ▶ プロジェクト終結フェーズ

大規模プロジェクトの終結チェックスト					
作業内容	必要か？		必要期日	責任者	メモ
	はい	いいえ			
残務作業を特定する	☐	☐			
終結計画	☐	☐			
人事考課	☐	☐			
終結作業指示書	☐	☐			
最終変更点の監査	☐	☐			
すべてのサプライヤーへの支払い	☐	☐			
会計書類の締め、監査	☐	☐			
最終配送指示	☐	☐			
ユーザー教育	☐	☐			
プロジェクト終了につき購買部門への連絡	☐	☐			
装置の処分	☐	☐			
原材料の倉庫の返却	☐	☐			
チーム・メンバーの異動	☐	☐			
終結手順	☐	☐			
技術文書	☐	☐			
最終のプロジェクト会議	☐	☐			
最終報告および検討会議	☐	☐			

プロジェクト終了チェックリストの一例。必要に応じて項目を追加するとよい。

時は金なり

プロジェクトの最初に予算を作る段階では、プロジェクト終了時のお祝いのための資金を計上するのは適切ではないかもしれない。しかし、プロジェクトが終了に近づいたら、スポンサーに会ってプロジェクトの成功を祝う方法を相談するとよい。お祝いには資金と時間がかかる。プロジェクト・マネジャーが扱うか、他の人に任せるかも検討する。お祝いの規模は、プロジェクトが会社にもたらす価値と、実行の難しさに見合うものとする。楽しいイベントになるように、会社の感謝の気持ちがよく表れるものにしよう。プロジェクトが成功し、それが会社のパフォーマンスの向上に結び付くのなら、それは十分、お祝いに値する。

●時間を置いた振り返り

　経験豊富なプロジェクト・マネジャーは、大規模プロジェクト終結後に、少し時間を置いたあとでプロジェクトの振り返りをします。終結の3~6カ月ほどあとに主要なチーム・メンバーと数人のステークホルダーで、会議を開くのです。取り上げるのは、成果物の定常業務への移管後に何があったかです。プロジェクトからやや距離を置くことで、うまくいったことや、将来、変えるべきことについて、新たな洞察を得られることが多いのです。問題やサプライズ（不意討ち）が明らかになるのもこの時期なので、その情報はプロジェクトの教訓になります。

●チームの行く末

　プロジェクト・チームの解散には3つの形態があります。包含、統合、絶滅です。どれが適当かは、よく考えなければなりません。さもないと、メンバーが路頭に迷うことになりかねません。

- †**包含**：包含は一種のハッピー・エンドだ。プロジェクトが成功し、終結とともにチームごと組織に吸収される。会社の一部となることもあれば、単独の組織となることもある。うまくいけば、メンバーの多くがそのまま仕事を続けられる。しかし、プロジェクト終了後の役割に対して全員が不適格と判断され、チームがそっくり入れ替わることもないとは言えない。さらにメンバーが自分から抜けることもある。プロジェクトの面白さに比べたら単調な定常業務に戻ることなど考えられないというわけだ。
- †**復帰**：チーム解散後に最もよくある形は復帰である。それぞれのメンバーが自分の出身組織に復帰する。長期プロジェクトでは、復帰は複雑な様相を呈する。以前の場所が別の人で埋められているからだ。社員数を考慮しながら、戻ってきたメンバーが満足できる役割を見つけなければならない。ステークホルダーにはこれを手当てする時間が必要なので、あらかじめ相談しておくことが大切である。

† **絶滅**：プロジェクトとそれに関係するすべてが跡形もなく消滅するもので、軽微な役割のメンバーにはありふれた形である。最も望ましくない形態であり、極力避けるべきもの。プロジェクトの終結とともに全員が解雇される。

時は金なり

後任の人のために、しっかりした記録を残そう。プロジェクトのことを考えたら、理由は明白であろう。転職が普通の産業界では、文書で申し送ることが後任には大きな助けとなる。

●手放す！

　プロジェクトの終了とともに、気持ちが落ち込む時期があることを心得ておきましょう。特に主要プロジェクトで6カ月以上も生活の大半を占めていた時です。産後の憂鬱のようなものです。

　重要プロジェクト（赤ちゃんの誕生）のために10カ月の間、心血を注いだのです。1つの目標に注力するあまり、それを達成したあとで、どうしたらいいかわからない、方向性を失った、悲しい…といった気持ちになることがあります。たとえ次のプロジェクト（赤ちゃんの子育て）が控えているとわかっていてもです。次のプロジェクトの展望もないまま、以前の日常業務に溶け込まなければならないとしたら、さらに難しいものとなるでしょう。

　プロジェクト・マネジャーをしていた時は、責任者としてひっきりなしにメンバーに追いまわされ、アドバイスや意思決定を求められた。が、プロジェクト終了とともに状況が一変した。普通の市民生活に戻り通常の仕事と責任をこなす――というわけです。一時期、プロジェクトのことが頭から離れずに気が晴れないとか、プロジェクト作業のやり方のアイデアが頭をよぎるということがあるかもしれません。症状が強く出ることもあり

ます。もしスキルに自信があり、願望が強いのなら、プロジェクト・マネジャーとして独立する手もあります。それでいい仕事をし、高い報酬を得ている人も少なくないのです。あなたもそうなれるかもしれません！ 望みは高く持ちましょう。有能なプロジェクト・マネジャーを必要とするプロジェクトは、いつもどこかにあります。

プロジェクト終結のチェックリストの例を挙げておきます。

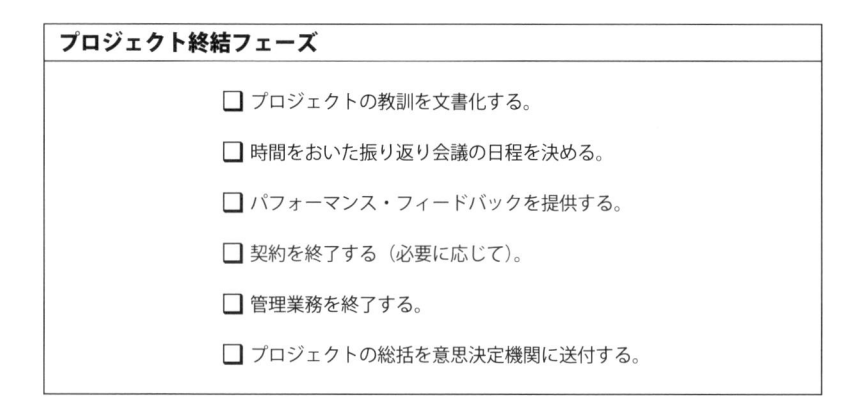

プロジェクト終結フェーズ
☐ プロジェクトの教訓を文書化する。 ☐ 時間をおいた振り返り会議の日程を決める。 ☐ パフォーマンス・フィードバックを提供する。 ☐ 契約を終了する（必要に応じて）。 ☐ 管理業務を終了する。 ☐ プロジェクトの総括を意思決定機関に送付する。

今はお祝いの時です。プロジェクトが終了したのですから（ただし、最終報告書が残っています。それについては次の章で学習します）。チームを集めて、大いに楽しくやりましょう。そしてまた、次のプロジェクトに移るのです。

プロジェクトの終結については、『PMBOK® ガイド』A1.8 を参照してください。

●理解度チェック

☐ プロジェクトを手続き通りに終結することの重要性がわかったか？
☐ スポンサーやステークホルダーとプロジェクトの振り返り会議を設定したか？

☐定常業務のために「パンチ・リスト」を作ることの重要性がわかったか？
☐プロジェクトの教訓の収集と最終報告書の作成に必要なデータはわかったか？
☐時間を置いた振り返りを設定したか？
☐チーム・メンバーを解放する計画は作成したか？
☐プロジェクト終結フェーズでやるべきことのチェックリストを作ったか？

◆これだけは憶えておこう◆

†プロジェクト・マネジャーはプロジェクトをきっちり終わらせることに、時間とエネルギーを注ぐ必要がある。
†プロジェクト・マネジャーの成長のカギは、「教訓」プロセスにある。
†プロジェクトの終結には、所定のステップがある。
†大規模プロジェクトでは、終結の一環として時間を置いた振り返りをする。
†プロジェクトが終了すると、チーム・メンバーはプロジェクトごとに定常業務部門に包含されることもあれば、定常業務に復帰することも、解雇されることもある。

第25章

事後の振り返り

この章の内容
■プロジェクトでうまくいった点、うまくいかなかった点を把握する
■事後の振り返り：最終報告書
■チーム・メンバーの人事考課
■プロジェクト・マネジャーの自己分析

　プロジェクトの終了とともにプロジェクト・マネジャーの役割は終わったと思うかもしれません。が、もう1つ重要なステップが残っています——事後の振り返りです。プロジェクトでうまくいった点、うまくいかなかった点を評価しましょう。振り返りをすることで、次回の改善のヒントがわかります。

●プロジェクトを振り返る

　「事後の振り返り」をしっかりやることは、プロジェクトから学んだ教訓——体験訓・知見——を次に有効に活用することにつながります。プロジェクトの成否にかかわらず、必ず振り返りをしましょう。

プロジェクトの振り返りは、若干の残作業——例えば、パンチ・リストの載っているもの——があっても必ず実施しなければなりません。とはいえ、スケジュール上の終了期限が到来していて主要作業が未完のまま残っているなら、プロジェクトが終了したとは言えないので、振り返りをするのは早すぎます。

> **プロジェクト用語**
>
> プロジェクトの「振り返り」とは、プロジェクトの成功・失敗の要因をすべてにわたって検討することである。

振り返りには3つの要素があります。まずプロジェクトそのものについての評価、次に最終報告書の作成、そしてチーム・メンバーの人事考課です。この3つを効率よくするためによく行われるのが、中核チームで会議を開き、プロジェクトの評価や最終報告書のための情報収集をすることです。中核チームの専門知識や経験から、プロジェクト・マネジャーには考えもつかなかったような情報が得られることもあります。

◎中核メンバーや作業委員会と会議を開く

プロジェクトが終了したら、プロジェクト・マネジャーが自分でプロジェクトの評価を下す前に、中核チーム（一般に、チーム・リーダーや当該分野の専門家）の意見を聞いてみる必要があります。簡単な報告書を書いてもらうか、アンケートに答えてもらえばよいでしょう。次に、主要メンバーと非公式な会議を開き、プロジェクトについて各人の所見を聞き、次にもっとうまくやるための提案をしてもらいます。メモをとり、その人たちの意見は貴重であると伝えましょう。

プロジェクトの振り返りの最初の質問は、目標を達成できたかです。それから、プロジェクトの開始から終了までを振り返り、うまくいった点、うまくいかなかった点を考えてみます。課題管理表に載せた問題には特に注

意し、チームがどう対処したかを掘り下げて検討します。バラバラの小片を元の形に復元するのは、一種の「アート」です。時間をかけて、うまくいったこと、うまくいかなかったことを思い起こします。

中核メンバーの次に、作業委員会の主要メンバーとも同様の会議を開きましょう。プロジェクトの成功要因や改善点について重要な洞察やいろいろな観察を得られます。かれらの意見をしっかり集め、最終報告書に盛り込みます。

◎目標の達成度を評価する

振り返りのやり方に規則はありませんが、その根本は結果と目標を突き合わせることです。成果物が要求事項と見事に合致しているなら、プロジェクトは成功です。要求事項を部分的に達成しているなら成否の判定は分かれることになります。評価が特に厄介なのは、そもそも目標が曖昧であった場合です。ですから、計画フェーズでプロジェクトの要求事項を明確に定義しておくことが重要なのです（第7章を参照）。

プロジェクトの成功・失敗を評価するには、達成事項を書き出して、プロジェクト憲章の要求事項の横に並べ、項目ごとに突き合わせてみればよいでしょう。これが、プロジェクトの評価の最善の方法です。実際のデータに基づいているからです。

規模が特に小さいプロジェクトでは別かもしれませんが、プロジェクト終了時には経営陣から最終報告書の提出を求められるのが普通です。巨大プロジェクトの最終報告書は、公式で大部なものになります。すでに述べたように、プロジェクトの成功・失敗にかかわらず、報告書は必要です。成功したプロジェクトの最終報告書は、チーム・メンバーとプロジェクト・マネジャーへボーナスを支払うよう促すことにもなります。失敗したプロジェクトの問題点を文書化しておけば、今回のチームがはまった落とし穴を他の人が回避する手立てとなります。問題点が必ずしもチームの落ち度でなかったのなら、その理由も報告書で説明することができます。

●最終報告書を書く

　最終報告書はプロジェクトの歴史であり、パフォーマンス評価にあたります。小規模プロジェクトでは1~2ページで済むかもしれませんが、大規模プロジェクトでは10~20ページほどになることもあります。プロジェクト日誌（第18章を参照）をつけていれば、最終報告書は比較的簡単に作成できます。

　最終報告書には、次の2つの意味があります。

1. プロジェクトについて報告し、目標の達成状況を示す。
2. プロジェクト・チームが生み出した価値をアピールする。

　プロジェクト・マネジャーがプロジェクトの成功を強調しても、周りの人にはわかってもらえない、ということがあるかもしれません。でも、もし正味現在価値（NPV）法で、ユーザーが出した前提に基づいて分析をすれば、プロジェクト成功を強力にアピールできます。「そのやり方でやってみよう」という人も出てくるかもしれません。第19章でコミュニケーションに「枠組み」を設定することについて触れました。最終報告書ではプロジェクト成功を効果的にアピールする枠組みを設定することを勧めます。

　プロジェクトの大小を問わず、最終報告書には次の内容を盛り込みます。小規模プロジェクトではあまり深く立ち入る必要はないかもしれませんが、各項目は必ず含みましょう。

　　† プロジェクトの要約（スケジュールと予算を中心とする当初計画からの変更点も含む）
　　† プロジェクトのビジネス・ケースの要約
　　† 主な達成事項
　　† プロジェクトのビジネス・ケースの目標と比較した達成事項の分析
　　† 最終の会計報告と予算との差異の説明
　　† ステークホルダーの期待との関係での、プロジェクト成果物の品質

の分析
- †マネジメントや管理業務のパフォーマンスの評価
- †チームのパフォーマンス（個人に関する部分は機密扱いとする）
- †際立った貢献をしたチーム・メンバーの認知
- †承認済み変更の総計と、その変更がビジネス・ケースの達成に及ぼした影響
- †さらに調査すべき作業や課題
- †類似プロジェクトへの推奨事項
- †時間を置いた見返しの日程

さらに、より複雑なプロジェクトでは、最終報告書に次の項目も盛り込むとよいでしょう。

- †業務上の課題、対立、解決の要約。課題管理表（第22章）、リスク登録簿（第8章）、変更管理台帳（第22章）による
- †プロジェクトの各フェーズの結果。スケジュールの計画と実績、予算の計画と実績（予算の消化状況、追加等も漏れなく文書化する）
- †プロジェクトから定常業務への移管に関連する作業で、チーム・メンバーが継続して参加するものの説明（もしあれば）
- †将来のプロジェクトへの推奨事項（よりスムーズに進めるために）
- †指揮命令系統の詳細な分析と改善のための推奨案
- †プロジェクトマネジメント全般についての分析

最終報告書ではプロジェクトの手順も分析します。うまくいったことは認め、うまくいかなかったことには説明を加えます。プロジェクトの将来の改善のための推奨案も提示し、変更案は具体例とその理由を明記しましょう。チームの中核メンバー全員には、最終報告書に意見を出してもらい、発行前に内容確認をしてもらいます。各人に担当部分の最終報告書を作成してもらい、プロジェクト・マネジャーがそれをまとめ、さらに自分の意見を追加する方法もあります。

> **ご用心！**
>
> 機密文書は、机の引き出しや銀行の金庫室に施錠して保管する。機密扱いにするかどうか迷う時は、スポンサーに相談しよう。

◎最終報告書の構成

　最終報告書は、経営陣からステークホルダーまでプロジェクトに関係するすべての人の目に触れます。構成は次の5章にするのがよいでしょう。

- **要約**：報告書の内容を1〜2ページで要約する。時間がないが要点をすばやく把握する必要がある人や、報告書全体は消化できないという人向け。
- **本論A**：チーム・メンバー全員、関係マネジャー、その他のステークホルダーに伝える情報。プロジェクトの詳細な検討と、プロジェクトのビジネス・ケースへの達成度の評価を盛り込む。
- **本論B**：経営陣を対象とする情報と機密情報。機密の報告書は扱いが難しい。チーム・メンバーの給与やボーナス、パフォーマンス、プロジェクト成果物の使用方法など、チーム・メンバーには見せられない情報が含まれるからだ。プロジェクトの財務報告を含むこともある
- **プロジェクト計画書**：プロジェクト計画書の全体と目標を盛り込む。妥当なら、ベースライン計画と最終計画の両方を対比し、期限の順守状況を示す。
- **その他の文書**：新店舗の開店や新工場の始動など、プロジェクトの成功を端的に証明するものがあれば、ここに写真を載せ、本論Aや本論Bで言及する。

◎最終報告書の社内政治への影響

　社内政治に敏感な組織では、否定的な内容の報告書が問題を引き起こすこともあります。ステークホルダーのところ（第6章）で触れたように、組織の上層部には常に政治の風が吹いています。「プロジェクトでは某副社長のひどい妨害に遭い…」などと語気を強める前に、次の仕事を探す覚悟が必要かもしれません。

　ケネディ大統領暗殺に関するウォーレン報告書は、政治的理由から、一般向けと政府高官向けの2つの版が用意されたと言われています。経営陣への情報提供には、この方法も一考に値します。さらに、多くの人が痛い目に遭いながら学習しているように、文書によるコミュニケーションは想定外の人の目に触れることもあります。扱いにくい副社長に手を焼かされたことをスポンサーに報告するなら、文書より口頭の方が賢明かもしれません。

賢者の言葉

「正直な批判を受けることはむずかしい。特に、家族や親戚、友人、知人、あるいは第三者から」——フランクリン・P・ジョーンズ（作家、ユーモリスト）

●チーム・メンバーの人事考課

　プロジェクト・マネジャーはチーム・メンバーのパフォーマンスを評価することを求められます。対象は中核メンバーのみのこともあれば、チーム全員、さらにサプライヤーやコンサルタントにまで及ぶこともあるでしょう。人事考課の目的も、昇進の判定から解雇までさまざまです。メンバーがプロジェクトの途中で抜ける時は、プロジェクト終了まで待たずに、そのつど、人事考課を行わなければなりません。巨大プロジェクトでは、そ

の人が抜ける時期と人事考課の実施時期が大きくかけ離れていることがあるからです。長い時間が経過してからでは、人事考課で強調すべき点を思い出すことさえ難しくなります。

多くの会社では、人事考課の標準手順があり、それに従わなければなりません。さらに、評価プロセスに人事部門がかかわってきます。この場合、所定の評価用書式を埋めるように求められるのが普通です。

私が使っているチーム・メンバーの人事考課の基準を列挙します。

- 仕事の質
- コスト意識
- スケジュールの重視度
- 創造性（例えば、技術的問題の解決）
- 事務手順の実行（例えば、提出物の期限）
- チームワーク
- 仕事に取り組む姿勢
- コミュニケーション力
- 技術力
- 改善の提案
- 締め切り順守

私の経験から言えば、全員に対してここに挙げたすべての基準を網羅して話す必要はないでしょう。特にうまくやってくれた基準を3～4点、改善を要する基準を（多くても）1～2点とします。人事考課の本人への伝達は、他の人がいない場所で、くつろいだ雰囲気で行います。際立ったパフォーマンスを上げたメンバーには、特別ボーナスを手渡すチャンスです。その場合、他のメンバーが気を悪くしないよう、本人だけに留めておくことを同意してもらいましょう。

●プロジェクト・マネジャーの自己分析

　プロジェクトの公式な評価とは別に、プロジェクト・マネジャーは自己分析をし、プロジェクトでうまくいった理由、うまくいかなかった理由を把握しておく必要があります。プロジェクトの終了後しばらくして、気持ちの高ぶりもおさまった頃合いを見計らって、プロジェクトそのものと自分のスキルについて、客観的に冷静に振り返ってみましょう。よかったのはどこか？　もっとうまくやれたはずなのはどこか？　さらに学ぶべきことは何か？　出てきたポイントを真剣に受け止め実行に移すことで、プロジェクト・マネジャーとしてさらに能力を高め、大きく成長することができます。この作業は、時間を置いた振り返り（前章で詳述）のあとにするのがよいでしょう。

　プロジェクトマネジメントについての学習は、これにて一段落です。ここまでに、実に多くのことを学びました。おめでとう！　あなたの成功を祈っています。

●理解度チェック

☐ 最終報告書の作成に必要な情報は集めたか？
☐ 最終報告書をどの程度の中味にすべきかわかったか？　それとも、スポンサーに相談する必要があるか？
☐ 最終報告書でプロジェクトの報告をするとともに、チームが生み出した価値をアピールするということを理解したか？
☐ プロジェクトのパフォーマンスも評価するために、中核メンバーとの会議を設定したか？
☐ 時間を置いた振り返り（第24章）の日程を決めたか？

◆これだけは憶えておこう◆

† プロジェクト終了後に、うまくいった点、うまくいかなかった点の棚卸しをする。
† 大半のプロジェクトでは、結果を参加者とステークホルダーの全員に伝えるために、経営陣から最終報告書が求められる。
† プロジェクトの成功の評価は、常にビジネス・ケースとの比較で行う。
† チーム・メンバーの人事考課は、メンバーがプロジェクトから抜ける時と、プロジェクトの終了時に行う。公式・非公式のどちらにするかは組織による。

付録A

効果を上げる組織

　プロジェクト・チームにどんな組織が適するのか？　チーム・メンバーはどうすれば望むように動いてくれるのか？　誰が作業を指揮し、誰が命令に従うのか？　付録Aでは、プロジェクトに効果的な組織のあり方とそれぞれの長所・短所について解説します。

◉組織づくり：困難だが、誰かがやらなければならない

　チームを組織する上で最も重要なのは、全員に次の3つのことの理解してもらうことです。

> †あなたが各メンバーを選考した理由と、各人に要求するもの
> †プロジェクトにおける各人の明確な役割と責任
> †高品質で作業を完了するために各人に責任を持ってもらいたい基準

　プロジェクトの組織作りは、チーム・メンバーを選びサプライヤーに作業を割り振るだけではありません。チームが効果的に機能するためには、各人の役割と報告義務を明確に示さなければなりません。さらに、中核チームには業務の補佐やコンピュータの据え付け、技術サポートなどの支援も必要です。そういう二次的ながらも重要な支援をするスタッフは、訓練を

積んでいて、準備ができており、しかも投入可能でなければなりません。

　全員を1つのチームとしてまとめるには、良い人間関係を築き、適切な人に適切な資源を適切な時に提供し、指揮命令系統を確立し、実行可能なスケジュールを作成しなければなりません。こんなことはわかり切っていると思うかもしれませんが、人がからむぶん、見た目よりも難しいのです。

●人間ドラマ──性格、社内政治、企業文化

　プロジェクトの組織づくりを理解するには、プロジェクト・チームを演劇や映画の登場人物になぞらえるとよいでしょう。まず、プロジェクトのプロデューサーや後ろ盾（経営陣やステークホルダー）がいて、監督（プロジェクト・マネジャー）、主役（プロジェクトの全期間を演じるチーム・リーダーたち）、わき役（役をこなしたらシーンから消えていく）、ゲスト出演者（コンサルタントやアドバイザーなどプロジェクトに付加価値を提供し、重要だが登場場面は限られている）などがいます。さらに特殊効果や製作スタッフのように、特別のスキルを持ちながら目立たないメンバーもいます。演劇や映画と同じように、主演女優やスターには、特別に気を遣わなければなりません。

◎まずシナリオを渡す

　チームづくりの最初にすることは、演劇と同じです。役者にシナリオを渡します。シナリオとはプロジェクト計画書のことです。チーム・メンバーは自分の役割が興行（プロジェクト）の成功にどう役立つかを理解する必要があります。それがわからなければ、勝手にセリフをでっち上げたり、重要でないことに時間を費やしたり、的外れの意思決定をしたりします。アドリブでやらせたら、役者と同様、よほどのベテランでもない限りうまくできません。

◎役割分担の破綻を防止する

　出演者を組織するには一定の手順が必要です。主役、わき役、ゲスト出

演者は助監督（プロジェクト・マネジャーの部下）が指揮し、製作スタッフにも別に責任者をつけます。

　理想的なプロジェクト組織ができた後で、ある役柄を予定していたメンバーが参加できないということもあります。例えば、プロジェクトに入ってほしいと思う人が優先順位の高い別のプロジェクトに投入されているとか、ある部門にAさんを指名したのにBさんを出してよこしたなどです。こちらが望む経験を持つ人を獲得できない場合には、駆出しの役者がセリフを憶える期間を見込んで、スケジュールを調整しなければなりません。

　プロジェクトに特定のスキルを持つ人が必要で、ライン・マネジャー（ミドル・マネジャー）が人を出してくれた場合、よほど明確な根拠がない限りその判断を受け入れなければなりません。必要なスキルが当人に欠けていることがあとから判明したら、交渉するか別の方策を探します。

　プロジェクト・マネジャーが人を調達する際は、他のマネジャーとこの種の交渉をしなければならない場面が多々あります。譬えて言えば、映画製作で主演は二枚目俳優と契約したのに、わき役の名手を代役でよこしたようなものです。当然、シナリオと方向に変更が必要となるでしょう。

◎少数精鋭のチーム

　才能ある役者が集まって1つの演劇を作り上げる際は、（演劇を成功させるという）共通の目標に向けて全員が協力します。そのために、ベテランも新人も等しく監督の指揮に従い、自分の役割を果たすべくベストを尽くすのです。スターといえどもゲームのルールに従わなければなりません。同様に、チーム・メンバーも自分の役割を果たさなければならないのです。

　プロジェクトのメンバーが真のチームになるには、プロジェクト・マネジャーのコーチングとリーダーシップのもとに、いくつかの要件を満たさなければなりません。具体的に挙げてみます。

　　†自分が担当する作業には複数の人が関係することを認識し、作業の完了のためにお互いがコミュニケーションをとり、協力する。
　　†プロジェクトの現状についての評価と報告には、共通の方式とツー

ルを使う。
† 問題の特定と解決は共に行い、結果も共に引き受ける。共に意思決定したことは、公の場では支持する。
† 誰かがミスをするとチーム全体が苦労するという事実を受け入れ、ミスはできるだけ抑えるようお互いに助け合う。
† 時間の経過とともにメンバーが入れ替わることを頭に入れておく。ただし、プロジェクト目標とチームの全体構造はプロジェクト完成まで変わることはない。
† 変更が起こることを認識し、変更管理の手法を駆使して柔軟に対応する。

他の組織や部門が関わる中で、良いチームを育成するには、プロジェクト・マネジャーと相手組織との前向きなやり取りが不可欠です。ラインやスタッフ、サプライヤー、顧客、プロジェクト・メンバーとの良い関係は相互信頼の上に成り立つものです。

●プロジェクト組織のいろいろ

プロジェクトに関わる人の組み合わせは無数にあるとしても、現実の組織形態の数は限られています。つまり、機能型組織、純粋プロジェクト型組織、マトリックス型組織、混合型組織の4つです。組織が1カ所に固まらずに、複数の場所に分散し、サイバースペース上にバーチャル・チームとして存在することもあります。そして、それぞれの組織形態に長所と短所があります。

◎機能型組織

1つの部門が中心となってプロジェクトをするなら、機能型組織がそのまま使えます。小規模プロジェクトではよくあることです。特定の機能に特化したプロジェクトを直結する部門が引き受けるものです。プロジェクトの大半の作業は機能部門に組み込まれ、そこで完結します。部門長がプ

ロジェクト・マネジャーを兼任することが多くなります。

プロジェクトを機能型組織で行う場合の長所を挙げてみましょう。

† **メンバー同士が親しい**
　チーム・メンバーは気心が知れており、スキルも理解している。
† **確立した管理システムがある**
　チームが一般的な管理方針や手順をすでに理解している。
† **メンバーが投入しやすい**
　ライン・マネジャーが要員配置をコントロールするので、プロジェクトに要員を投入しやすい。そして、資源投入について部門間の対立がほとんどない。
† **要員のスケジュール調整が容易**
　要員のスケジュール調整が効率的にできる。プロジェクトに要員が必要ならすぐに投入し、終了したら定常業務に戻すことがスムーズにできる。
† **権限が明確**
　指揮命令系統とコミュニケーション・ルートがわかっているので、プロジェクトとラインの間に対立が少なくて済む。

機能型組織の短所には次のようなものがあります。

† **プロジェクトの孤立化**
　プロジェクトが社内で孤立してしまうと、より大きな戦略目標を見失うことがある。対策としては、新たなコラボレーション（協調）やネットワーキング、ウェブ・ベース機器の活用などがある。
† **資源の限界**
　プロジェクトに投入する資源が部門内に限定されるため、必要な作業を完了させるのに不適切なこともある。社外のサプライヤーやコンサルタントを活用できるが、社内の他部門の専門知識を活用しにくい。その結果、プロジェクト組織が非効率になったり、作業の

重複が生まれたりすることがある。
† 官僚的手順
機能型組織ではプロジェクト・マネジャーの権限がごく限られているのが普通である。ライン組織に確固たる官僚体制があり、必要以上に何階層もの承認を取り付けなければならないこともある。その結果、進捗や意思決定の足が引っ張られることもある。
† プロジェクトに集中しにくい
機能部門はプロジェクトだけやるわけではないので、プロジェクト作業の足が引っぱられることもある。さらに、プロジェクトが「余計な」「やらなくともよい」仕事と思われると、プロジェクトの士気の低下につながる。
† 部門志向
プロジェクトが「部門の考え」に引きずられることもある。プロジェクトの本来の目標はさておき、部門の優先課題がプロジェクトでも重要だということになると、これが起こりがちである。部門の本業以外に注意がいかず、終了したはずのプロジェクトがだらだらと続いたり、品質問題を抱えたりする。

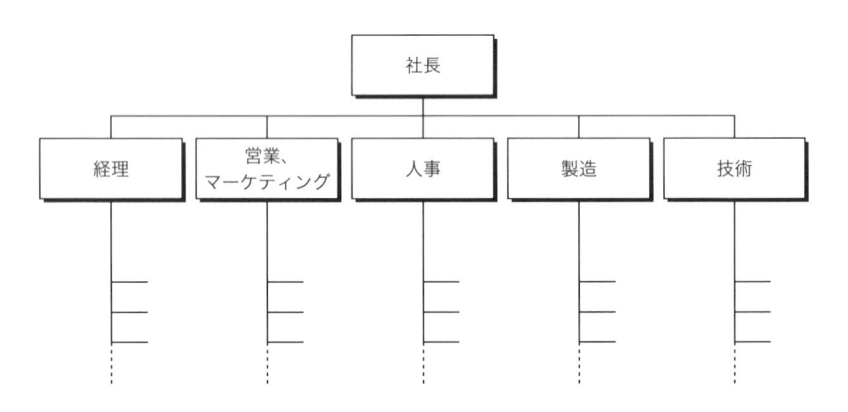

機能型組織

◎プロジェクト型組織

　プロジェクト型組織は、チームか「タスク・フォース（作業部会）」として発足し、メンバー全員がプロジェクト・マネジャーの指揮下に入ります。かれらには他のマネジャーへの報告義務はなく、プロジェクト以外の仕事をする必要もありません。そして、1つのプロジェクトに集中し、役割を終えたら、他の仕事やプロジェクトへと異動になります。

　プロジェクト型組織のうち直接型は、メンバー全員がプロジェクト・マネジャーに直属するもので、15人以下の小規模プロジェクトに適しています。プロジェクト型組織でも間接型（大型プロジェクトに適していますが）では、プロジェクト・マネジャーの下にアシスタント・マネジャーや監督者を配し、サブプロジェクトやプロジェクトの機能領域のマネジメントにあたらせます。通常のライン組織と同様、監督者やアシスタントがプロジェクト・マネジャーに直属し、その下に各種の機能チームが入るという構造です。巨大プロジェクトのマネジメントは重層構造となり、さながら会社組織のようです。

　プロジェクト型組織は、政府系の大型プロジェクトやエンジニアリング会社に見られ、大規模な建設プロジェクトでもよく使われます。優先順位が高く、1年以上もかかる複雑なプロジェクトでは、プロジェクト型組織の長所が生きてきます。

　プロジェクト型組織の長所をまとめてみましょう。

† 権限が明確
　　プロジェクト・マネジャーがプロジェクトの全権を握っており、対立の解消や優先順位の決定がスムーズに行われる。指揮命令系統が一本化されており、各メンバーには直属の上司が1人だけという明確な長所がある。

† コミュニケーションが簡潔
　　全員が同じプロジェクト・マネジャーの下で共通の目標に集中するので、プロジェクト内のコミュニケーションや意思決定がシンプ

ルである。
† 専門知識の蓄積
社内で類似プロジェクトを繰り返し実施すると、ある部分の専門知識が蓄積される。その結果、専門家を適切な時期に、適切なプロジェクトに投入すればよい。
† プロジェクトの集中と優先
プロジェクトを全面的に支援する体制ができ、参加者の位置づけも他と峻別した強力なものとなる。その結果、プロジェクトへの集中や統合がやりやすい。

プロジェクト型組織には明らかな短所もあります。主なものを挙げてみましょう。

† 作業の重複
複数の重要プロジェクトを同時に走らせると、作業が重複し、プロジェクトの総体としてのコストが必要以上に高くなることがある。
† 忠誠心や動機づけが不明確
チーム・メンバーの結束と参加意識は高いことが望ましい。しかし、プロジェクト終了後にチームが解散となるので、そのことが不確実性や対立につながることもある。チーム・メンバーには一時解雇や、望まないプロジェクトへの異動などの心配もある。そこで、技術の高い人に長期にわたり満足してもらうことが大きな課題となる。この組織形態を採用する場合には、要員マネジメント計画にこの点を明確に織り込んでおかなければならない。
† 社内の過当競争
プロジェクト型組織では、社内で複数の重要プロジェクトの間にライバル意識や競争意識が高じることがある。その結果、競争の矛先が競合他社ではなく社内に向くという醜い状況にもなりかねない。

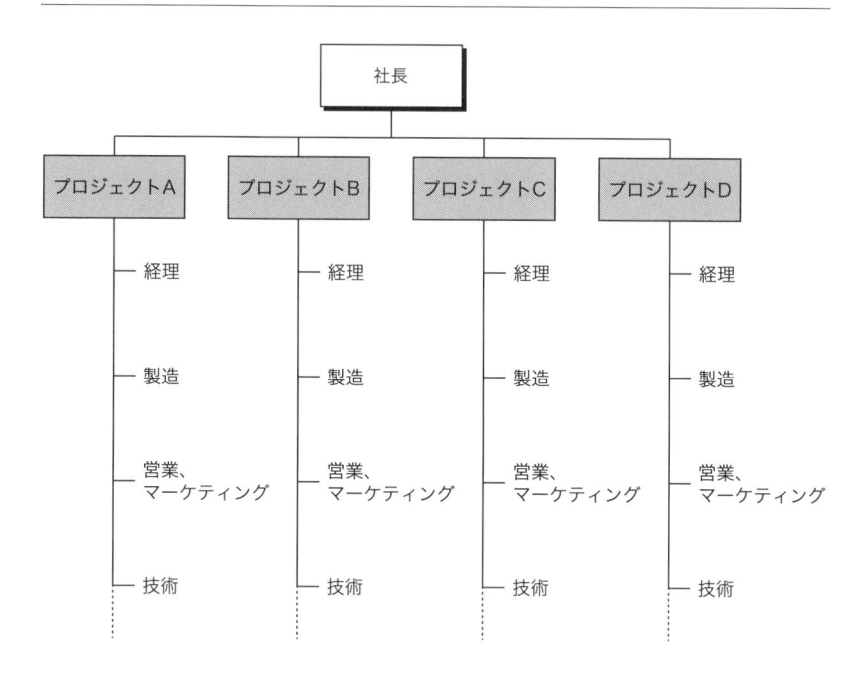

```
              社長
   ┌────────┬────┴────┬────────┐
プロジェクトA  プロジェクトB  プロジェクトC  プロジェクトD
   │        │         │         │
 ├ 経理    ├ 経理    ├ 経理    ├ 経理
   │        │         │         │
 ├ 製造    ├ 製造    ├ 製造    ├ 製造
   │        │         │         │
 ├ 営業、  ├ 営業、  ├ 営業、  ├ 営業、
 │ マーケ    │ マーケ    │ マーケ    │ マーケ
 │ ティング  │ ティング  │ ティング  │ ティング
   │        │         │         │
 └ 技術    └ 技術    └ 技術    └ 技術
```

プロジェクト型組織

◎マトリックス型組織

　プロジェクトマネジメント技法の導入は、組織文化に大きな変革をもたらします。その代表格が「マトリックス・マネジメント」です。マトリックス・マネジメントでは、各チーム・メンバーは複数の上司——プロジェクトに1人、そして機能部分に1人——を持つことになります。マトリックス・マネジメントの中でプロジェクト・チームに参加するとは、組織内の「権限―実行責任―説明責任」の関係を複数引き受け、その網の目を調整することにほかならないのです。

　マトリックス型組織は、機能型組織の長所を保持しつつプロジェクト型組織の長所も活用しようとするものです。今日のビジネスでは機能型やプロジェクト型の数は減ってきており、マトリックス型組織が多く見られます。

マトリックス型組織では、プロジェクト・チームを組織横断で立ち上げます。メンバーはいろいろな部門から参加します。各プロジェクトに１人のプロジェクト・マネジャーが任命され、他の仕事とは独立したものとして集中的に実施します。プロジェクト・マネジャーは上位の経営陣の指揮に入ることもあれば、プロジェクトに最大の利害を持つ機能部門マネジャーの指揮に入ることもあります。しかし、チーム・メンバーは機能部門へも報告義務があり、そちらのルーティーンの仕事もこなします。さらに、複数のプロジェクトでそれぞれ異なる責任を引き受けることもあります。プロジェクトの主要メンバーがマトリックス構造の中で一緒に仕事をするので、他のプロジェクト構造に見られる調整の問題は抑えやすくなります。

　マトリックス型組織で行うプロジェクトでは、マネジメントの責任は期間限定のもので、当人が保持するスキルによっては、あるプロジェクトの監督者が別のプロジェクトには作業者として参加するということもあります。マトリックス型組織でプロジェクト・マネジャーとライン・マネジャーとの関係が良くなければ、メンバーの担当作業や優先順位をめぐって対立が起こることもあります。こうした理由もあって、マトリックス構造は誰もがうまく適応できるわけではないのです。

　マトリックス型組織は複雑です。メンバーが複数の上司、複数の優先課題、複数の役割を抱えるからです。それを踏まえると、マトリックス構造の導入には、次の３つの基準のうち少なくとも２つを満たさなければなりません。

> † 複数のプロジェクトや機能分野で、稀少な資源や独自の資源を共通に必要とする。
> † 経営陣が、高水準の情報処理とコミュニケーションのツールを提供する。
> † プロジェクトを組織内の他のグループが実行するとしても、プロジェクトのコントロールは１カ所に集中させる——というプレッシャーが外部の顧客や関係機関からかかっている。

プロジェクト用語

「マトリックス型組織」とは、プロジェクト・マネジャーが機能部門のマネジャーと責任を共有しつつ、優先順位の決定やプロジェクト・メンバーの作業の指揮にあたる組織のこと。

プロジェクトが上の基準を満たすなら、マトリックス型組織には次のような明確な長所があります。

† **プロジェクトに集中しやすい**

　プロジェクトに独自の組織とマネジメント体制があるので、優先順位が明らかになり、集中できる。純粋プロジェクト型組織の長所の大半があてはまる。

† **柔軟な人員配置**

　人員の異動をいちいち公式な手続きを踏まなくとも、柔軟にできる。いつもマトリックス型組織を採用している企業は、希少な技術的資源を多くのプロジェクトに広範囲に投入できる。

† **マネジメント・ニーズやスキルに対応しやすい**

　プロジェクト・マネジャーの権限は、プロジェクトの優先度に応じて、大きくも小さくもなる。プロジェクト・マネジャーの権限が強大で、プロジェクトのほぼ全域に及び、プロジェクトを専任（フルタイム）で担当する場合、「強いマトリックス型」と言う。プロジェクト・マネジャーの権限が弱くプロジェクトを兼任（パートタイム）で担当し、プロジェクト活動に対してライン・マネジャーの影響が強い場合、「弱いマトリックス型」と言う。さらに、両者の中間を「バランス・マトリックス型」と言う。つまり、マトリックス型組織は、ライン・マネジャーからの強力な支援を必要とするプロジェクトから、独立してマネジメントするプロジェクトまで、広範囲に適用できる。

† **能力開発の機会**

　プロジェクトに参加するメンバーには、純粋な機能型組織では与えられないような新たな挑戦の機会や責任が与えられる。新技術に接し、マネジメントのスキルを身につけ、新たな経験を積むことで、仕事への興味や動機づけを高く保つことができる。究極的には、こうした新たな経験を通じて、より独立性・柔軟性の高い有能な社員が育つことになる。プロジェクト志向の組織ではメンバーが自分の仕事により多くの責任を持つようになり、全社の生産性も向上する。

† **ビジネス変化に対応しやすい**

　技術や市場状況の変化には、マトリックス型組織が機能型組織よりもすばやく対応できる。その理由には、マトリックス型組織では各人の接触の度合が高いことがある。さらに、マトリックス型組織のプロジェクトでは、組織の責任を超える起業家精神や創造的思考が助長される。

　マトリックス型組織の長所を活かすには、短所や対立を理解し対処しなければなりません。マトリックス型組織の短所には次のようなものがあります。

† **内在する対立**

　マトリックス型組織ではラインとプロジェクトの間の優先順位の対立が避けられない。プロジェクト作業とラインの作業のどちらを誰がするかという問題である。また、権限分担や責任関係も複雑になる。組織の責任について狭い見方をするような頑迷で専制的なマネジャーは、マトリックス型組織には向かない。

† **プロジェクト終了への抵抗**

　純粋プロジェクト型組織と同様、チーム・メンバーがラインの責任よりもプロジェクトの役割を好むことがあり、上司には頭の痛い問題となる。メンバーがプロジェクトでの役割に独自の思い入れや関係を持つため、マトリックス型組織のプロジェクトの終了には抵

抗に遭うことも少なくない。
† 指揮命令系統が複雑
　マトリックス型組織には一本化した指揮命令系統がなく、従来のマネジメントの原則とは明らかに矛盾している。ライン・マネジャーとプロジェクト・マネジャーの要求が対立し、メンバーが板挟みとなることも少なくない。複数の上司が同時に存在するという居心地の悪さや不確実性は、経験したことのない人にはわかりにくい。2人の上司がともに適切な訓練を受け、開かれたコミュニケーションをとることができれば、こうした問題点の多くは解決する。

† 人事考課が複雑
　マトリックス型組織で、メンバーの人事考課を複数の上司の誰が行うのか？　プロジェクト・マネジャーとライン・マネジャーの責任や権限が明確でなければ、当人はまともな評価を受けていないと感じることもある。社員の人事考課にはラインの実績とプロジェクトの実績の両方を考慮しなければならない。プロジェクトのチーム・メンバーについては、何らかの評価システムを構築する必要がある。よくやってくれたと発表するだけにするか、金銭をともなう公式の

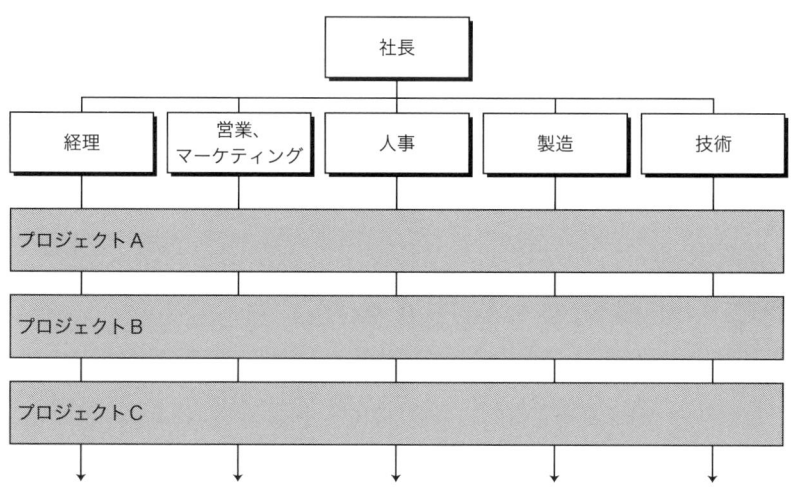

マトリックス型組織

承認とするかは、プロジェクトの特質と予算から判断する。

◎混合型組織

　企業によっては事業目標の達成のために、機能型組織、プロジェクト型組織、マトリックス型組織の3つを混在させているところもあります。広範囲のプロジェクトをかかえる企業では、「プロジェクト・マネジメント・オフィス（PMO）」を設置してプロジェクトの運営を支援しているところもあります。PMOのメンバーが個々のプロジェクトの計画・実行に専門知識を提供したり、支援したりするものです。また、PMOを部門として独立させ、専任のプロジェクト・マネジャーやメンバーを配して、プロジェクトの運営にあたらせている企業もあります。

　1つのプロジェクトが複数の目的を抱える場合、混合型組織で行うのが一般的です。NASA（米航空宇宙局）のスペース・シャトル計画が好例です。宇宙飛行士の飛行訓練は1つのプロジェクトであり、新型ロボット・アームの製作や取り付けは別のプロジェクトです。そして個々のプロジェクトごとに要員を組織化します。こうしたすべてのプロジェクトが同時に終了し、スペース・シャトルの打ち上げが計画通りにできるように調整する責任者も別にいます。チームの構成や組織構造も、個々のプロジェクトごとにまったく違うものになります。

　混合型組織にはマトリックス型組織の長所と短所の大半が当てはまります。混合型組織に特有の問題は、作業を進める際に柔軟になりすぎることです。その結果、マネジャーに複雑な状況をさばく訓練ができていない場合、摩擦や混乱、対立、作業の重複などが起こることがあります。

●どの組織構造を採用するか？

　通常のビジネス・プロジェクトの組織構造は、マトリックス型か機能型でしょう。どれを採用するとしても、組織を作成して指揮命令系統を明らかにし、間違いや偏見を排除します。

　例えば、強いマトリックス型組織を採用し、社内の機能部門のメンバー

にも入ってもらい、(社内にないスキルについては) 社外コンサルタントを活用するということもあるでしょう。

◎ RACIチャートを活用する

　RACIチャートは、RASICチャート（第18章を参照）と同じように、責任分担表の一種で、チーム・メンバーが誰と意思決定や課題を進めるべきかをわかりやすくまとめたものです。RACIはそれぞれ次の英単語のイニシャルで、意味は次の通りです。

　　R（Responsible）：実行責任
　　A（Accountable）：説明責任
　　C（Consult）：相談対応
　　I（Inform）：情報提供

　あるプロジェクトのRACIチャートを示します。

作業	アラン	ベス	コリーン	ドーン	エリー	フレッド
要求定義	R		C		I	A
デザイン		I	C	R		A
開発	C	I	I	R	A	
テスト	C	R	I	I	I	A
トレーニング	A	I	C	C	C	R

R（実行責任）　A（説明責任）　C（相談対応）　I（情報提供）

◎プロジェクトに見合う組織構造を選ぶ

　プロジェクトの組織構造の決定には、プロジェクトの規模や期間、実施場所、メンバーの経験、その他の特有の要素など、多くのことが影響します。例えば、新規顧客の獲得プロセスの構築という短期の小規模プロジェクトでは、現存の機能部門のメンバー中心の機能型とし、一部の作業を外部の少数の人やサプライヤーに任せればよいでしょう。一方、次世代の顧客関係管理（CRM）システムの構築という大規模プロジェクトでは、製造、マーケティング、技術、カスタマー・サービスなど広範囲の部門が参加し、しっかりコミュニケーションをとる必要があるので、マトリックス型組織が適しています。

●作業委員会をマネジメントする

　作業委員会について第6章で触れました。いよいよかれらに仕事をしてもらう時です。かれらは組織のいろいろなところから集まっており、その役割はプロジェクトの意思決定や成果物が自分たちの部門にどう影響するかをフィードバックすることです。

　作業委員会のメンバーとチーム・メンバーの間には強い絆が必要です。例えば、あるプロジェクトでは、会計担当のビジネス・アナリストと作業委員会の会計士が、実務上のしっかりした絆を確立しなければなりません。プロジェクト・チームが意思決定する際の選択肢について、ビジネス・アナリストは会計士から頻繁に意思を聞くことになるからです。

　作業委員会との会議を定例で開いて、状況報告をするのもよいでしょうが、状況報告を聞くだけの会議には誰も出たいと思いません。そこで、会議の大半の時間を組織全体に影響する課題にあてましょう。例えば、あるプロジェクトのプロジェクト・マネジャーが経理データの扱い方についていくつかの選択肢を抱えています。これは営業（つまり、コミッション）、会計、請求、売掛金回収の各部門に影響します。そこで、作業部会に依頼して、選択肢を検討して、推奨案を出してもらおうと考えています。それ

は、プロジェクトの完了時に、ビジネス部門からの確実な承認につながるでしょう。

付録 B

プロジェクトマネジメント・オフィス（PMO）

　プロジェクトマネジメント・オフィス（PMO）を設置している企業では、設置していない企業より、プロジェクトの成功確率が高い――と広く信じられています。しかし、スタンディッシュ・グループの報告では、両者に大きな違いは見られないとのことです。同報告書は述べています。「PMO設置にともない、法令順守と統制のプロセスに重点が置かれ、それがプロジェクト遅延の原因になる。すると、統制のプロセスをさらに追加する。そして、さらに…」

　PMOの役割はプロジェクトマネジメントの標準手法とベスト・プラクティスを全社に広げることだ、とする誤解があります。PMOはいわば「プロジェクト警察」にすぎないというわけです。PMOは社内によけいな手続きを導入するだけだという人もいます。では、PMOの本来の役割とは何でしょう？

● PMO の目的

　PMOの目的は、会社の戦略目標の実現です。PMOが会社の戦略目標の策定に直接かかわることはありませんが、PMOは戦略が定義する目標の達成を手助けする組織です。戦略目標は通常、1つのプロジェクトだけで達成できるものではなく、複数のプロジェクトが必要になります。そこで、

PMOの目的は、個々のプロジェクトに焦点を絞りつつ、複数の関連プロジェクト全体を俯瞰することです。個々のプロジェクトはとかく視野が狭くなりがちであり（それはそれなりに意味があることですが）、その結果、他のプロジェクトとの結びつきが忘れられ、全体像が見逃されることになりがちです。とはいえ、プロジェクトが終わり、プログラム（複数の関連プロジェクト）も終わると、ビジネス上のメリットの実現は定常業務部門の手に委ねられるのです。

●プログラムマネジメントの特質とプロジェクト

「プログラム」とは複数の関連プロジェクトの集合のことで、「プログラムマネジメント」とは複数の関連プロジェクトを調和をとりながら進めることです。プログラムマネジメントでは、複数の関連プロジェクトをうまく配置し、利益を確保し、希少資源の最適配分を確実なものとしなければなりません。

この本で、プロジェクト内の各作業の間に依存関係があるということを学習しました。同様に、プログラム内の各プロジェクトの間にも、依存関係があります。そこで、プログラム・オフィスの最大の責任は、各プロジェクトの間の依存関係を調整すること、そして、1つのプロジェクトの問題があっても、それが他のプロジェクトに波及しないようにすることです。それには、作業の遅れに対処したり、プロジェクト間でメンバーを異動させたりすることも含まれるでしょう。資源についてそんな判断ができるのは、プログラム・マネジャーだけです。各プロジェクト・マネジャーは自分の担当プロジェクトのことだけを考えており、それはそれで正しいことだからです。

◎プログラム内の共同計画

プログラムのレベルでは、複数のプロジェクトが人や資源を共同で活用することがよくあります。そして、プロジェクトの間で利害がぶつかる時は、PMOが適切な優先順位づけを手助けします。プログラムのレベルで

の意思決定は、プログラムの戦略目標を達成し、ビジネスに寄与するものでなければなりません。そして、資源に制約があるなら、どれかのプロジェクトを遅らせることになるかもしれません。

　リスクの洗い出しや緩和策の策定などは、プログラムのレベルでの共同で計画するのも有効です。そこにプロジェクト・マネジャー全員が参加すれば、プロジェクト間の相互依存関係を理解できますし、自分のプロジェクトがスケジュールを守ることの重要性も確認できます。リスク・マネジメントの一環で、自分のプロジェクトが問題を抱えたら、プロジェクト全体にそれを周知させ、共同して解決を図ることに合意します。

◎課題の解決

　複数のプロジェクトを調整しながら戦略目標の達成をめざす中では、スコープ、品質、スケジュール、コストの課題が出てくることもあります。こういう課題を運営委員会と協議しながらさばくのも、PMOの役割です。優先順位に関する意思決定は、個々のプロジェクトに及ぼす影響や、そのプロジェクトが納期通り予算内で完了できるかも考慮します。各プロジェクト・マネジャーは、自分のプロジェクトにもたらす影響について見解を求められますが、プログラムのレベルで意思決定が成されたら、その決定を自分のプロジェクトで実行に移すことにベストを尽くします。

◎グローバル・プログラム

　PMOは世界中で広く展開する多様なプロジェクトのマネジメントを求められるかもしれません。グローバル・プログラムでは文化や言語、時間帯、その他、多くの要素に折り合いを付ける必要があり、それ自体、選任の仕事です。ここでは、グローバル・スタンダード（世界標準）の存在が極めて重要になります――例えば、プロジェクト・マネジャーは各地域に独特の事情があることを心得ていなければなりません。それに対処するコツとしては、境界線を明らかにすることです。つまり、各プロジェクトが独自の事情を反映して、どこまで標準から逸脱できるか、越えてはならない一線はどこかを明確にすることです。

●プロジェクト、プログラム、ポートフォリオ

ここで、プロジェクト、プログラム、ポートフォリオの関係を確認し、それぞれについて、PMO の位置づけを見ておきましょう。

†プロジェクト

プロジェクトとは「独自のプロダクト、サービス、所産を想像するために実施する有期的な業務」(PMI の定義) である。プロジェクトには、明確な開始・終了があり、ユニークな成果物を生み出す。この点で、定常業務とは区別される。

†プログラム

プログラムとは、複数の関連プロジェクトの集合のことである。複数プロジェクトを、調和をとりつつ進めることで、個々のプロジェクトを別個に進めたのでは得られないようなメリットを実現し、ビジネス上の戦略目標の達成をめざす。

†ポートフォリオ

ポートフォリオとは、プロジェクトとプログラム、およびプロジェクト成果物の市場に投入後のサポート活動などの総称であり、ビジネス目標を効果的・効率的に達成することをめざすものだ。会社の投資の決定はポートフォリオのレベルで成され、ポートフォリオには会社の目標やビジョン、進む方向が映し出される。

念のため付け加えると、すべてのプロジェクトがポートフォリオに含まれるわけではありません。一例として、会社のソフトウエアを新バージョンに更新するプロジェクトは、確かにプロジェクトですが、それ以上の戦略的意味はないかもしれません。それならば、特定のニーズを満足させるだけなので、ポートフォリオに含まれません。

●プログラム・マネジャーの役割

プログラム・マネジャーの役割は、プロジェクト・マネジャーとは異なります。プログラム・マネジャーはプロジェクト・マネジャーと一緒に仕事をしたり、やり取りしたりすることはありますが、上司でも同僚でもありません。プログラム・マネジャーは通常、大金を投入するプロジェクトや、複雑で、リスクが高いプロジェクトをそれまでにいくつもマネジメントしてきた経験者です。そういう経験に基づき、プロジェク・マネジャーに手助けやアドバイスができるでしょう。PMOの位置づけによっては、プログラム・マネジャーとプロジェクト・マネジャーが直属の上司・部下になることもあります。

●プログラム・マネジャーの要件

プログラム・マネジャーには、特殊な知識やスキル、実務能力が求められます。プロジェクト・マネジャー、上級プロジェクト・マネジャー、プログラム・マネジャーの要件を次ページの図にまとめました。プロジェクトマネジメントに明確なキャリア・パスがあることがわかるでしょう。

◎リーダーシップ

リーダーシッップのスキルはPMOでは極めて重要です。プログラム内には複数のプロジェクトが走るので、プロジェクト・マネジャー間で信頼と尊敬を勝ち取ることが成功のカギです。あなたには、プロジェクトを指揮し、方向性を示し、要求事項や進捗のコミュニケーションをとり、さらに意思決定で指導的や役割を果たすことが期待されているからです。

◎人間関係のスキル

リーダーは、自分が持つすべての人間関係のスキルを活用しなければなりません。それには、次のものが含まれます。

付録 B ▶ プロジェクトマネジメント・オフィス（PMO）

プロジェクトマネジメントのレベル	プロジェクト・マネジャー	上級プロジェクト・マネジャー	プログラム・マネジャー
担当プロジェクトの特性	リスクが比較的低い	リスクが中程度	リスクが高い
	経験が限られる	経験がより豊富	顧客関係とマネジメントのスキル
	プロジェクトのライフサイクルを理解する	より複雑なプロジェクトを担当	プロジェクトマネジメントを向上させる責任

プロジェクトのスキル

立上げ	初級	中級	上級
計画	初級	中級	上級
スコープ、時間、コスト、品質のマネジメント	初級	中級	上級
報告とコミュニケーション	初級	中級	上級
リスク、調達のマネジメント	初級	中級	上級
プロジェクトのツールと技法	初級	中級	上級

†相手の言うことをよく聴く。
†相手に共感する。
†明確にコミュニケーションをとる。
†公正な姿勢を示す。

　人間関係のスキルを活用すべきだからといって、技術的スキルが重要でないという意味ではありません。技術的スキルはもちろん重要です。ただ、プロジェクトやプログラムが難局を迎えた時に、メンバーを動機づけたり、勇気づけたりするには人間関係のスキルが不可欠なのです。
　人間関係のスキルは、プロジェクトやプログラムのマネジメントにおいて重要であるだけでなく、広くステークホルダーとの関わりにおいても重要です。

●プロジェクトの外的要因

　プロジェクトの外的要因がPMOに大きな影響を及ぼすこともあります。さまざまのものがありますが、影響が目に見えるので、それを認識し、折り合いをつけなければなりません。

◎社内外の政治状況

　プロジェクトやプログラムには社内外の政治状況が影を落とします。PMOとして政治状況に折り合いをつけるのは、プロジェクト作業のマネジメントと同じくらいたいへんなことです。プロジェクト内の利害対立に折り合いをつける必要があるように、経営陣の間の利害の対立にも折り合いをつけなければなりません。スポンサーが健全な政治感覚を持つ人なら、重要な動きや意思決定をする前に、その人によく相談しましょう。

◎組織変更

　組織変更がPMOに新たなストレスをもたらすこともあり。新たなステークホルダーが現れて、プログラムの方向を変えると言い出すこともあ

るでしょう。部門の勤務場所が変わり、プロジェクトの主要メンバーを動揺させることもあるかもしれません。こういう外部要因をさばくのも、プログラム・マネジャーの役割です。こんな時は、スポンサーや運営委員会と相談し、PMOが実現すべきビジネス上の要求事項に変更がないかを確認しましょう。要求事項に変更があるのなら、プログラムの定義を根本からやり直し、改めて要求事項を把握しなければなりません。現状に変更がないものとして前に進むのは、厳に慎まなければなりません。

◎状況の変化

プログラムの進行途上で政府の規制が変わり、PMOが緊急の対応を求められることがあります。この時にも、ステークホルダーを交えて変更点を確認し、新たな要求事項を満たすために、プログラムをどう修正するかを決めます。

市場の変化にともない、プロジェクトの進行が遅らせられたり、急かされたり、はたまた中止に追い込まれたりすることもあるでしょう。強力なPMOのマネジャーは、市場の最新動向に目を光らせ、プロジェクトやプログラムに及ぼす影響を把握します。

◎会社の変化

プログラムが長い期間にわたると、その間に会社の方向が変ることがあります。例えば、経営陣の交代などです。こんな時、PMOに求められるのは、すべてのプログラムとプロジェクトを見直し、その変化がプログラムの戦略目標にどう影響するかを評価することです。

こういう状況のすべてでPMOがすべきことは、スポンサーや運営委員会と相談し、PMOがめざす戦略目標を新たに設定することです。こんな時、静観を決め込もうとする人もいますが、こちらから主体的にスポンサーの意向を確かめ、静観するか、前に進むかを判断しましょう。

巻末資料①
プロジェクトマネジメント関連用語集

【あ 行】

依存関係（dependency）　プロジェクト内のある作業の開始・終了と別の作業の開始・終了の間の結びつき。一方が他方の成果物を必要とすることからこの呼び方がある。プログラムの中の複数のプロジェクトの間にも同様の結びつきが見られることがある。

SME（Subject Matter Expert）　当該分野の専門家。特定のスキルや知見を持つ人。または過去に類似プロジェクトを経験した人。

SOW（Statement Of Work）　「作業範囲記述書」を参照。

【か 行】

可用性（availability）　資源の投入の可能性。

監査（audit）　プロジェクトやシステムの進捗やコスト、実行過程、成果、その他の点を詳細に検査する公式なプロセス。

ガント・チャート（Gantt chart）　スケジュールを表すグラフの一種。縦軸に作業を列挙し、横軸に時間をとって、各作業の開始・終了の時期や所要期間、フロート、依存関係などを示す図。「線表（せんぴょう）」とも言う。

基準計画（baseline plan）　プロジェクト計画として最初に承認されたもの。プロジェクトの進捗とともに差異を測定する基準となる。

機能部門（functional division）　ビジネス組織の標準的な部門。例

えば、技術、マーケティング、購買、経理など。

教訓（lessons learned）　プロジェクトの計画実行プロセスから得られる知見や知恵、ナレッジ。「体験訓」。

クラッシング（crashing）　プロジェクトの所要期間を短縮する方法の1つ。資源の投入量を増やすため、コストが高くつく。

クリティカルな作業（critical task）　その作業が遅れるとプロジェクト全体の終了やマイルストーンの遅れにつながる作業。クリティカル・パス上にあり、フロートがない。「クリティカル」とは「最重要」という意味。

クリティカル・パス（critical path）　プロジェクト開始から終了まで作業をつなぐ複数の経路の中で、最長の所要期間を要する経路。同時に、そこの所用期間の合計がプロジェクトの最短の所要期間でもある。クリティカル・パス上にある作業のどれかが遅れると、プロジェクト全体が遅れる。

クリティカル・パス法（CPM：Critical Path Method）　プロジェクトのネットワーク図の作成で広く使われる手法。スケジュールの作成にあたり、各作業の所要期間の見積りに1つの値を使う。「PERT（パート）」参照。

クロス・チェック（cross check、相互確認）　作業の完了について複数の主体が別々に検証すること。航空機のドアの開閉や、プロジェクト計画書など、対象を問わず有効。計画書のクロス・チェックには、1人が手続きをリストに書き出し、それを別の人が検証する。2人が独立して計画の検証をすることにより、誤りを大幅に低減できる。

継続・中止の指標（go/no-go indicator）　対象数値が特定の範囲内にあるかどうかを示す指標。プロジェクト・マネジャーはプロジェクトの

監視・観察に基づき、プロジェクト作業の変更、継続、中止を判断する。

経路（path）　プロジェクト・ネットワークの中の一連の作業の流れ。

効果性（effectiveness）　目標達成の質的な評価尺度。「効率」（アウトプットを生むため量的な評価尺度）とは区別すること。

工数（effort）　作業を完了させるために必要な労働の量（時間単位、日単位、週単位などとする）。「作業量」「人工（にんく）」とも言う。プロジェクトの人件費を算定する基礎となる。「所要期間」（作業実施のカレンダー上の期間）とは区別すること。

後続作業（succession）　ある作業の次に続く作業。

行動計画（action plan）　何をいつまでにやるかをまとめた一覧表。

効率（efficiency）　アウトプットを生み出すためのインプットの量的な評価尺度。

混合型組織（mixed organization）　組織形態の一種。機能型組織やプロジェクト型組織、マトリックス型組織が混在する。

コントロール（control）　パフォーマンスが計画通りに進むことを確認するプロセス。一定の成果を確保するため、実績が限度内に収まるように修正することが多い。

【さ　行】

材料明細書（bill of materials）　製品を作り上げるのに必要なすべての要素を書き出した書類。プロジェクト・マネジャーや購買部門が資材

の発注に使う。

作業（task）　プロジェクトでやるべきことのひとまとまり。監視するためには、大きすぎず小さすぎないことが大切。1つの作業の中に複数のステップ（サブタスク）が含まれることもある。

作業記述書（task description）　プロジェクト作業の完了に必要な事柄を定義した文書。インプット、アウトプット、品質仕様などを盛り込む。

作業範囲記述書（SOW, Statement Of Work）　プロジェクトでやるべき事柄をひとまとめに統合した書類。プロジェクト目標や作業記述書、リスク、前提条件などを盛り込む。

サブコントラクト（subcontract）　「外注」。作業の実施を外部組織に委譲すること。

サブプロジェクト（subproject）　プロジェクトの一部ではあるが、それだけで1つのプロジェクトとみなせるもの。例えば、アフリカにディズニーランドを新規に開園するプロジェクトの中に、木星探査用の乗り物を建設するというサブプロジェクトが含まれる。

サンプリング（sampling）　代表的なサンプルを活用して全体の特性を決定する技法。

時間を置いた振り返り（after-implementation review, postmortem）　プロジェクトが完成し成果物を定常業務に引き継いだ後、3~6カ月後にその成功を評価検討すること。

仕事を購入する（buying the job）　競合他社を排除して仕事を獲得するため、損失を承知の低価格で入札すること。複数の競合他社の提示価

格が一定の幅の間にあるにもかかわらず、際立った低価格の提示があるなら、仕事を購入しようとしているか、内容をよく理解していないかのどちらかであることが多い。低価格の提示を受け入れる前に、実態を把握すること。

システムズ・アプローチ（systems approach）　相互に関連する複数の問題を全体的見地から解決する手法。「分析的アプローチ」と対比される。プロジェクトマネジメントはシステムズ・アプローチの1つである。

状況対応マネジメント（situational management）　それぞれの状態のニーズに応じて、マネジメントスタイルを調整する手法。プロジェクト・マネジャーはリーダーシップのとり方を、個々のメンバーのニーズに合わせ、業務志向、人間志向、報酬志向のうち最善のものを採用しなければならない。

所要期間（duration）　作業を行うカレンダー上の期間。「工数」（作業の実施に要する労働時間）とは区別すること。プロジェクトのスケジュールは所要期間で決まり、人件費は作業工数で決まる。各作業の所要期間と作業工数は状況、進め方により異なる。

新製品開発ライフサイクル（product development lifecycle）
　新製品の市場投入までに要する特定のフェーズやステップ。複数のプロジェクトと定常業務を内包することが多い。

水平コミュニケーション（lateral communication）　組織の階層構造の中で、同等の権限を持つメンバー間や同位のマネジャー間で行う情報交換。

スコープ（scope）　プロジェクト完成に要する作業量の規模。おもちゃの飛行機の市場投入プロジェクトのスコープは、新型航空機設計プロジ

ェクトよりはるかに小さい。

スコープ・クリープ（scope creep）　プロジェクトに承認を得ない作業がじわじわと追加され、当初のスケジュールやコスト見積りがまったく無意味になること。

ステージ・ゲート（stage gate）　プロジェクトのフェーズが終了したところで行う検討。そこまでの成果物とパフォーマンスを評価し、プロジェクトを先に進めるか否かを判断する。

スラック（slack）　「フロート」を参照。

ステークホルダー（stakeholders）　「利害関係者」。プロジェクトの最終成果物に個人的・職業的に利害を持つ人々。すべてのステークホルダーがプロジェクトの作業に関わるわけではない。プロジェクトに共通するステークホルダーは、顧客、プロジェクト・マネジャー、プロジェクト・チーム、経営陣、政府関係者など。

成果物（deliverables）　明確に定義された成果や商品・サービスのこと。組織に意味がある状態や事柄、報告書、計画書、物理的な製品、物体など。中間成果物と最終成果物がある。

先行作業（predecessor）　ある作業の前に実施する作業。

【た　行】

対立（conflict）　プロジェクトを期限通り予算内で完成させる上で障害となる事項。人（Personal）、優先順位（Priority）、問題（Problem）の3つのPによることが多い。

WBS（Work Breakdown Structure）　「作業分解図」。プロジェクトの完成に必要なすべての作業を洗い出してまとめた図や表。コストやスケジュール、ネットワーク図の作成や役割分担などの基礎となる。

等級（grade）　機能が同等（例えば、ガラスのビン）で品質要件（例えば、内部気圧の耐性）が異なるものの順位。

トレードオフ（trade-off）　プロジェクトの1つの要素の改善を図ると、他の要素には不利になるという関係。

【な　行】

内外製分析（make-or-buy analysis）　社内で作るのと市場に出回っているものを購入するのでは、どちらが有利かの意思決定。

ネットワーク図（network diagram）　プロジェクト作業を実施順序に従って論理的に並べた図。左から右に時間の流れをとり、各作業の間の依存関係を線で結ぶ。大規模プロジェクトでは、ネットワークを階層化し、第1階層にマイルストーンをすべて盛り込み、第2階層で各マイルストーンの完了にいたるサブプロジェクトを示す…などとすることもある。

【は　行】

発生時対策（contingency plan）　リスクへの対策の一種。リスク事象の発生に備え、その影響度を抑えるためにあらかじめ講じておく。

PERT（Project Evaluation and Review Technique）　ネットワーク技法の一種。所要期間の見積りに3点見積りを使う。「クリティカル・パス法」を参照。

パレート図（Pareto diagram）　物事の発生頻度の度数分布図で、1つの原因から同種の結果が何件発生するかを示す。

パンチ・リスト（punch list）　未完の作業や懸案事項の一覧表。

費用効果分析（cost/benefit analysis）　プロジェクトの貢献度を分析する手法。比率で示すことが多い。

品質（quality）　ステークホルダーの要求内容を満足させるためにプロジェクトのすべての成果物に定義される特徴。

部分最適化（suboptimization）　システムやプロジェクトの1要素だけを最適化すること。例えば、作業のスケジュールを最適化するとプロジェクト全体の足を引っ張ることもある。

フロート（float）　余裕時間。ある作業の実施時期を、他の作業に影響を及ぼさない範囲で、自由にスケジュールできる時間の量。「スラック」とも言う。

プロジェクト（project）　特定の成果を生み出すために時間と資源をかけて行う一連の作業。プロジェクトには特定の目標や期限、予算がある。

プロジェクト型組織（projectized organization）　プロジェクトを実施する組織形態の一種。プロジェクトに投入する要員の優先順位の決定や活動の指揮の権限のすべてをプロジェクト・マネジャーに与えるもの。

プロジェクト憲章（project charter）　プロジェクトの発足を周知させる文書。資源や資金を投入することを経営陣が公式に承認する。

プロジェクトマネジメント（project management）　プロジェクト

を期限通り予算内に完成させるため、必要なシステムや技法、人を組み合わせること。

プロジェクト・マネジャー（project manager）　プロジェクトの成果物を期限通り予算内で生み出すために指揮・調整の責任を負う人。

変更管理委員会（CCB：Change Control Board）　ステークホルダーのグループで、変更の可否を判断する。変更の提案を評価し、価値を判断し、可否の決定をプロジェクト・マネジャーに指示する。

ベンチマーキング（benchmarking）　プロジェクト作業の成功の度合いを測定するための基準点を確立し標準尺度を設定する活動。

ポートフォリオ（portfolio）　複数のプログラムやプロジェクトの集合体。

【ま　行】

マイナスのフロート（negative float）　プロジェクトがフロートを使い果たし、目標期限の達成が不可能となっている状態。プロジェクトの期限が遅れることを意味する。

マイルストーン（milestone）　「里程標」「一里塚」。プロジェクト実施上の重要な節目、通過点。重要な作業の完了時点に置くことが多い。重要な節目を要約して示し、経営陣やステークホルダーへの報告用に使う。

マトリックス型組織（matrix organization）　組織形態の一種。プロジェクトのマネジメントに機能部門マネジャーとプロジェクト・マネジャーとが共同であたる。強いマトリックス型組織はプロジェクト型組織に近く、弱いマトリックス型組織は機能型組織に近い。

水増し（padding） 将来の不確実性やリスクに備えるため、所要期間や予算の見積りを上乗せすること。

【や　行】

山崩し（resource leveling） チーム・メンバーや装置の稼動負荷をならすために、資源の活用を移動してやりくりすること。

山積み（resource loading） 個々の資源（要員、サプライヤー等）がプロジェクトのために引き受けた時間を算出すること。

【ら　行】

ラグ（lag） ある作業の開始か終了の後、次の作業の開始か終了までの時間。

リード（lead） 次の作業の開始までの時間。

リスク分析（risk analysis） 将来に起こりうる問題を想定し、プロジェクト目標の達成可能性を評価する手法。通常は、複数のシナリオや行動計画を比較しながら行う。

【わ　行】

ワーク・パッケージ（work package） WBS（作業分解図）の最下位にある作業単位。明確な成果物がある。

447

巻末資料②
プロジェクトマネジメント関連団体

プロジェクトマネジメント関連団体の主なものとホームページを紹介しておこう。それぞれの団体が協力しながら、活発な活動を展開している。

●Project Management Institute
（PMI、米国・プロジェクトマネジメント協会）

www.pmi.org

米国に本部を置くプロジェクトマネジメントの職能団体。
『プロジェクトマネジメント知識体系』（『PMBOK® ガイド』*）など、いくつかの標準を発行している。
Project Management Professional（PMP）、Certified Associate in Project Management（CAPM）などの認定も実施している。
*英文：*A Guide to the Project Management Body of Knowledge (PMBOK®Guide)*
日本支部は下記。

●PMI 日本支部
（PMI Japan Chapter）

www.pmi-japan.org

●PRINCE2

www.prince2.org

英国商務省（OGC）が開発したプロジェクトマネジメントの方法論。
"*PRjects IN Controlled Environments*" の略称。
Foundation や Practitioner の認定を実施している。

●International Project management Association
(IPMA)

www.ipma.ch

スイスに本部を置くプロジェクトマネジメントの職能団体。
ICB-IPMA Competence Baseline を標準として発行している。
認定制度を4つのレベルで実施している。レベルA：Certified Projects Director、レベルB：Certified Senior Project Manager、レベルC：Certified Project Manager、レベルD：Certified Project Management Associate）

●日本プロジェクトマネジメント協会
(Project management Association of Japan, PMAJ)

www.pmaj.or.jp

日本に本部を置くプロジェクトマネジメントの職能団体。
『プログラム＆プロジェクトマネジメント標準ガイドブック』（『P2M』＊）を標準として発行している。
認定制度としても、Project Manager Registered (PMR)、Project Management Specialist (PMS)、Project Management Coordinator (PMC) などの認定を実施している。

＊英文：Program & Project Management for Enterprise Innovation（P2M）

●プロジェクトマネジメント学会
(The Society of Project Management, SPM)

www.spm-hq.jp

プロジェクトマネジメントのアカデミアとして、日本で設立された組織。産業界、官界、学界の理論。実務知識と科学知識を融合し、その成果を日本から世界に向けて発信することをめざしている。

訳者あとがき

　プロジェクトマネジメントの国際大会で、各国のコンサルタントと話をしている時、こんな話題が出た。「プロジェクトマネジメントについて手際よく紹介した実用書を1冊挙げるとしたらどれか？　理論一辺倒ではなく、適度の詳しさで？」

　そこで意見が一致したのが、*Idiot's Guides, Project Management*（Alpha Books）であり、この本はその第6版の邦訳である。原題には *Idiot's Guides*（アホのための案内）とあるが、その実、プロジェクトマネジメントの重要トピックをしっかり網羅しており、しかも大部の専門書よりもずっとわかりやすい。

　プロジェクトマネジメントの基本の解説に留まらず、プロジェクトをポートフォリオの観点で把握し、すべてのプロジェクトをリストアップした上で優先順位をつけなければならないという主張、『PMBOK® ガイド』の概要の的を射た解説、さらにはプロジェクトマネジメント・オフィス（PMO）の最近の動向に至るまで、重要トピックを実に手際よく解説している。プロジェクトマネジメントの全貌をしっかり学習し、実務に役立てようという読者に最良の実用書である。

　原著第6版の出版に先立って、『PMBOK® ガイド』が第4版から第5版に改訂され、「ステークホルダー」が知識エリアとして独立し、知識エリアの数が9から10に増えた。この本では、その進化も反映している。プロジェクトマネジメントは、WBSやクリティカル・パスなど、どちらかといえばメカニカルな知見を中心に発展してきたが、ここにきて、人間系のソフト・スキルがいよいよ重要視されることの現れであろう。

　第3章の「12の黄金律」は私も机の前に貼って、日ごろから目を通している。気のきいたユーモアや警句をふんだんに盛り込んでまとめられた原著者に敬意を表したい。私の友人である米国人コンサルタント、カーティス・クック氏も、この本を「プロジェクトマネジメントの分野で最も面白おかしい本」と紹介している（Curtis Cook, *Just Enough Project Manage-*

訳者あとがき

ment）。

翻訳にあたっては、内容を正確に訳出すること、冗長な部分は簡潔にまとめること、大胆に、すわりの良い日本語にすること、の3つを心掛けた。さらに邦訳のために、日本の現状も若干、追加してある。

この邦訳第4版は、原著第6版を翻訳したものである。邦訳の版と原著の版の関係をここに整理しておこう。

邦訳第4版（本書）←原著第6版
邦訳第3版、第2版←原著第4版
邦訳初版←原著第3版

本訳書が成ったのは、大勢の方のお力添えがあってのことである。すべての方のお名前を挙げることはできないが、その一部をここにご紹介し、お礼を申し上げたい。

仲田辰次先生、冨永章氏、石倉政幸氏、清水計雄氏、吉沢正文氏、鈴木安而氏、田中史朗氏、田坂真一氏、古園豊氏、中西全二氏、中憲治氏、村松かすみ氏、田中美紀氏、柴田陽路氏、宮川正裕氏、石田俊氏、池上裕司氏、堀江浩一郎氏

最後に、わが国のプロジェクトマネジメントの発展に尽力されている方々に、心より感謝の意を表したい。ここ15年ほどのわが国のレベル・アップには、皆さんのお力が大きい。これからも伴走を続けたいと思う。

なお、昨年（2014年）10月、すぐ前の邦訳である第3版がアマゾンの「オールタイム・ベスト・ビジネス書100」に選出されるという嬉しいニュースをいただいた。読者の皆さんのご支援の賜物であり、感謝申し上げる。

今回の改訂でも総合法令出版株式会社の田所陽一氏にご指導、ご尽力いただくとともに、貴重なアドバイスを賜った。心よりお礼を申し上げる。

それでは、あなたが、担当プロジェクトを「期限通り予算内で完了」されることを期待しつつ。

2015年1月31日

訳者　中嶋　秀隆

[著者略歴]

G. マイケル・キャンベル（G.Michael Campbell）
ジョンキャロル大学大学院修了。PMP。
MCA*（米国テキサス州ヒューストン）社長。
30年以上にわたり、大小さまざまのプロジェクトに参画。ヒューストン大学とヨーク大学（カナダ・トロント）で教鞭をとる。
MCAはプロジェクトマネジメントや組織改革、開発工期短縮などのコンサルティングや研修を世界中で手掛ける。
著書に Communication Skills for Project Managers, Bullet Proof Presentation など。
*Managing Change & Acceptance

[訳者略歴]

中嶋秀隆（なかじま・ひでたか）
プラネット株式会社代表取締役社長、PMI会員、同日本支部理事、PMP、PMAJ会員、PM学会員。国際基督教大学大学院修了。京セラ（海外営業）、インテル（国際購買マネジャー、法務部長、人事部長）など、日米の有力企業に約20年間勤務し、新会社や工場の立ち上げ、ERPの導入などのプロジェクトを経験。1997年より日本およびアジア地域のビジネスパーソンを対象に、プロジェクトマネジメント技法の研修・コンサルティングを行っている。
著書に『「プロジェクト力」で仕事を変える』（諸藤一郎氏と共著、総合法令出版）、『PMプロジェクトマネジメント』（日本能率協会マネジメントセンター）、『再起する力』（生産性出版）、『死ぬまでに達成すべき25の目標』（中西全二氏と共著、PHP研究所）、監修に『通勤大学図解PMコース① プロジェクトマネジメント 理論編』（中憲治氏著、総合法令出版）、『同② プロジェクトマネジメント 実践編』（中憲治氏著、総合法令出版）、訳書に『プロジェクト・マネジメント 危機からの脱出マニュアル』（D.ニクソン他著、ダイヤモンド社）、『リーダーの人間力──人徳を備えるための6つの資質』（H.クラウド著、日本能率協会マネジメントセンター）など。PMI『プロジェクトマネジメント知識体系ガイド』の2～6版にて邦訳委員。

■プラネット株式会社　サービスのご案内

プラネット株式会社は PMI 登録のグローバル教育機関（Global Registered Education Provider）です。
プロジェクトマネジメントのリーディング・カンパニーとして、PM の全域にわたり、高品質の研修とコンサルティング・サービスを提供しています。
本書で紹介した『PMBOK® ガイド』の実践手法の研修プログラム「PM 標準 10 のステップ」（2 日コース、毎月東京で実施）は実施回数が通算 200 回を超え、定番研修として、あらゆる業界の受講生の方からご高評をいただいています。

【事業内容】
Ⅰ．研修
　◇標準コース
　　PM 標準 10 のステップ（2 日、1 日、3 日）
　◇資格コース
　　PMP 受験対策（3 日、2 日）
　◇アドバンス・コース
　　スコープ・マネジメント（2 日）
　　タイム・マネジメント（1 日）
　　コスト・マネジメント（1 日）
　　品質マネジメント（1 日）
　　人的資源マネジメント（1 日）
　　コミュニケーション・マネジメント（1 日）
　　リスク・マネジメント（1 日）
　　調達マネジメント（1 日）
　　プログラムとポートフォリオ（1 日）
　　レジリエンス（再起力）（1 日）
Ⅱ．コンサルティング
　　実践力の強化。その他、現場での支援。
　　各種講演

【連絡先】
プラネット株式会社
URL：www.planetkk.net/
TEL：03-6433-0570
FAX：03-6433-0571

Alpha Books, a division of Penguin Group (USA) Inc.
IDIOT'S GUIDE TO PROJECT MANAGEMENT, 6th Edition by G. Michael Campbell
Copyright © Penguin Group (USA) Inc. 2014
A Penguin Random House Company
IDIOT'S GUIDES and Design are trademarks of Penguin Group (USA) Inc.
All rights reserved including the right of reproduction in whole or in part in any form.
Japanese translation rights arranged through Tuttle-Mori Agency, Inc., Tokyo

www.dk.com
A WORLD OF IDEAS: SEE ALL THERE IS TO KNOW

世界一わかりやすいプロジェクトマネジメント 第4版

2015年4月4日　初版発行
2022年3月4日　4刷発行

著　者　G・マイケル・キャンベル
訳　者　中嶋秀隆
発行者　野村直克
発行所　総合法令出版株式会社
　　　　〒103-0001　東京都中央区日本橋小伝馬町15-18
　　　　EDGE小伝馬町ビル9階
　　　　電話　03-5623-5121

印刷・製本　中央精版印刷株式会社

ISBN 978-4-86280-443-3
©Hidetaka Nakajima　2015　Printed in Japan
落丁・乱丁本はお取替えいたします。
総合法令出版ホームページ　http://www.horei.com/

総合法令出版の好評既刊

スゴい！行動経済学

橋本 之克（著）

人間の不思議な判断や行動、事象に応えるのが行動経済学である。効率や利益ではなく人間重視へと変化する今の時代だからこそ注目される、心理学と経済学が一体となった考え方だ。本書は、日常生活の中から誰もが体現させられる事象を、実例とその原因を示しながら行動経済学の観点から解説する。

定価（1300 円＋税）

すごい心理学

内藤 誼人（著）

何となく心理学に興味はあるけれど、難しそうで手を出せなかった人、心理学の本を何十冊と読んで、少し飽きてきてしまった人。本書はそういう人たちにも必ず満足いただける内容に仕上がった。間違いなく、ページをめくる手が止まらなくなってしまうはずだ。心理学の面白さを感じられるネタだけを厳選した。

定価（1300 円＋税）

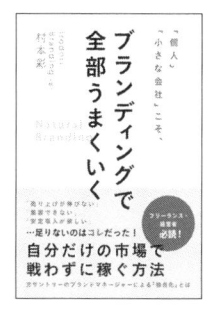

ブランディングで全部うまくいく

村本 彩（著）

モノもサービスも溢れる現代、お客様は「売り手に共感できるかどうか」を基準にお金を払う。ブランドをつくりお客様の心に訴えかけることさえできれば、スモールビジネスであっても必ず人は集まってくる。商品に込めた「想い」を、広告やキャッチコピー、SNS などを通じて伝えるだけ。そのノウハウを公開。

定価（1300 円＋税）

総合法令出版の好評既刊

〔新版〕取締役の心得

柳楽仁史（著）
社長の「右腕」として、経営メンバーの一員として、経営の中核を担う取締役。経営において取締役が果たすべき役割、法的な責任と義務、トップ（代表取締役）との関係のあり方、取締役に求められる教養・スキルなど、具体例を挙げながら述べていく。現在取締役に就いている人も、これから取締役をめざす人も必読。

定価（本体1500円＋税）

〔新版〕部長の心得

石川和男 著
部長に求められる必須能力と、時代に即した"ニューノーマルなスキル"を具体的に解説。部長の仕事とは「問い」を立てることから始まる答えのない仕事。長期的展望を持ち新たな仕事を開拓していく。新しい時代に求められる部長の役割、身につけるべき能力と姿勢を具体的に解説します。

定価（本体1500円＋税）

〔新版〕課長の心得

安部哲也（著）
これからの課長に求められるスキルを6つに分けて、それぞれについてわかりやすく実践的に解説。従来課長の主要な役割だったマネジメント力に加え、時代の変化に伴い新たに求められるスキルを多数紹介し、課長の仕事のやりがいや面白さを訴える。現在課長の任にある人はもちろん、これから課長になる人も必読である。

定価（本体1500円＋税）